作者简介

　　黄晓春，就读于上海大学社会学系，先后获得本科、硕士、博士学位，并于 2008 年 7 月留校任讲师、副教授、教授，目前为上海大学社会学院副院长，上海市晨光学者、曙光学者，入选 2014 年度上海市浦江人才计划、2018 年度"上海社科新人"，民政部第二届"全国基层政权和社区建设专家委员会"、第三届"全国基层政权建设和社区治理专家委员会"委员。于 2011 年 5 月至 2012 年 5 月获国家留学基金委资助，前往美国斯坦福大学亚太研究中心（THE WALTER H. SHORENSTEIN ASIA – PACIFIC RESEARCH CENTER）开展合作访问研究。长期聚焦当代中国基层治理转型问题，尤其关注基层政府的行为机制与社会组织发展的特征。近年来围绕这些专题在《中国社会科学》、《社会学研究》、《社会》等国内一流学术期刊发表论文多篇。

CONTENTS 目 录

导论:治理转型中的社会组织及其复杂制度环境

随着当代中国社会治理模式的快速转型，社会组织在治理体系中的作用日益凸显。越来越多的研究开始注意到发展社会组织对于提升政府公共服务能力、激发基层自治活力、推动当代中国公共性生产都产生了极为重要的作用。换言之，在治理转型的时代脉络中，社会组织已嵌入多进程的改革之中，其形象与功能也变得越来越多维且复杂化。然而与丰富的经验现象相比，主流理论界关于社会组织发展及当代中国政社互动的想象则要简单、线性得多。

在很长时间里，导源于西方的"国家与社会"理论框架都是国内学术界分析社会组织发展问题的基准理论框架。这一理论通常将社会组织视为与"国家"互动的"社会"之载体，[①] 并将社会组织发展遇到的问题看作国家所构建制度环境的产物。循着这一思路，国内学术界形成了"分类控制"[②]、"行政吸纳社会"[③] 和"嵌入型监管"[④] 等理论观点。这些理论观点虽然从一些维度揭示了社会力量在治理转型中遇到的诸多困难，但由于其对"国家"的整体化想象，以及对治理转型多线程改革进程的简化处理，[⑤] 实

---

① 肖瑛:《从"国家与社会"到"制度与生活":中国社会变迁研究的视角转换》,《中国社会科学》2014 年第 9 期。

② 康晓光、韩恒:《分类控制:当前中国大陆国家与社会关系研究》,《社会学研究》2005 年第 6 期。

③ 康晓光、韩恒:《行政吸纳社会——当前中国大陆国家与社会关系再研究》,《中国社会科学》(英文版) 2007 年第 2 期。

④ 刘鹏:《从分类控制走向嵌入型监管:地方政府社会组织管理政策创新》,《中国人民大学学报》2011 年第 5 期。

⑤ 比如，已有研究在讨论"国家"的政策面向时，很少注意到政策部门在激发基层自治活力、提升公共服务体系能级、构建多元治理体系等不同治理转型领域的政策设计着力点是不同的。

际上难以勾勒出处于不同治理情境的国家代理人在多种逻辑影响下推动不同类型制度生产的过程。如果我们不能更好地理解这一复杂甚至暗含张力的制度环境构建过程，相应的研究也就很难贴切地呈现当前中国社会组织发展面临的深层挑战。

在最近的研究中，传统的"国家与社会"理论框架开始出现与制度主义①视角相互融合的趋势。正是在这一融合过程中，人们开始注意到"国家"在设置社会组织制度环境时的复杂考虑，②以及制度设计与执行的复杂过程对社会组织发展的多重影响。这一融合的理论视角更好地揭示了中国独特情境下社会力量发展面临的机会结构与实际约束，因而在近年来的社会组织研究中得到了深入应用。③

然而，随着近年来涉及社会组织的制度日趋复杂，既有"制度主义"范式的局限性日益显现：第一，已有制度研究主要关注的是与社会组织发展、管理直接相关的制度体系，④对那些事实上会影响社会组织发展但不属于传统社团管理领域的制度疏于分析，这使得理论界难以从整体上深入研判当前中国社会组织成长面临的深层问题。比如，近五年来，中国社会组织发展的许多机遇和空间实际上与中国地方/基层政府改革进程联系在一起，由于政府职能结构中诸如公共服务、公共管理等得到不断强化，同时政府组织规模和编制面临持续优化调整，因此社会组织在发挥服务与管理功能方面获得了前所未有的空间。研究者要理解这一进程中社会组织发展的规律与特点，就需要理解政府改革领域的制度安排和具体举措，⑤但既有的"制度主义"研究总体上并未将这些新的制度要素纳入分析，致使研究者难以揭示社会组织在实际运行中遇到的许多隐蔽影响及其内在机理。

----

① 这里所说的"制度主义"是宽泛意义上的，既指那些在政策文本层次理解制度的研究（视"制度"为规制），也包括更注重政策执行过程及其后果的研究（视"制度"为实际的行为规范），还包括那些侧重各类制度之上形成社会认知的研究（视"制度"为文化和认知基础）。笔者注意到，随着制度主义分析视角近年来在各学科的兴起，国内学术界开始以一种宽泛的制度分析视角研判中国社会力量成长路径、空间与挑战。

② 比如，既要考虑到发展的维度，又要考虑到秩序的维度。

③ 纪莺莺：《治理取向与制度环境：近期社会组织研究的国家中心转向》，《浙江学刊》2016 年第 3 期。

④ 比如，社会组织登记和管理制度，各级政府扶持社会组织发展制度，社会组织运行的监管制度以及关乎募款、捐赠等社会组织资源汲取的制度。

⑤ 比如，财政投入模式的变化趋势、基层政府的职能转型态势、政府内部上下级考核方式的变化、政府编制与组织结构的变化等。

第二，已有制度研究忽略了不同领域制度之间的相互作用及其对社会组织发展之影响。近年来，随着我国治理转型和政府改革的深入推进，越来越多不同领域的制度设计开始作用于社会组织，但各自的着力点和方向不尽相同，多重制度网络可能会对社会组织行为产生复杂而微妙的影响。比如，从完善和提升基层社区自治水平的角度来看，相应制度更期许社会组织能广泛联系群众，敏锐反映社会期许，推动有效基层民主协商——质言之，这些制度更注重社会组织的自主性与社会性；① 但从政府职能转型和优化公共服务实现模式的角度来看，相应制度则更注重社会组织的专业化水平和完成政府委托事项的能力，在前者难以客观测量和清晰横向比较的情况下，这些制度执行时更倾向于根据社会组织与政府机构的"远近亲疏"来选择服务承包者。② 这无形中鼓励社会组织发展与政府机构的特殊主义关系机制。上述制度共处同一时空情境中，其交互效应对社会组织发展的影响远比传统研究语境中的"发展或抑制"更为复杂，需要我们更进一步细致研判。③

上述讨论表明，已有研究在运用"制度主义"分析范式时，或多或少都存在对"制度"的简单化和抽象化处理。随着当代中国治理转型的改革不断进入"深水区"，当前中国的社会组织发展面临的情况比以往任何时期都更为复杂，社会组织发展开始处于多项重大改革的交汇点之上，因而面临多重制度变迁的影响。如何深入揭示这种多重转型对社会组织发展的复杂影响也就成为学术研究的一项重要使命。这就需要研究者进一步超越"国家与社会"的二元化理论想象，立足于当前治理转型不同领域的改革实践细致勾勒社会组织发展面临的复杂机会与约束结构，进而形成更贴近

---

① 俞可平：《更加重视社会自治》，《人民论坛》2011 年第 6 期；陈剩勇、徐珣：《参与式治理：社会管理创新的一种可行性路径——基于杭州社区管理与服务创新经验的研究》，《浙江社会科学》2013 年第 2 期。

② 王名、乐园：《中国民间组织参与公共服务购买的模式分析》，《中共浙江省委党校学报》2008 年第 4 期；周俊：《政府购买公共服务的风险及其防范》，《中国行政管理》2010 年第 6 期；黄晓春：《政府购买社会组织服务的实践逻辑与制度效应》，《国家行政学院学报》2017 年第 4 期。

③ 周雪光与艾云讨论过多重制度相互影响下村庄选举的复杂逻辑。这项研究表明，制度变迁的轨迹和方向取决于参与其中的多重制度逻辑及其相互作用。研究者需要在多重制度逻辑的相互关系中认识它们的各自角色，在行动者群体间互动中解读制度逻辑的作用，并关注制度变迁的内生性过程。参见周雪光、艾云《多重逻辑下的制度变迁：一个分析框架》，《中国社会科学》2010 年第 4 期。

当代中国实际发展图景的解释框架和相应研判。

本书就是在上述问题意识的推动下展开写作的。笔者试图详尽勾勒近年来中国社会组织成长的多维制度环境及其深层特征，并以此为据分析社会组织的发展态势。导论部分的讨论，首先，将突破传统研究从抽象维度出发将"治理转型"视作研究背景的局限，具体地勾勒当代中国社会治理模式转型的核心领域，并讨论不同领域改革与社会组织发展的复杂关联；其次，在多维制度分析的基础上呈现当前中国社会组织发展的深层特征；最后，展开进一步的讨论，并引出全书的篇章介绍。

一　多维治理转型与社会组织的复杂制度环境

自党的十八届三中全会提出推进国家治理体系和治理能力现代化战略目标以来，社会组织就获得了广阔的成长空间。党的十九大和十九届四中全会关于"坚持和完善共建共治共享的社会治理制度"的改革方向更是为我国社会组织发展提供了重要支持。近年来，越来越多的改革从不同维度出发，出于不同治理目标涉及社会组织成长，对其发展产生了复杂的影响和作用。

（一）党建引领的制度设置

在基层党建工作领域中，"'两新'组织党建"原本就涉及在包括社会组织在内的"新社会组织"中建立党的组织并开展党的活动。中共十七届四中全会通过的《中共中央关于加强和改进新形势下党的建设若干重大问题的决定》明确提出，要"实现党组织和党的工作全社会覆盖"，要求探索完善基层党组织设置形式，加大在中介机构、协会、学会以及各类新社会组织中建立党组织力度，以党的基层组织建设带动其他各类基层组织建设，活跃基层，打牢基础。近年来，社会组织的党建重要性不断凸显，许多地区都在此领域不断开展创新和探索，通过丰富党建工作载体、发挥党员主体作用强化社区社会组织的党建效能。党的十九大强调"要以提升组织力为重点，突出政治功能，把企业、农村、机关、学校、科研院所、街道社区、社会组织等基层党组织建设成为宣传党的主张、贯彻党的决定、领导基层治理、团结动员群众、推动改革发展的坚强战斗堡垒"。2019年5月8日，中共中央办公厅印发了《关于加强和改进城市基层党的建设工作的意见》，进一步指出基层党建工作要"领导群团组织和社会组织参与基层治理"，这些制度梳理表明，基层党建引领社会组织发展的战略目标正紧随治理转型的进程而不断拓展与丰富。可以说，党建引领的相关制度设置已成为当前社会组织发展面临的最重要制度要素。

在社会治理领域，党组织引领社会组织发展的核心目标是以提升组织力为重点，突出政治引领功能。这意味着党建在引领社会组织发展时的着力点与其在政府部门的着力点有所差异。相比有着明确治理目标和提供具体公共产品的政府行政部门，基层党组织在推动社会组织发展时，更看重以此为切入点强化执政基础，也更注重增强党建的社会辐射效应。就此而言，党组织更看重社会组织吸纳社会力量的功能和动员社会的潜力，这与政府管理部门首先关注社会组织提供公共产品的能力与业务能力的制度逻辑有一定差别。① 具体来看，在党建工作的制度框架下，党组织发展社会组织的制度逻辑有以下特征。

注重嵌入治理结构和行为引导。这一点也是党建引领社会组织发展最独特之处。② 在当代中国渐进式治理转型进程中，社会力量发育始终面临着在秩序与活力之间寻求均衡点的挑战。而党组织的组织网络和动员网络可以有效嵌入社会组织内部，因此通过党建工作机制有效引领社会组织的发展就成为基层党组织的重要工作着力点。中共中央办公厅印发的《关于加强和改进城市基层党的建设工作的意见》就明确指出"推动党的建设有关要求写入社会组织章程，善于使党组织推荐的人选通过法定程序成为社会组织负责人，善于使党组织意图成为社会组织参与治理的行动"。这意味着党建引领的工作机制更注重在社会组织的内部治理过程中发挥作用。

注重提供网络和对接支持。在基层社会治理场域中，党组织扶持社会组织发展的主要方式不是直接提供资金、场地和购买服务合同，而是以"区域化党建"或"城市大党建"的方式引导其进入"共建共治共享"的地方治理网络，从而为社会组织与区域内主要政府部门、社会机构与企业建立网络联结提供机会。这种网络支持和对接服务为社会组织在更为广阔

---

① 笔者在一篇论文中详细讨论过党群部门发展社会组织的逻辑与政府职能部门的差异。参见黄晓春、嵇欣《非协同治理与策略性应对——社会组织自主性研究的一个理论框架》，《社会学研究》2014 年第 6 期。

② 与党组织相比，政府部门多以签订购买服务协议的方式来引导社会组织发展，但这种引导机制通常是以设置激励与责任的"外部化"方式发挥作用的。政府部门的组织网络和动员能力通常难以嵌入社会组织的内部决策与行动过程。

的领域和空间搜寻资源、获得服务项目提供了重要支持，因此成为社会组织发展的重要保障。在许多治理转型前沿地区，城市基层党组织通过在街镇层次设立党群服务中心、社会组织联合会①等党建联建机构，搭建了社会组织融入社区、深耕社区的支持保障网络。从这个意义来看，党建引领对于推动社会组织快速发展具有极为重要的支持性作用。我们观察到的多个深度案例都清晰演绎了这一制度逻辑，有研究表明，一些社会组织在党建网络的支持下可以获得更大的发展机遇与空间。②

注重价值引导和公共性营造。对于基层党组织来说，引领社会组织发展的重要目标是构建社区公共性空间，推动公众和社会力量参与基层自治。在这个意义上，基层党组织更注重推动社会组织开展具有广泛动员作用和象征意义的社会性活动。在经验观察层次，我们会发现近年来许多地区的党群组织都直接孵化了一些旨在开展社会宣传、教育的社区社会组织，这些社会组织为基层党建工作提供了重要组织支持。

概括来看，一方面，各级党组织开展的引领工作已成为当前社会组织制度环境的重要构成。这些制度要素更侧重于引导社会组织的行为，并对其内部治理结构与运行过程提供指引。另一方面，党组织在治理实践中构建的多层次党建网络也为社会组织发展提供了更多的机会和潜在资源，是社会组织快速发展的重要依托。当然，这一制度要素对不同发展阶段和不同规模的社会组织影响力不尽相同——相对而言，党建引领对于规模较大、党员数量较多且已建立党组织的社会组织影响更大，但对处于发展早期且组织化水平较低的社会组织影响则相对较小。不过，随着近年来城市基层党建力量不断强化和党建工作机制不断创新，这种情况正在逐渐改变。

（二）基层政府治理创新

城乡基层政府改革是当前我国社会治理创新的重要内容。为了更好履行公共服务、公共管理和公共安全职能，近年来，各地基层政府开始在组织架构、运行机制层次开展深入改革——而发展社会组织则成为普遍的创

---

① 唐玮婕：《社会组织联合会有啥作用？浦东 36 个街镇年内要全覆盖》，文汇，https://wen-hui.whb.cn/third/zaker/201810/18/218658.html。

② 李朔严：《政党统合的力量：党、政治资本与草根 NGO 的发展——基于 Z 省 H 市的多案例比较研究》，《社会》2018 年第 1 期。

新战术之一。理论界和政策研究部门普遍认为：社会组织更贴近公众，更了解居民实际需求，因此其在开展公共服务时更具组织优势；[①] 相比于政府部门，社会组织更有可能提供弹性服务，且服务效率更高。[②] 因此，基层政府普遍通过购买社会组织服务、孵化专业社会组织的方式提升基层治理水平。总体来看，基层政府治理创新的诸多改革努力在三个维度上对社会组织发展产生了重要制度性影响。

一是以提升公共服务质量为切入点推动社会组织成长。随着我国经济社会的快速发展，居民对公共服务质量的要求不断提升。此外，随着阶层快速分化，公众需求的差异化水平不断提高。在此背景下，基层政府要更好满足居民对美好生活的向往就需要不断创新公共服务的供给模式。由于社会组织相比政府更易于掌握居民需求信息且其社会化运行方式更便于提供弹性化公共产品，[③] 因此，近年来各级政府都极为重视以购买服务的方式支持社会组织开展社区公益服务。2014 年，财政部、民政部、国家工商总局印发了《政府购买服务管理办法（暂行）》，这意味着国家层面开始推动政府购买社会组织服务的制度探索。2015 年以来，上海、北京、广州等治理转型前沿城市都颁布了政府购买服务的细则，虽然不同地区的制度有所差异，但总体上都鼓励基层政府以购买服务方式资助社会组织提供公益服务。2020 年 2 月，财政部正式发布了《政府购买服务管理办法》，其中第 15 条明确指出"政府购买服务应当突出公共性和公益性，重点考虑、优先安排与改善民生密切相关，有利于转变政府职能、提高财政资金绩效的项目"。由于社会组织承接的服务项目通常都与改善民生密切相关，因此这一制度为社区社会组织承接政府项目、提升社区公共服务水平提供了重要基础。不过，在基层政府购买服务的过程中，有时也存在"部门主义"的购买逻辑，这会导致服务项目与社区需求脱节等现象，可能会给社

---

①　Weisbrod, B. A., "Toward a Theory of the Voluntary Non-profit Sector in a Three-sector Economy." In Phelps E. D., eds., *Altruism, Morality, and Economic Theory* (New York: Russell Sage Foundation, 1975).

②　Hansmann, H. B., "The Role of Nonprofit Enterprise." *The Yale Law Journal* Vol. 89, No. 5 (1980). James, E., "The Nonprofit Sector in Comparative Perspective." In Powell, W. W., eds., *The Nonprofit Sector: A Research Handbook* (New Haven: Yale University Press, 1987).

③　张文礼：《合作共强：公共服务领域政府与社会组织关系的中国经验》，《中国行政管理》2013 年第 6 期。

会组织的发展带来复杂的影响。①

二是以创新公共管理模式为目标引导社会组织进入公共领域。在诸如化解矛盾、维持秩序等社区管理领域，社会组织也大有可为。由于社会组织在承担管理功能时代表第三方立场，其倡导和意见更易于被公众接受。此外，在社区内具有影响力的社会组织通常还能通过广泛动员居民和志愿者来提升管理效能，因此，基层政府在创新公共管理模式时常会借助社会组织的力量。近年来，许多地区的基层政府都积极为社会组织承担政府转移职能创造条件，通过构建政社合作治理机制提升社区管理水平。可以说，随着创新社会治理的改革进程不断深化，基层政府支持社会组织进入公共管理领域的改革力度也在不断提升。在许多地区，通过引入社会力量提升治理效能已成为"治理竞赛"的重要标志。②

三是以突破政府改革中的瓶颈为着力点发展社区社会组织。相比于前述制度性影响，这一机制发挥作用的过程显得更为隐蔽，但其却是近年来影响社区社会组织发展的一种重要力量。总体来看，这一机制主要在治理转型前沿地区的城市基层治理场域中发挥作用。近年来在这些地区，城市基层街镇政府面临着多方面的改革挑战：一是，基层政府承担的公共服务、公共管理、公共安全职能越来越重；二是，在政府规范化建设的约束下，其编制、财力支配自由裁量权③及雇用编外人员的权力都不断紧缩。

---

① 黄晓春：《政府购买社会组织服务的实践逻辑与制度效应》，《国家行政学院学报》2017年第4期。

② 何艳玲、李妮：《为创新而竞争：一种新的地方政府竞争机制》，《武汉大学学报》（哲学社会科学版）2017年第1期。

③ 在传统发展格局下，城市基层政府（无论是街道还是镇）均承担了招商引资和经济发展的重要职能。作为激励举措，上级政府通常会根据经济绩效给予基层政府一定的税收返还，而街镇政府则用这部分税收返还资金开展因地制宜的区域治理工作。由于这部分资金使用相对灵活，基层政府可以利用财政支配的自由裁量权雇用编外人员以解决自身力量不足的问题。但近年来，在一些改革前沿地区，上级政府弱化了基层政府的经济职能，尤其是取消了街道办事处的招商引资指标，推动基层政府重点履行公共服务、公共管理、公共安全职能。在这种背景下，基层政府的财力支持机制变成上级政府全额保障制，其由税收返还而产生的财政灵活性也就被削弱了。其后果是，基层政府应对自身力量不足等挑战的传统经验也难以运用。2019年5月8日，中共中央办公厅印发了《关于加强和改进城市基层党的建设工作的意见》，其中在提及街道管理体制改革时，文件明确指出"直辖市、副省级城市、省会城市及经济社会发展水平较高的城市，应当全面取消街道承担的招商引资、协税护税等工作任务，暂不具备条件的可先在中心城区实行，再逐步推开"。这也意味着这种在改革前沿出现的新现象将随着街道管理体制改革不断深入而在多数地区出现。

于是基层政府为了应对管理力量不足和治理任务日趋艰巨之间的矛盾与张力，往往会通过发展社会组织的方式来解决行政体系改革面临的弹性和灵活性不足问题。在这种情境下，基层政府会发展出一些社会组织，但实际上保持着对这些组织的控制和引导，使后者主要围绕承担政府事务而运行。在基层政府这一运作机制下生成的社会组织，具有一定的"行政化"特征，但在创新社会治理的时代背景下，其又常采用社会化方式与机制运行，因而组织属性和发展特征显得更为复杂。①

在基层政府改革创新的时代进程中，上述三种制度逻辑相互缠绕并共同作用于社会组织发展。这种多维的制度效应既为社会组织的快速成长提供了重要的支持和保障，又对其自主性水平、专业化能力、公共性特质、资源汲取状况产生了复杂而多向度的影响。在我们看来，这种影响远比传统的"国家与社会"视角所勾勒的二元互动式情境更为复杂。对于学术界来说，深入揭示这种制度环境影响社会组织发展的内在机理对于理解转型期中国政社互动的深层特征具有极为重要的理论意义。

（三）激发基层社区自治活力

中共十八届三中全会以来，国家日益重视改进社会治理方式，强调"政府治理和社会自我调节、居民自治良性互动"。中共十九届四中全会进一步指出要"完善群众参与基层社会治理的制度化渠道。健全党组织领导的自治、法治、德治相结合的城乡基层治理体系"。在这些宏观政策的推动和指引下，各地区都日益重视激发社区自治活力，更好推动居民开展自我管理、自我教育、自我服务。由于社会组织可以更好组织居民、发起社区自治项目并支持居/村委会的工作，因此各地在基层改革实践中普遍重视通过培育社会组织来提升社区自治水平。

在这一改革进程中，基层治理体系发展社会组织有不同于之前维度的制度逻辑，其侧重点主要在以下几个方面。

重视社会组织的"社会性"。如果发展的社会组织缺乏广泛的公众支持度、社会基础和社会信任度，那么它们在营造社区自治的良好氛围时将难以发挥重要作用。基于更好凝聚居民、开展动员的发展目标，基层治理

---

① 黄晓春、周黎安：《政府治理机制转型与社会组织发展》，《中国社会科学》2017 年第 11 期。

部门（通常是民政部门）也高度重视社会组织联结基层社会的能力。在这一发展思路下，分管居民自治和党建引领自治的职能部门通常会鼓励社会组织更多扎根居民日常生活领域，更好吸纳居民群众"代言人"并开展更多的社区动员。这意味着，在推动自治工作这一维度，基层治理体系高度重视社会组织的社会性水平。

推动社会组织在多元治理网络中占据制度性位置。社区自治的有效开展依赖于多主体参与的新型治理结构。近年来，为不断提升社区自治活力，基层治理部门开始努力推动社区社会组织进入各类多元共治平台。在这一制度逻辑的推动下，社会组织已逐步嵌入社区多元治理网络之中，这也是有力推动当前基层自治的重要制度举措之一。

鼓励社会组织积极参与公共议事活动。近年来，各地基层政府不仅加大了在村/居层次搭建多元议事机制的力度，更开始在事关公共资源配置的街镇层次搭建公共议事平台，基层治理部门通过推动社会组织参与这些公共议事活动有效激发了自下而上公众参与的活力。此外，社会组织在参与此类活动时，也得以更多了解本区域的情况，一些社会组织甚至会以此为切入点更好打造自己的品牌活动以贴近公众需求。[①] 这也是提升社区自治水平，构建共建共治共享基层治理新格局的重要举措。

总体来看，从激发社区自治活力的制度维度着眼，基层治理部门会更重视培育社会组织的社会属性，同时也会强化其识别社会问题、代表社区多方利益的能力。需要指出的是，近年来，随着社会创新和社区营造理念的不断兴起，这一制度维度发挥作用的空间和范畴不断得到拓展。除政府职能部门外，一些大型企业和基金会也在这一制度维度发挥了重要作用，如汇丰银行近年来发起的"汇丰社区伙伴计划"，就从社区营造的维度推动社区社会组织能力建设。

（四）多线程改革下的社会组织

以上讨论超越了传统"治理转型"的模糊概念，在更为具体的层面讨论了基层治理场域中不同维度改革对社会组织发展的影响与制度着力点。

---

① 我们在实地研究中发现，许多发起于居民区的社区社会组织在扩大活动范围和不断成长的过程中，都把参与街镇层次的公共议事活动作为重要发展契机。这些组织借此在更大范围内了解公众需求并进一步打造自己的标志性活动品牌。

这种多维制度视角构建了一幅社会组织发展的复杂图景，呈现出不同改革努力在同一时空情境中对社会组织产生的影响机制。当我们把研究聚焦点投射于这个层次的分析时，就会发现已有的"国家与社会"二元互动视角和抽象宽泛的制度分析框架在很大程度上遮蔽了现实生活中社会组织发展环境的多样性和松散整合特征。[①]

这种多维制度影响通常是由不同治理部门共同实施的，这些部门既包括基层政府的党群部门，也包括其他各类承担具体治理任务的职能部门，有时来自更高层级的政府职能部门也会因"购买服务"而介入社会组织发展中来。多方制度生产主体的介入使得社会组织发展面临着动态演变的条件与约束结构，由此引导其发展出不同的组织成长策略——这是理解转型中的社会组织复杂组织属性的重要理论切入点。

多线程改革既有共同的关注点——推动社会组织发展，但也有不同的考虑。一方面，在这种多维制度环境下，社会组织的多样性得以形成，这也意味着研究者单纯从某个视角出发来理解社会组织的组织特性都可能有失偏颇。另一方面，不同进程改革之间虽从宏观上看紧密匹配，[②] 但在实际操作中却可能产生更为复杂微妙的后果。比如，考虑到在许多地区，基层公共服务供给的决策主要是体制内自上而下实现的，且相应考核也更依赖自上而下的评估，在此条件下承接服务项目的社会组织必然会更多关注"发包"部门的态度和偏好，当其基于资源汲取的需要不断强化这一组织发展战术时，其与基层社会之间的关系纽带也许就会有所弱化，这实际上会影响其他职能部门试图强化社会组织"社会性"的改革进程。再比如，在多部门共同投入资源但不同部门着力点不同的制度环境下，快速发展的社会组织通常都会形成灵活的发展策略，努力与多部门保持着良好关系，

---

① "松散整合"或"松散关联"是组织研究的新制度主义关于组织在不同制度化"神话"下其内部设置间关系的一种讨论。这一术语指的是，组织为了应对不尽相同的外部制度化"神话"，会使其内部设置间保持着松散联结的特征，亦即低度整合性。本书在此引用这一概念是把基层治理体系看作一种制度化主体，其需要应对不同改革维度提出的要求，由于这些要求的指向不尽相同，为避免制度冲突，基层治理体系会保持这些改革维度之间的松散关联。参见约翰·迈耶、布莱恩·罗恩：《制度化的组织：作为神话与仪式的正式结构》，何新发等译，载张永宏主编《组织社会学的新制度主义学派》，上海人民出版社，2007，第3~23页。

② 比如，从一般化理论层次来看，提高社区社会组织公共服务、公共管理能力的改革方向与提升社区社会组织社会性的内在要求是完全一致的。

并经常性切换工作领域，这种经营化的组织战术会提升组织的"事本主义"灵活性，但其基于恒定目标而形成专业化能力的组织发展战略则可能会遭遇深层挑战，这回过头来又会影响购买服务政府部门试图培育专业化社会组织的改革努力。①

就此而言，理解治理转型场域中多维制度的复杂效应，对于更为全面深刻认识当代中国社会组织的发展特征具有重要理论与现实意义。这一研究进路也代表了中观制度分析在社会组织研究领域的新发展方向。

二　当前社会组织的深层发展特征

通过对社会组织制度环境的进一步"深描"，本研究得以在一些更为具体的层次讨论当前社会组织的深层发展特点。正是由于制度环境内部的"松散整合"特性，致使我们很难使用宽泛术语来"标签化"概括其特点。笔者将从以下几个方面来展开讨论。

（一）规模日趋壮大，体制内资源是组织发展的主要依赖

一方面，在治理转型多重改革合力的作用下，各级政府和职能部门加大了对社会组织的扶持力度，包括在登记与备案方面提供便利与支持、以购买服务为载体给予资金支持等。在此背景下，我国社会组织发展迅速，规模日趋壮大。不仅北京、上海、广州等经济发达地区形成了社会组织发展的高峰，且许多欠发达地区也培育孵化了大量活跃于基层社区的社会组织。

另一方面，快速发展中的社会组织高度依赖体制内资源的支持，在资源汲取结构上具有显著的单一性特征。民政部政策研究中心 2018 年调查数据显示，政府补贴、政府购买服务、政府奖励及居/村委会投入分别占了受访社会组织 35.87%、20.15%、12.53% 和 19.78% 的收入②，这四种主要收入来源都与政府投入有关。由此，我们可以推测体制内资金是当前各类社会组织发展最重要的依托。此外，从社会组织成立背景也可以清晰印

---

① 黄晓春：《中国社会组织成长条件的再思考——一个总体性理论视角》，《社会学研究》
　2017 年第 1 期。
② 该题有 13 个选项，这四项的选择总和为 88.13%。

证这一点，笔者详细分析了 2018 年数据中"社会组织成立背景"一项，可以发现近 8 成（79%）社会组织成立时有政府背景。这进一步表明当前中国社会组织的快速成长与各级政府的支持密不可分。① 但资源来源单一的问题也可能会影响社会组织的自主性水平。从发达国家普遍的发展趋势来看，虽然政府的各种投入也是社会组织主要的资源来源，但除此之外基金会投入、公众捐款、企业赞助以及相应收费服务的比重也不小，正是这种来源多向的资源结构为社会组织成长提供了更稳定的支撑和发展预期。就此而言，当前我国社会组织的高质量发展不仅涉及政策扶持问题，在深层次上还与多元投入的社会环境紧密相关。当前上海、深圳、北京等正在大力发展社区基金会，并在更深层次探索社会组织发展的多元投入模式，可以想见，随着这些改革进程的不断推进，社会组织的发展环境还将进一步优化。

（二）功能涵盖社区治理主要领域，但专业化水平有限

目前，社会组织在社会治理的主要领域都发挥了重要作用，尤其是其已成为基层治理创新的一张重要"名片"。经验观察表明：大部分组织都开展了类型多样的社区服务且覆盖面较广，基本覆盖了多数社会需求领域。在治理转型前沿地区，社会组织在养老、助残、社区文体服务等方面已经成为基层政府开展服务的最重要合作伙伴。此外，当前社会组织在社会管理和秩序维护等传统行政化运行水平较高的领域也发挥了重要作用——许多社会组织都承担着社区管理功能，涉及组织居民自我管理、参与处理邻里矛盾、协助政府部门维持社区秩序、帮助政府部门处理信访纠纷、参与解决物业纠纷等领域。

不过，从专业化能力来看，当前社会组织仍有较大的提升空间。之所以会出现专业化能力不足的现象，一方面归因于当前社会组织仍处于发展起步期且资源汲取能力有限，另一方面其深层原因则与治理转型期多重制度变迁之间的交互效应有关。

如前所述，在多线程改革的推动下，不同治理部门基于不同的治理目标都在推动社会组织发展，但不同部门之间的扶持政策、资源保障举措缺

---

① 民政部政策研究中心于 2018 年开展了一项全国性的社会组织调查。该调查覆盖了全国 23 个省、4 个直辖市和 4 个自治区，发放并回收有效问卷 3131 份。

乏联动与系统整合，常常"各自为战"式运行。这客观上导致了资源投入的"碎片化"效应，更重要的是这会对社会组织形成稳定的发展预期造成不利影响，而若缺乏稳定的预期，社会组织就难以在某个既定专业方向上长期投入资源与积累组织经验，这无疑会影响社会组织的专业化发展态势。[①] 以当前社会组织发展领域最重要的制度设置——政府购买服务制度为例：购买社会组织服务的部门通常来自基层政府的各个业务部门，这些部门在编制购买服务预算时大多仅从本部门当年治理任务出发。其结果：从整体上来看，基层政府购买服务的长期战略模糊不清，且每项购买服务安排的可持续性和稳定性都不足。[②] 这就导致社会组织很难在某一方面持续发展组织能力——相反，许多"精明"的社会组织会根据购买服务的安排灵活调整自身活动领域，其结果是，虽然这些组织获得的资源越来越多，但其专业化程度却难以同步发展。就此而言，未来要有效提升社会组织的专业化水平，显然仅靠加大投入的政策设置是不够的，还需要对当前多线程改革下政府部门扶持社会组织发展的投入模式进行更多的优化改革。[③]

（三）有效嵌入社区多元治理网络，公共性水平仍有待提升

作为"社会协同、公众参与"的重要制度实践载体，社会组织要有效发挥治理效能就必须紧密嵌入多元治理的基层治理网络中，成为表达多样化社会观点、应对公共治理问题的重要主角。总体来看，经过多年的发展和基层实践中多部门的支持，社会组织在嵌入基层多元治理网络方面已经取得了较大进展。2018 年，民政部政策研究中心组织专家在全国多个城市展开的深度田野观察资料都发现，社会组织不仅在居民区治理网络中开始占据重要制度性位置，成为居委会开展各类治理工作的重要合作伙伴，[④]

---

① 黄晓春：《当代中国社会组织的制度环境与发展》，《中国社会科学》2015 年第 9 期。

② 经验研究发现，许多购买服务合同都是一年一议，且常因基层政府治理重心转移、领导更替而变化，总体缺乏稳定性和持续性。试想在这种购买合同可能随时变化的情况下，承接服务的社会组织在服务领域又怎么可能长线投入？田野观察发现，多数社区社会组织存在着围绕购买服务协议"灵机应变"的发展策略。长此以往，这些受购买服务事项"驱动"的社会组织也就难以专业化了。

③ 李友梅等：《新时期加强社会组织建设研究》，经济科学出版社，2016。

④ 2018 年调查数据表明，87.96% 的社区社会组织与居/村委会关系密切，82.68% 的居/村委会在动员居民时不同程度会借力各类社区社会组织。

而且开始在街、镇基层党组织和政府搭建的公共治理网络中发挥重要作用，在化解基层的一些治理难题中开始崭露头角。

　　但许多深入的田野观察也发现社会组织在快速发展的同时，其公共性水平并未同步提升。① 在很多时候，社会组织更多是作为基层治理部门购买服务的任务承担者角色出现在基层治理舞台上，其代表公众意见、反映社区多方诉求、表达居民利益的角色有时会让位于治理任务执行者的角色。② 这些深层问题的出现，不能简单地归因于基层政府的任务导向控制机制，因为很多职能部门在委托社会组织承担治理任务时，也很看重其社会代表性和社会性。本研究认为，社会组织公共性水平不足的现象背后折射出当前多线程治理改革同步推进时存在的一些深层问题，尤其是多领域改革之间的衔接问题。

　　这里仍以社会组织获取资源的主要方式——政府购买服务制度为例展开讨论。这项制度的初衷是提高政府部门公共服务的水平，在一个理想的情境下，这项制度需要在三个领域的改革之间建立起高效的动态链接机制：一是要通过自下而上的自治、共治机制来提取公众意见，在广泛讨论并与职能部门协商的基础上形成服务项目清单；二是有关职能部门在吸纳公众意见的基础上选择具有相应能力的社会组织作为服务承担者，并与之签订协议，建立政府购买服务合作关系；三是基于广泛的社会评估和公众意见，购买服务部门对社会组织承接服务效能进行评估，鼓励先进做法并对不足之处提出改进建议等。在这种理想模式下，政府购买服务制度可以将部门购买行为与社区公共性的营造紧密联系起来。但在现实的制度实践中，由于购买服务的部门与推进社区自治、共治的部门通常缺乏紧密联系，于是购买服务决策时常是基于部门主义的考虑而设置的，实际上缺乏与社区自治、共治体系的关联；而服务评估也由具体委托部门来完成，公众缺乏参与性。在这种背景下，承担服务项目的社会组织实际上最重要的考虑是与委托部门之间建立密切合作关系，至于其与社会公共领域之间的

---

① 李友梅、肖瑛、黄晓春：《当代中国社会建设的公共性困境及其超越》，《中国社会科学》2012 年第 4 期；徐盈艳、黎熙元：《浮动控制与分层嵌入——服务外包下的政社关系调整机制分析》，《社会学研究》2018 年第 2 期；蔡禾、黄晓星：《城市社区二重性及其治理》，《山东社会科学》2020 年第 4 期。

② 黄晓星、杨杰：《社会服务组织的边界生产——基于 Z 市家庭综合服务中心的研究》，《社会学研究》2015 年第 6 期。

关联度,则被放在次要的考虑位置。就此而言,多线程治理转型进程之间的松散关联现状,对于影响社会组织的公共性水平就产生了重要影响。

(四) 对未来发展空间有较大预期,但缺乏清晰发展思路

中共十八届三中全会以来,国家推进了一系列有利于社区社会组织发展的制度举措。中共十九届四中全会进一步明确了未来社会治理转型的基本方向是"完善党委领导、政府负责、民主协商、社会协同、公众参与、法治保障、科技支撑的社会治理体系,建设人人有责、人人尽责、人人享有的社会治理共同体",这些都为当代中国社会组织发展提供了广阔的空间。在这一总体政策环境下,社会组织普遍对未来发展空间有较大预期。民政部政策研究中心 2018 年调查数据从多个维度呈现了这一态势:89.3% 的社会组织对成长环境的未来预期持积极态度,认为成长环境会变得更好;72.78% 的社会组织愿意进一步招收全职人员,[①] 而愿意扩大成员规模的比例更是高达 86.59%。此外,还有 84.64% 的社会组织愿意承接更多的政府服务项目,这也从侧面反映社会组织愿意更多参与治理的愿望。

良好的发展预期必须建立在清晰的组织发展战略基础之上。唯有如此,社区社会组织的高质量发展才有可靠保障。但上述调查数据从另一个维度折射出当前许多社会组织仍缺乏清晰的发展思路。在问及组织服务所涉及的具体领域时,39.98% 的社会组织回答在 2~4 个领域展开服务;高达 46.62% 的社会组织在 5 个及以上的领域提供服务。这一数据与研究团队在治理转型前沿某城市的一项长期跟踪研究数据相一致,都呈现了当前快速发展的社会组织为获取资源而频繁切换服务领域的现象。[②] 考虑到有些领域间的专业要求差距较大,大多数有着明确组织目标和愿景的组织都不太可能频繁切换服务领域。这种现状实际上说明,有相当一部分社会组织存在着"项目导向"的工具主义发展思路,即主要根据发包部门的指挥棒运转,自身在长期发展战略上缺乏清晰的布局与思考。如果这种现象不改变,那么即使有关部门不断投入资源,社会组织的专业化水平和纵深化

---

① 通常来说,"愿意招收全职人员"这一指标是社会组织对未来发展预期的重要指示器。由于全职人员需要组织投入较大资源,若非组织对未来发展空间有较为积极的研判,通常不会扩大全职人员的规模。

② 黄晓春:《当代中国社会组织的制度环境与发展》,《中国社会科学》2015 年第 9 期。

发展的组织能力也难以有效提升。

　　这种现象实际上也与当前多线程治理转型背景下社会组织发展的整体顶层设计不足有关。由于不同线程改革的着力点不同，因此具有长期考虑、整体规划而又透明清晰的社会组织扶持制度就始终缺位。在此背景下，社会组织就很难依据明确的政策信号形成清晰、可持续的组织发展战术。一个典型的例子是，即使在当前购买社会组织服务最前沿的城市，统一归集不同部门购买服务项目并统一运行的招投标平台虽呼声很高但实际上一直难以建成，在此背景下，社会组织形成以项目为导向的经营化发展特征也就不难理解了。

　　总体来看，本研究所发现和揭示的社会组织发展特征都与当前治理转型期多线程改革之间的互动方式有着密切的关系。由于制度环境一方面鼓励社会组织发展，另一方面其内核又存在着一定的模糊性和松散关联特质，因而当前中国的社会组织在快速发展中也面临着诸多深层挑战。要化解这些挑战，显然不能再回到"就事论事"的线性思维来思考问题，而是要从中观维度着眼，更多考虑多线程治理转型之间的系统整合问题——这也对学术界和公共政策研究部门提出更高的研究要求。

三　进一步的讨论与本书篇章介绍

　　前述分析表明，当前我国社会组织发展中呈现的许多深层特征，实际上都与多线程治理转型的制度实践有关。如果我们对这种多线程治理转型的过程、机制缺乏深刻的理解，就可能会忽略当前社会组织发展中存在的深层问题，也难以在宏观政策设计上形成更具针对性的思路。

　　本书将聚焦共建共治共享社会治理制度体系建设过程中，不同制度生产主体推动社会组织发展的实践过程，对这些过程的交互效应进行深入讨论。基于这一研究策略，篇章结构设置如下。

　　第一章主要聚焦当代中国社会组织发展的时代脉络。这一部分的讨论将引导读者注意"社会建设""治理转型"不同政策范式对社会组织角色的不同聚焦点。由此在一个更为多维的视角下展开对社会组织的功能与角色讨论。通过此章的分析与演绎，本书将展现当代中国社会组织发展的独特社会情境。

　　第二章试图从中观维度梳理社会组织在不同领域发挥治理功能所依赖的制度条件。尤其是聚焦社会组织"多元治理主体"与"公共服务主体"这两大基本功能背后的中观制度条件。这一讨论将构建一个社会组织发展的"功能—条件"理论视角，也为我们进一步讨论治理转型不同维度制度要素对社会组织复杂影响机制提供了基准的分析框架。

　　第三章从多层级政策执行的视角展现社会组织领域制度建设的实际逻辑。研究表明，由于社会组织领域宏观政策中存在一定的模糊性，政策执行部门在面对弱激励和可能承担制度风险的条件下会以风险规避的思路技术主义地层层推进社会组织制度建设，由此引发了社会组织发展中的一些深层问题。这一章的讨论将超越传统制度分析主要从制度文本着手展开分析的局限，更关注治理部门在互动中塑造社会组织制度环境的机制，可以在中观维度识别当代中国社会组织的发展特征。

　　第四章则从动态分析的视角展现了政府治理机制转型对社会组织发展的复杂影响。通过聚焦不同层级政府治理机制之间的互动及其对社会组织的影响，研究发现，当上下级行政部门以"层层发包"模式运行时，基层政府更多在权衡社会组织的公共服务功能与潜在治理风险后设计相应制度安排，并形成鼓励发展或风险控制型的制度环境。但在上下级治理模式出现张力，下级灵活性与弹性不足时，基层政府会更注重通过发展社会组织来解决自身遇到的难题，进而形成"借道"机制。由此在一个新的研究视角下重新考察转型期政府治理转型与社会组织关系，揭示社会组织制度环境多样性之深层机理。

　　第五章围绕社会组织党建这一新型制度要素展开讨论。尤其聚焦当前治理转型中"党建引领"机制的丰富内涵及其对社会组织发展的复杂影响。在此基础上，这一章进一步讨论了社会组织党建对当前"国家与社会"关系产生的新影响。

　　第六章讨论了多维制度环境"非协同"发展情境下社会组织的自主性生成机制。这一部分内容聚焦社会组织以各种组织策略拓展自身资源并获得发展机遇的行动过程。研究发现，社会组织的策略性应对塑造了一种极为独特的社会组织自主性生产机制。借助这种机制，一方面，许多社会组织在当前获得了较大的发展空间；但另一方面，这种发展空间又具有内生的不稳定性。因此，如何从深层次改变社会组织多维制度环境"非协同"

发展的问题成为当前社会领域制度建设的重要战略任务。

第七章从系统治理的角度提出了未来社会组织制度体系改革的理论思考。从"设置清晰的改革路线图""形成党建引领下的高水平社会组织发展格局""营造社会利益表达的多主体组织网络""形成多样的社会组织培育路径""形成自我支持的社会组织发展生态体系""推动公共性发展"等维度提出了有针对性的政策建议。

第一章　当代中国社会组织发展的时代脉络

在当代中国社会治理转型的时代背景下，"社会组织"一词无疑具有多重含义：一方面，当论者提及这个词时，潜台词总难免与发轫于近代西方的"市民社会"相关联，其后所涉及的内涵包括西方意义上的国家与社会关系形态；另一方面，社会组织并非完全的舶来之物，在中国漫长的历史传统中，既有作为"信仰、志趣团体"及"行业性团体"的"社"，亦有作为民间结社的"会"。[①] 二者共同构成了中国本土传统情境下的社会结社模式，而其中所嵌入的价值与逻辑则与西方结社观有根本差异。"社会组织"语义上的多重性，恰恰折射了这一组织形式在当代中国社会发展与治理转型中所嵌入的复杂脉络：它既是现代意义上的，又具有一定的传统性；它既代表着社会权利的增进和现代社会公共性的生产，又难免渗入传统"差序格局"意义上的独特行为逻辑。[②] 这种多重脉络的复杂交错，是我们理解当代中国社会组织发展态势、价值内涵及独特性的重要起点。

从经验资料来看，当代中国社会组织经历了一个曲折的发展过程：20 世纪 70 年代以前的社会组织数量极少；20 世纪八九十年代开始进入数量上的剧增阶段；20 世纪 90 年代初数量又有所回落；[③] 21 世纪初中国社会组织重新进入稳定发展阶段；党的十八届三中全会尤其是党的十九大以来，中国社会组织发展步入快车道。[④] 上述发展进程在很大程度上与当代中国

---

① 陈宝良：《中国的社与会》，中国人民大学出版社，2011，第 3 ~ 6 页。
② 李友梅、肖瑛、黄晓春：《当代中国社会建设的公共性困境及其超越》，《中国社会科学》2012 年第 4 期。
③ 王名、刘国瀚、何建宇：《中国社团改革：从政府选择到社会选择》，社会科学文献出版社，2001，第 3 ~ 5 页。
④ 据统计，截至 2019 年 12 月，在民政部门正式登记的社会组织约为 866042 个，约为十年前的两倍。如果把活跃于城乡社区，在基层政府"备案"的社会组织算进来，过去十年的增量可能更大。这些数据从宏观层次勾勒了中国社会力量不断成长的态势，也呈现了各级政府努力推动社会力量参与治理的努力。

社会组织的制度环境有着密切关联，而制度环境的演变则表明随着当代中国社会建设的推进以及国家治理体系与治理能力的完善，社会组织被赋予了不同的角色与功能。因此，梳理这些功能角色并厘清其与中国经济社会转型之间的勾连就成为理解中国社会组织发展路径的起点。本章的第一和第二部分将侧重于从"社会建设"及"国家治理转型"的宏观制度变迁发展来讨论，以使我们更好地理解当前社会组织发展所嵌入的时代脉络，第三部分则将以社会为本位，引入近年来中国社会生活变迁的核心要素，来认识和理解当前社会组织发展的社会土壤。

一　"社会建设"语境下的"社会细胞"

立足于当代中国社会组织发展的历史脉络可以发现，社会组织的快速成长首先与我国"社会建设"政策体系的形成与发展密切相关。随着"以民生为重点"社会建设政策体系的成型，社会组织的服务功能得到广泛重视，其作为社会自我组织和自我服务"细胞"的角色日益凸显。在"社会建设"政策体系下，社会组织发展的制度空间快速拓展，许多传统的发展制约因素不断弱化，[①] 但这一政策也在一定程度上强化了社会组织公共服务供给者的制度形象，这一制度效应为社会组织的角色设定留下了重要的认知印记，[②] 在社会组织发展的进程中产生了复杂的影响。

（一）"社会建设"的政策内涵

自党的十六届四中全会第一次把"构建社会主义和谐社会"作为加强党执政能力建设的重要目标以来，"社会建设"逐步开始成为政策部门与学界讨论最为热烈的话题之一。学者们从不同角度阐述了"社会建设"的丰富内涵，总体来看，他们的讨论均认为社会建设是一个由多领域构成的宏大系统，涉及合理配置社会资源与社会机会结构、促进社会公正、优化

---

① 比如，在这一政策体系影响下，传统上社会组织成立准入"门槛"较高的问题在各地都得到了不同程度的缓解。

② 社会学新制度主义用"认知印记"或"制度烙印"这一类概念表明，在制度演化的过程中，早期制度选择会对相应组织的未来发展路径产生持久的影响。有时候，即使制度环境已经发生了调整，已有的"认知印记"仍会顽强地发挥作用。

社会结构、调整社会利益关系、推动社会进步、发展社会事业、推进民生建设等多个领域。① 作为国家宏观战略选择的"社会建设",不仅指涉价值领域(如公平、正义),而且涉及制度建设的基本原则(如以人为本、科学发展等),甚至具体的政策安排(如党的十八大报告在"加强社会建设"部分提到"努力办好人民满意的教育""推动实现更高质量的就业""千方百计增加居民收入"等),其内涵的丰富性远远超过一般的具体社会政策,因而可以将其视为一种新型的政策范式(Policy Paradigm)。

"政策范式"在新近的比较政治学和政策分析研究中已逐渐成为一个核心概念。所谓"政策范式",即"一套通过限定政策制定精英认为有用和值得考虑的备选方案来约束行动的认知背景",它"不仅指明政策目标以及借以实现这些目标的政策工具类别,而且还指明它们需要解决之问题的性质"。②作为人们理解公共问题以及思考解决之道时所持的信念和基本价值,政策范式不仅支配着政策目标和政策工具的选择和设置,而且代表着政策行动的基本框架。换言之,政策范式直接影响着决策者看待世界的方式并规定他们的角色,这既包括实施政策的实践,也包括国家关于目的与手段之间关系的理解。③ 简言之,每种政策范式都被特定时期的社会意识形态所嵌入,并都以自己的方式界定了"什么是问题"、"如何解决问题"以及问题与政策工具之间的因果机制。如果将近年来频频在党和国家会议决议中出现的"社会建设"看作一种形成中的政策范式,那么研究者就有可能以一种历时性的视角将不同时期国家所提到的社会建设目标、原则和重点放置于一个相互衔接、互为因果的整体之中,进而避免"只见树木,不见森林"的片面理解。

---

① 郑杭生:《社会学视野中的社会建设与社会管理》,《中国人民大学学报》2006年第2期;吴忠民:《论和谐社会建设的基本内容》,《中共中央党校学报》2007年第2期;景天魁:《社会建设的科学构思和周密布局》,《江苏社会科学》2008年第1期;陆学艺:《关于社会建设的理论和实践》,《国家行政学院学报》2008年第2期;孙立平:《社会建设的目标是促进社会进步》,《北京工业大学学报》(社会科学版)2009年第2期;李强:《对"社会"及"社会建设"的思考》,《国家行政学院学报》2010年第1期。

② Peter A. Hall, "Policy Paradigms, Social Learning, and the State: The Case of Economic Policy-making in Britain," *Comparative Politics*, Vol. 25, No. 3 (1993), pp. 275–296.

③ 弗兰克·道宾:《打造产业政策——铁路时代的美国、英国和法国》,张网成、张海东译,上海人民出版社,2008。

在历史的长河中，每种政策范式的出现大多与特定的意识形态相呼应，① 并都承担着独特的治理功能。"社会建设"这一政策范式的雏形出现于 2004 年党的十六届四中全会② 上并非偶然，它暗含着一种新改革共识正在成为一种有效的国家意识形态，并对国家的政策制定构成深刻影响。具体言之，自 20 世纪 90 年代以来，中国加快了市场化的步伐。这一举措一方面推动了中国经济快速发展，③ 另一方面也引发了大量的社会矛盾和社会问题，突出表现为利益结构失衡，如贫富两极分化、城乡差距以及区域分化等方面。④ 其中，"泛市场化"政策思路对社会保障与福利领域改革的影响，⑤ 造成相当数量的民众无法享受改革发展带来的成果，成为利益相对受损的群体。在此背景下，自 2003 年末开始，大量关于改革走向的讨论在知识界和公共政策部门内部引发，虽然具体话题不一而足，但大多涉及对唯 GDP 主义的反思和对扩大改革受益面，调整社会利益结构的关注。⑥

---

① 比如，凯恩斯主义在"二战"后成为一种重要的经济意识形态，这种意识形态随即嵌入当时英美国家的经济政策范式中，强调国家采用扩张性的经济政策，通过增加需求促进经济增长。

② 该次会议不仅首次提出了"坚持最广泛最充分地调动一切积极因素，不断提高构建社会主义和谐社会的能力"，而且还比较明确地提出了"注重激发社会活力，促进社会公平正义"的目标，以及"妥善协调各方面的利益关系，正确处理人民内部矛盾""加强社会建设和管理，推进社会管理体制创新……建立健全党委领导、政府负责、社会协同、公众参与的社会管理格局"的思路。

③ 据统计，从 1978 年到 2004 年，中国 GDP 从 1474 亿美元增至 16494 亿美元，年增长率达 9.4%；外贸从 206 亿美元增至 11548 亿美元，年均增长超过 16%；中国外汇储备从 1.67 亿美元增至 6099 亿美元；农村贫困人口数目从两亿五千万减少到两千六百万。

④ 据中国社科院对 7140 个居民家庭进行的调查，2005 年中国的基尼系数达到了 0.496，全国城乡居民家庭人均财产（房产、金融资产和耐用消费品财产）分配的基尼系数保守测算达到 0.653。区域间收入差距也十分明显，东部、中部、西部人均年收入之比为 2.23∶1.14∶1（西部为 1）。数据转引自汝信等主编《2007 年：中国社会形势分析与预测》，社会科学文献出版社，2007，第 23~24 页。

⑤ 1998 年 7 月，《国务院关于进一步深化城镇住房制度改革加快住房建设的通知》颁布，由此在制度上建立市场化住房体制，并明确提出把住房产业培育成经济支柱产业；"教育产业化"的提法也始于 1998 年，从 1999 年开始，中国的高等教育经历了跨越式发展，到 2004 年，中国各类普通高等学校招生 420 万人，是 1998 年的 4 倍，高收费和市场化运营自此开始渗透到教育领域；1998 年我国开始推行三项医疗改革（医疗保险制度改革、医疗机构改革、药品流通体制改革）措施，自此，医疗改革的市场化速度大大加快。

⑥ 孙立平：《断裂——20 世纪 90 年代以来的中国社会》，社会科学文献出版社，2003；吴敬琏：《反思过去 25 年的改革，明确 21 世纪前进的方向》，"中国经济 50 人论坛 2006 年年会"上的发言，http://wujl07b.blogchina.com/120225.html；刘国光：《我国改革的正确方向是什么？不是什么？——略论"市场化改革"》，《党政干部文摘》2006 年第 7 期。

在这次讨论中，一种强调改变以往重经济而轻社会，让更多人从改革中获益的思路逐渐成为新改革共识的基础。"社会建设"这一新政策范式正是这种改革共识在国家经济社会发展战略中的地位日趋显著的表现。因此，"社会建设"政策范式的目标从其起点就比较明确，主要是试图塑造一种和谐的社会利益关系格局，并形成与社会主义市场经济相适应的多元利益配置格局。

每种政策范式从成型到成熟都不是一蹴而就的。从历史制度学派关于政策范式的相关研究中，① 人们可以发现，成熟的政策范式大体上涵括了三个相互衔接的核心要素，即政策目标、政策工具和治理模式。其中，政策目标代表着对特定意识形态体系下被界定为问题的应对路径及基本价值、原则；政策工具则从技术角度提供了解决问题的具体方法；治理模式界定了参与治理的诸主体的角色及其关系结构。这三个要素相互配合并互为因果，使政策范式能够达成治理目标。历史地看，社会建设政策范式自提出以来至今，大体经历了三个重要的演进阶段。在不同阶段，社会建设围绕不同要素展开。

第一阶段大体从 2004 年至 2006 年，标志性事件是党的十六届六中全会通过的《中共中央关于构建社会主义和谐社会若干重大问题的决定》（以下简称《决定》）。《决定》第一次系统地概括了构建社会主义和谐社会的指导思想和基本原则，提出了到 2020 年构建社会主义和谐社会的目标和任务，即社会建设的政策目标。值得注意的是，该纲领性文件不仅指出了未来社会建设的若干主要领域，而且明确将政策目标的重点聚焦在利益关系调整之上，即形成了"以解决人民群众最关心、最直接、最现实的利益问题为重点"的社会建设政策思路。

第二阶段约从 2007 年至 2010 年，其标志是党的十七大报告单列一章来论述社会建设，将社会建设的重点进一步明确为"改善民生"，并提出教育、就业、收入分配、社会保障、医疗卫生、社会管理六大领域社会建设的具体政策目标。与政策目标明确相应的是，从这一阶段开始，国家逐步有针对性地设计出一系列支撑政策目标的政策工具，比如，从 2007 年中

---

① 弗兰克·道宾：《打造产业政策——铁路时代的美国、英国和法国》，张网成、张海东译，上海人民出版社，2008；约翰·L. 坎贝尔、J. 罗杰斯·霍林斯沃思、利昂·N. 林德伯格编《美国经济治理》，董运生、王岩译，上海人民出版社，2009。

央和各级地方政府开始陆续推动建立全面农村低保制度，在全国进行城镇居民基本医疗保险制度试点工作，推动《就业促进法》《劳动合同法》立法工作，等等。

第三阶段自 2011 年开始，自此之后"社会建设"的政策工具得到了更精细化的设计，如《国民经济和社会发展第十二个五年规划纲要》对"十二五"期间国家进一步围绕"改善民生，建立健全基本公共服务体系"进行政策工具的设计，在"提升基本公共服务水平""实施就业优先战略""合理调整收入分配关系"等具体领域提出了未来政策工具设置和改革的思路。另一方面，从这一时期开始，"社会建设"的政策目标开始与"创新社会治理"交互融合。① 比如，2012 年党的十八大报告就提出"在改善民生和创新管理中加强社会建设"，同时，报告还指出"加强社会建设，必须加快推进社会体制改革。要围绕构建中国特色社会主义社会管理体系，加快形成党委领导、政府负责、社会协同、公众参与、法治保障的社会管理体制"。党的十八大以后，"社会建设"的核心、"民生建设"政策的目标更是常与"创新社会治理"相互交融，如党的十九大提出"提高保障和改善民生水平，加强和创新社会治理"。由于创新社会治理更强调党领导下的多元社会力量参与，因此从这一时期开始，"社会建设"的政策范式开始日益重视社会组织参与的新型治理模式。也正是从这一阶段开始，学术界和政策部门都日益把社会组织看作社会多元利益协调和提供民生保障、丰富公共产品供给的重要主体。

由上文分析可知，在形塑社会建设政策范式的第一和第二阶段，国家基本形成了前后相继的政策目标系统；在社会建设政策范式演进的第二和第三阶段，中央和地方政府开始针对政策目标提出相应的政策工具；从第三阶段开始，与政策目标、政策工具相匹配的治理模式建设问题变得日益重要。我们可以称社会治理模式为"社会体制"。所谓社会体制，就是"围绕公共产品配置而进行的一系列制度安排"。在利益与公共产品的来源高度多元化，公民权利意识日益觉醒的背景下，要实现公平正义的社会建

---

① 虽然"社会建设"与"创新社会治理"这两大政策目标时常交互融合，但两者仍有一定的区别。前者更侧重于"以民生为重点"，后者更侧重于治理模式的改革与创新。因此，本书并没有将这两者放在一起讨论，后文会重点讨论"创新社会治理"政策下发展社会组织的不同着力点。

设目标，凭借传统体制内的单一努力和较小政策网络的动员是难以产生长期效果的，而必须借助社会多元力量和公众的有效支持。因此，与这些要求相适应的社会体制"应该是围绕公共产品的公平正义分配而构建的不同利益主体之间的交往和协商制度"。① 只有通过这一体制，社会建设所蕴含的政策目标和政策工具才有可能得到系统的支持和有效的自我强化。而社会组织则是这一多元协商制度中的重要构成元素。

总体来看，社会建设政策范式第三阶段所面临的新型社会体制建设问题远比第一和第二阶段的目标更为艰巨。新型社会体制的核心是"不同利益主体之间的交往和协商制度"，实质上就是要形塑多元利益协商机制。这种新型机制同传统"总体性支配模式"② 最大的差别在于，后者是威权主义意义上的，国家握有支配所有公共资源的权力，社会成员对国家及其代理人高度依赖；而在前者中，利益的客体变为利益的主体，并且高度多样化，公共权力与不同利益主体之间的关系也被要求相对平等化，分配模式由国家及其代理人独自行使分配权向国家及其代理人同其他利益主体在协商中实现公平公正分配转变。这也意味着，国家在发挥过去积淀的制度在公共产品的生产和分配方面的优越性的同时，还必须激发公众以积极、有序的方式参与和组织公共生活。

（二）作为"社会细胞"的社会组织

在此情境下，社会组织作为多元社会的重要组成部分和"社会细胞"的功能自然也就得到了极大的关注。知识界和公共政策部门日益清晰地认识到，社会组织并非一个虚无缥缈的学术概念，它对于抵御市场经济背景下个体工具主义的快速扩张有着重要意义，因而是促成当代"社会团结"的重要机制；它也是现代公民精神培育的重要基础，是使个体得以超越狭隘的自我利益而关注公共生活的重要组织条件；它还是形塑现代国家与公民间良性相倚、互为监督新格局的重要组织条件。

历史地看，正是社会建设政策范式的不断深入推进，才使社会组织的

---

① 李友梅：《关于社会体制基本问题的若干思考》，《探索与争鸣》2008 年第 8 期。

② 总体性支配主要是通过自上而下的制度规训、群众动员以及政治运动，来实现国家对社会生活诸领域的支配。相关研究参见孙立平、王汉生、王思斌、林彬、杨善华《改革以来中国社会结构的变迁》，《中国社会科学》1994 年第 2 期。

积极社会功能得到了前所未有的关注。这一时期中国社会组织发育和发展的制度环境越来越宽松，尤其体现在两个方面：一是社会组织的登记和注册门槛被普遍放低。20 世纪 90 年代后期以来，学界对中国社会组织的发展瓶颈有几个公认的判断，其中最主要的判断之一就是社会组织注册"门槛"过高。① 但在"社会建设"政策范式成型的一段时间以来，各级地方政府开始以新的思路探索社会组织登记备案制度，如各地的民政系统以多种方式变通和改变《社会团体登记管理条例》，降低注册条件，广泛使用备案制度等。② 二是在社会组织的资源供给方面，许多发达地区加大了对社会组织的资金支持力度。以上海为例，静安、浦东等区县在"十一五""十二五"期间都制定了社会组织的相关扶持政策，在资金、场地、税收、人员、购买服务等方面给予倾斜，形成有利于社会组织发展的环境，浦东新区政府还专门出台《关于促进浦东新区社会事业发展的财政扶持意见》，扶持新区养老机构、培训机构、行业协会、社工机构等各类社会组织的发展。在这种相对宽松的制度环境下，中国社会组织在数量和规模上都有了很大的发展。

需要指出的是，由于社会建设政策范式在总体上更为强调"以民生为重点"，因此在实践层面，各级地方政府在推动社会建设时，更为关注各类以民生为切入点的公益型社会组织发展。以上海为例，2009 年，上海专门出台了《中共上海市委、上海市人民政府关于进一步加强上海社会建设的若干意见》，该意见明确指出要重点发展公益类社会组织。随之，上海市民政局专门出台了系列扶持公益型社会组织发展的条例，各区县也制定了专门鼓励公益型社会组织发展的制度条文。实践层面的这种制度供给格局，使各类以提供公共产品为目标的社会组织开始踏上社会建设的历史舞台。

二　"创新社会治理"政策背景下的社会治理主体

自中华人民共和国成立以来，国家在不同时期对如何塑造和引领有序

---

① 俞可平：《中国公民社会：概念、分类与制度环境》，《中国社会科学》2006 年第 1 期；王名、刘国翰、何建宇：《中国社团改革：从政府选择到社会选择》，社会科学文献出版社，2001。

② 李爽、沈晓宇：《青年自组织备案制度初探》，《上海青年管理干部学院学报》2010 年第 1 期。

社会生活这一命题有着不同的理解和认知，并采取了不同的治理举措：从最初的推动社会单位化并建立起某种"总体性支配模式"，[①] 到逐步开始依托社会多元力量，强调不断提高社会管理的科学化水平，进而有效协调社会不同利益诉求，推动以民生为重点的社会建设。这种治理转型的历史性过程，与中国经济发展模式的转变、社会资源配置结构的变化以及社会利益结构的分化都有着重要的因果关联。以某种方式来看，这一进程也体现了国家审时度势，适应历史发展客观规律，在经济社会诸领域各种自主性纷纷彰显的背景下重建新型社会生活秩序的努力。然而，每种治理模式的有效运转都与一定的结构性支撑因素密切相连，[②] 因此，不同治理模式之间的转变并非一个"水到渠成"的自然过程。今天，当中国政府试图在一个越来越开放而分化的社会中重建多元管理格局时，传统支撑因素[③]的有效性正日渐弱化，如何在新的基础上建设一种凝聚和吸引社会多元力量共同参与社会治理的新模式，开始变得日益迫切。正是在这种治理转型的历史背景下，当代中国的社会组织又被赋予了"社会治理主体"的重要时代内涵。

（一）当代中国社会治理转型的基本脉络

从党和国家的政策演变来看，近十年来各级政府一直在转变观念，开始改变单一维度的自上而下的社会管理观，逐步形成上下结合、政社结合、多元参与的新型社会治理观。这可以从党和国家的重要文件中窥见一斑。

2011 年 2 月，胡锦涛同志在省部级主要领导干部社会管理及其创新专题研讨班开班仪式上，围绕探索建设中国特色的社会主义社会管理体系，发表了重要讲话。胡锦涛强调了"三个最大限度"（最大限度激发社会活力、最大限度增强和谐因素、最大限度减少不和谐因素）对于社会管理创新的重要影响。讲话指出，"加强和创新社会管理，要高举中国特色社会主

---

① 孙立平、王汉生、王思斌、林彬、杨善华：《改革以来中国社会结构的变迁》，《中国社会科学》1994 年第 2 期。

② 渠敬东、周飞舟、应星：《从总体支配到技术治理——基于中国 30 年改革经验的社会学分析》，《中国社会科学》2009 年第 6 期。

③ 在许多研究看来，这种传统支撑要素包括国家对资源的总体性控制、社会成员对国家高度依赖以及高度一元化的集体主义意识形态等。

义伟大旗帜，全面贯彻党的十七大和十七届三中、四中、五中全会精神……紧紧围绕全面建设小康社会的总目标……以解决影响社会和谐稳定突出问题为突破口，提高社会管理科学化水平，完善党委领导、政府负责、社会协同、公众参与的社会管理格局，加强社会管理法律、体制、能力建设，维护人民群众权益，促进社会公平正义，保持社会良好秩序，建设中国特色社会主义管理体系"。① 这一讲话精神表明，党中央及国家领导人已经站在战略高度重视社会管理及其创新。

　　同年，党和国家连续实施了三个有重要意义的创新。其中，2011 年 3 月，"社会管理创新"一词首次以重要篇幅写入《政府工作报告》，并在国家"十二五"规划纲要中单独成篇。切实解决人民群众最关心最直接最现实的利益问题，已被各级政府摆在了更加重要的位置。2011 年 7 月出台了我国第一份关于社会管理创新的正式文件《中共中央　国务院关于加强社会创新管理的意见》。2011 年 9 月 16 日，中央决定，把中央社会治安综合治理委员会更名为中央社会管理综合治理委员会。② 尤其是中央社会治安综合治理委员会的更名，更是标志着党对社会管理的范畴认识实现了全新的转变，社会管理不再简单地等同于治安管理；而且，在政策文件中，社会管理开始出现了向治理的悄然转变。

　　在党的十八大上，社会管理创新问题再次成为重要议题。在这次会议上，党仍然强调了以民生为重点的社会建设的重要性，同时在党的十六届四中全会精神的基础上更进一步，提出"加强社会建设，必须加快推进社会体制改革。要围绕构建中国特色社会主义社会管理体系，加快形成党委领导、政府负责、社会协同、公众参与、法治保障的社会管理体制，加快形成政府主导、覆盖城乡、可持续的基本公共服务体系，加快形成政社分开、权责明确、依法自治的现代社会组织体制，加快形成源头治理、动态管理、应急处置相结合的社会管理机制"。由此，人们可以发现，党对社会建设与社会管理创新的理论认识又更加丰富和成熟了。

　　对于当代中国社会治理模式的转变，具有历史性意义的变化是在党的

---

① 冉彪：《胡锦涛提出社会管理的三个"最大限度"深意何在?》，转引自《中国日报》，ht-
tp://www.chinadaily.com.cn/dfpd/2011ldytb/2011－02/23/content_12064739.htm。
② 《以善治筑和谐：十六大以来社会管理创新述评》，《学会》2012 年第 10 期，转引自《光明日报》。

十八届三中全会上。与之前历次会议上的表述不同，这次会议明确提出了从传统社会管理向现代社会治理的历史性转变。会议提出了新时期创新社会治理体制的重大战略要求，并将其置于国家治理体系和国家治理能力建设的重要位置。会议指出，"创新社会治理，必须着眼于维护最广大人民根本利益，最大限度增加和谐因素，增强社会发展活力，提高社会治理水平"。党的十八届三中全会通过的《中共中央关于全面深化改革若干重大问题的决定》用浓墨重彩阐述了创新社会治理体制的具体内涵，并在此情境下强调激发社会组织活力，文件指出"正确处理政府和社会关系，加快实施政社分开，推进社会组织明确权责、依法自治、发挥作用。适合由社会组织提供的公共服务和解决的事项，交由社会组织承担。支持和发展志愿服务组织。限期实现行业协会商会与行政机关真正脱钩，重点培育和优先发展行业协会商会类、科技类、公益慈善类、城乡社区服务类社会组织，成立时直接依法申请登记。加强对社会组织和在华境外非政府组织的管理，引导它们依法开展活动"。党的十八届三中全会关于创新社会治理的历史性提法标志着党对社会建设与社会治理的认识进入了与中国经济社会发展相适应的全新阶段。

党的十九大在论及社会治理创新时提出了"打造共建共治共享的社会治理格局"这一改革目标，尤其是明确强调要"提高社会治理社会化、法治化、智能化、专业化水平"。在这"四化"中，"社会化"放在首位——这也意味着国家更重视治理创新中社会主体的重要作用以及社会化治理机制的突出位置。此外，党的十九大报告还进一步突出了社会组织在社区治理体系中的重要作用，报告强调"加强社区治理体系建设，推动社会治理重心向基层下移，发挥社会组织作用，实现政府治理和社会调节、居民自治良性互动"。这一政策取向推动了此后社区社会组织的快速发展。

党的十九届四中全会围绕"坚持和完善共建共治共享的社会治理制度"进一步提出"建设人人有责、人人尽责、人人享有的社会治理共同体"。这表明未来我国的社会治理制度建设将更注重多元参与和人尽其责的共同体思维，从而实现治理模式的深度转变和系统优化，如鼓励公众从传统治理逻辑下的被动响应者转变为共建共治共享社会治理新格局下的积极行动者；推动城乡社区从行政治理末梢转变为居民基于现代社会公共性而守望相助的社会生活共同体；实现治理体系的运行方式从政府大包大揽向政府治理和社会调节、居民自治良性互动转变。总体来看，社会治理共同体这一概念的提出是以人民为中心发展观的深度体现，也是我国在经济社会日益开放、社会成员自主性日益萌生背景下构建社会秩序系统的重要战略选择。

总体来看，从"管理"到"治理"的深远转变，在很大程度上代表着改革步入"深水区"以来，中国政府在维系良性社会秩序时，对所遭遇的各种深层挑战展开的有效回应。

许多研究都注意到，近年来中国社会治理体系正面临着一系列深层次挑战：一是随着后工业经济的发展和社会结构的分化，人们的需求结构变得日益复杂，此时的公共服务不再是一系列无差异的标准化服务，不同的社会群体对公共部门形成了不同的服务预期。此时公众对政府的服务需求出现了"不协调"的一面，而政府仅凭自身的力量无法对这种不协调的需求格局做出及时的回应。二是不同社会阶层的利益取向趋于分化，对政府现有的利益协调能力提出了挑战。如何对日益分化的社会结构中不同的利益取向进行更好的协调，这对政府现有的利益协调能力提出了挑战。三是随着全球风险社会的来临，如何开展有效的风险防范与治理逐步成为社会治理的重要内容。全球化的过程实际上就是世界风险社会形成的过程，从金融风险到环境破坏，从核危机到社会失范，从流行性疾病到个人的存在性焦虑，从全球恐怖主义到日常的饮食安全，现代人的所有行动都被卷入风险社会的生产和再生产之中，风险成了当代人类的一个基本生存环境。[1]传统的管理方式在面对无所不在的社会风险时，开始显得有些力不从心了。

显然，面对上述挑战，仅仅依靠政府行政管理的力量应对已经严重不足。此时高效的社会治理既需要宏观的、显性的社会管理制度和社会体制的完善，亦需要构建多元的、隐性的社会协调机制，特别是激活来自社会生活本身的、协调各种社会关系的机制，即形塑结构意义上的社会组织体制，以便形成多元复合治理的现代社会管理格局。在此背景下，当代中国的社会组织就获得了一个极为重要的发展机遇。

---

[1]　李友梅：《从财富分配到风险分配：中国社会结构重组的一种新路径》，《社会》2008年第6期。

（二）作为治理主体的社会组织

社会组织之所以会被视为多元治理模式中重要的治理主体，这在很大程度上与其组织特征有关。首先，社会组织来自公众和民间社会的组织属性，决定了其代表着特定社会群体的利益。因此，在社会利益结构和需求结构高度分化的现代背景下，只有吸纳不同社会组织参与到多中心治理网络中去，通过它们之间的协商和互动，才有可能较好地协调社会不同利益群体的诉求，建立长效的社会自我协调机制。这一点已经被西方发达国家的治理实践所证明，无论是政治多元主义国家还是法团主义国家，吸纳社会组织参与治理对于社会利益协调都具有重要意义。其次，大多数富有活力的社会组织都具有较高的社会威望和公众信任基础。因此，当这些社会组织参与社会治理时，它们具有较强的公信力和社会说服能力，可以较好地动员居民以积极、理性、善意的方式来共同维持社会秩序，由此更容易形成具有广泛社会合法性基础的社会秩序。再次，社会组织可以更为灵活地运用多种社会机制来塑造社会秩序，这种组织特征尤其适用于异质性水平较高的现代社会结构。相比政府部门的刚性运作模式和诸多"硬约束"，社会组织可以运用各种灵活的手段来动员、教育社会成员，并维系社会秩序。最后，也是非常重要的一点，吸纳社会组织开展社会治理可以有效地提升公众自我协调、自我服务的能力，从而降低各级政府部门的行政治理成本，最终塑造良性的现代国家治理体系。

基于上述多维认知，近年来国家在创新社会治理政策体系下，更注重"激发社会组织活力"，推动系统性的制度创新。

首先，主管部门逐步改革传统登记体制，放宽社会组织的准入门槛。党的十八届三中全会明确提出重点培育和优先发展行业协会商会类、科技类、公益慈善类、城乡社区服务类社会组织，成立时直接依法申请登记。根据这一改革精神的要求，从中央到地方都下放了审批权限，对原有的登记管理体制进行了调整。与此直接相关的就是"三大条例"①的修订。由于这四类社会组织可以采取基金会、社会团体和社会服务机构三种组织形

---

① 三大条例指《社会团体登记管理条例》、《民办非企业单位登记管理暂行条例》和《基金会管理条例》。

式。按照这一规定，现行的基金会、社会团体和民办非企业单位的三个行政法规都需要进行修订。2016 年 5 月和 8 月，民政部公布了三个条例修订草案的征求意见稿，目前已多次召开座谈会专题研讨。① 三个新条例将进一步优化社会组织发展的制度环境，也将降低社会组织的注册门槛，有助于这几类社会组织的蓬勃发展。

其次，国家开始不断完善社会组织发展和管理的法律体系。针对不同类型的社会组织，相关部门出台了一系列支持性的法律法规，从而为这些组织的发展提供制度保障。最典型的是 2016 年 3 月第十二届全国人民代表大会高票通过的《中华人民共和国慈善法》（以下简称《慈善法》）。这是中国最高立法机关审议通过并颁布的第一部有关社会组织的基本法律。除了慈善组织之外，在相关部门的大力推动下，志愿服务组织这一全新的社会组织进入制度化发展的轨道。2016 年 7 月，中共中央宣传部、民政部等八部委出台《关于支持和发展志愿服务组织的意见》并加快推进立法进程，次年 8 月，李克强总理签署国务院令出台《志愿服务条例》，志愿服务组织成为又一类重点发展的社会组织。除此之外，社区社会组织成为政策支持和大力培育发展的新的重心。2016 年 8 月，中共中央办公厅、国务院办公厅下发《关于改革社会组织管理制度，促进社会组织健康有序发展的意见》，明确提出大力培育发展社区社会组织。2017 年 12 月，民政部出台《大力培育发展社区社会组织的意见》，规划了未来五年内社区社会组织改革发展的具体目标和政策措施。此外，科技类社会组织、行业协会商会的改革发展和相应的制度建设也提上了议事日程。

最后，国家在监管过程上更注重通过技术手段实现信息公开，以促成对社会组织的精准监管。在《慈善法》出台之后，主管部门陆续出台了一系列依据《慈善法》的信息公开等新制度，包括《关于慈善组织开展慈善活动年度支出和管理费用的规定》《慈善组织信息公开办法（征求意见稿）》《慈善组织保值增值投资活动管理暂行办法（征求意见稿）》等，最

---

① 2016 年 5 月 26 日，民政部就《民办非企业单位登记管理暂行条例（修订草案征求意见稿）》和《基金会管理条例（修订草案征求意见稿）》公开征求意见，具体可参考中央政府门户网站 http://www.gov.cn/xinwen/2016 - 05/26/content_5077073.htm；http://www.gov.cn/xinwen/2016 - 05/26/content_5077075.htm。2016 年 8 月 1 日，民政部就《社会团体登记管理条例（修订草案征求意见稿）》征求意见，具体可参考民政部门户网站 http://www.mca.gov.cn/article/hd/zqyj/201609/20160915001954.shtml。

新的一项是 2018 年 1 月 24 日颁布的《社会组织信用信息管理办法》。到目前为止，已正式公布或征求意见的新制度多达 20 多项，涉及慈善组织的内部治理、运营管理、募捐活动、保值增值、薪酬水平等方方面面，这些新制度建构起慈善组织这一类社会组织全新的制度框架。到目前为止，《慈善法》规定的三大信息平台即指定信息平台、统一信息平台和慈善组织自建网站的建设均已启动，慈善组织信息公开的基础设施建设已全面展开并初见成效。

正是在上述宏大背景和现实因素的多方作用下，近年来全国各地（尤其是身处治理创新一线前沿的特大城市）的地方政府开始探索在社会治理中充分发挥社会组织的功能。比如，上海市政府开始引入专业社工机构、心理咨询机构以及各类具有活力的社会组织参与社会矛盾调解、外来人口服务管理、动拆迁遗留问题化解、医患矛盾调解、交通事故善后等治理活动，并取得了事半功倍的成效。以上海市妇联实施的"知心妈妈"项目为例，该项目通过购买服务的形式引入社工、社会组织参与化解信访突出矛盾。2011 年项目实施以来已经促成了 78 位案主中 18 位案主案结事了，其他案主的上访频率也显著减缓，开始理性表达诉求。类似的案例在社区矫正、社区发展领域还有很多，这些领域引入社会组织参与治理后，治理绩效得到了显著的提升。

在市场经济领域，作为典型的互益性社会组织，行业协会维护的是会员单位的利益，通过收集会员意见，以协会的名义提出建议，并努力推动上升为公共政策。尤其在一些经济发达地区，如浙江，商会在政府经济政策制定中已经形成与政府间较为稳定的制度化合作。同时，行业协会组织还代表企业参与国际诉讼，为企业在全球化环境中构建良好的发展环境，典型的如温州打火机协会赢得欧盟反倾销案胜诉等，都大大提升了社会组织对市场经济的影响力。人们可以发现，近年来，越来越多的经济类社会组织，在与政府和企业的互动、合作中，开始发挥构建社会与市场秩序的治理功能，最终有效推动了市场与行业的发展。[①]

总体而言，在当代中国国家治理体系现代化的时代脉络下，社会组织作

---

① 江华、张建民、周莹：《利益契合：转型期中国国家与社会关系的一个分析框架——以行业组织政策参与为案例》，《社会学研究》2011 年第 3 期。

为社会治理主体的角色得到了不断的强化。但另一方面，我们也要客观地看到：相比于提供社会服务、供给公共产品的功能水平而言，当前中国的社会组织发挥治理功能、参与塑造社会秩序的程度和水平相对要低得多。换句话说，社会组织作为社会治理主体的观念虽已广被接受，但在实践层次，社会组织参与社会治理仍受到较大的局限。这种现状背后的深层次原因在于：社会组织作为社会治理主体所需要的制度支持远比其作为公共服务供给者的支持要复杂得多，前者对现有城市治理体系提出的要求也比后者更高。

三　社会自主性的呈现

中国社会组织的快速发展，不仅是国家发展战略的选择使然，也是社会选择的后果，其在很大程度上体现的是当代中国社会自主性快速发展的历史脉络。进入 21 世纪以来，随着我国融入全球经济一体化的进程不断加快，社会生活和生产领域的自主性不断呈现和生长。这些摆脱传统束缚的个体自由以及相伴而来的关系建构的不确定性和复杂性，直接作用于社会发育和社会建设的进程和机制之中。正是从这个意义上看，中国社会组织成长的过程也体现了社会自主性萌生与发展的时代主线。

（一）社会生活的自组织：超越正式制度的格局重构

中国改革开放 40 多年的历程，既是经济快速发展，综合实力不断增强的过程，同时也是快速市场化推动下的社会发育的过程。社会发育不仅体现在社会组织、社会团体的不断生成与增多，更为重要的是基于个体行动者对人际网络、社会网络的能动建构与动员。与此同时，一些传统的社会组织如乡村组织与宗教组织，在新的历史条件下也实现了某种现代性转换，在社会协调过程中发挥着重要影响。这些多样化、多层次的组织形式的大量出现，既提升了社会发育的层次和水平，同时也对传统的国家协调能力提出了更高的要求。

可以说，随着我国从"全能主义国家"逐步转向"后全能主义国家"，以及由此而形成的"总体性社会"向"后总体性社会"的转变，① 社会组

---

① 孙立平、晋军、何江穗：《以社会化的方式重组社会资源——对"希望工程"资源动员过程的研究》，《中国扶贫基金会专题资料汇编》2001 年 10 月。

织方式经历了一个从传统到现代的转变过程。在此过程中，以"单位制"、"户籍制度"、"身份制"和"人民公社制"等基本制度为框架组织起来的"计划社会"逐步解体。在现实生活中，基于需求结构分化而产生的利益组织化力量日益兴起，由此也就产生了不同行动者如何协调社会关系、建构社会秩序的问题。① 具体来说，主要表现在以下几个方面。

利益表达与诉求路径多样化。改革开放以来，我国的社会组织无论是在数量上还是在规模上都有了快速的发展，从最初的以"工青妇"等党群组织为主的格局逐步转向以经济型社团、互益型社团以及公益型社团为代表的社会组织格局。从某种程度上看，这些社会组织的兴起在很大程度上体现了体制外不同的组织力量及其诉求的呈现。比如，基于市场经济而产生的行业协会等经济型社团，在承担一部分国家经济管理职能的同时也代表了行业及企业家的利益，其以效率与利益最大化为追求目标；为满足社会成员多样化、差异化的需求（这些需求难以被国家满足，又因为缺乏利润也不受市场组织的重视）而形成的各类互益型社团则追求某种自我价值；此外，还有围绕环保、教育等公益问题而形成的各类公益型社团，这种基于成员自我认同的组织，表达了社会成员对公共价值的关注。从某种意义上看，这些不同类型的社会组织都基于社会成员的利益并反映他们自身的诉求。可以说，快速的社会分化过程，在造成社会成员阶层分化的同时，也使得不同群体的利益趋于再组织化，由此对社会利益格局和社会秩序也可能产生极为深远的影响。

个体自主性多维呈现。有学者指出，与改革开放以来利益组织化的趋势并存的是，还有社会成员的"原子化"倾向所导致的"碎片化"。② 在某种程度上，这既是社会成员在快速的市场化过程中，不断摆脱传统社会关系的过程，同时也是其自主性不断增强的过程。在日常生活中，社会成员的自主性主要体现在对社会网络的能动构建和资源动员上。作为区别于市场和层级制的组织形式，社会网络是一种调动、获取乃至于再分配社会资源的极为重要的协调手段。为了满足自身需求、维护自身利益，社会成员往往以自身为核心，由此结成社会网络并动员内生于其中的各种资源。

---

① 李友梅：《全球背景下的人类合作新机制的生成》，载苏国勋主编《社会理论》（第1辑），社会科学文献出版社，2005。

② 李强：《"丁字型"社会与"结构紧张"》，《社会学研究》2005年第2期。

在实践中，个体行动者往往创造性地建构地缘、亲缘、业缘、友缘以及熟人等人际非正式关系，运用关系信任和认同作为重要的行动策略，来介入日常生活，协调社会关系，建构社会秩序，促进社会整合。此外，在互联网络上，个体行动者更是以巨大的热情投入政治社会事务的参与过程中，从而促使网络成为凝聚社会共识，推动社会运动，干预现实生活的虚拟空间。从某种意义上讲，由社会网络和互联网络所形塑的、围绕个人而产生的社会结构，已经具有了某种利益群体的能动特征，具有极强的动员能量，对现实社会正在发挥着越来越显著的影响。

传统社会组织现代性转换。与新兴社会组织力量的兴起、个体自主性增强同步的是，源自传统的社会组织形式正在现代生活中发挥日益重要的作用。在传统社会，以单一或数个自然村落构成的社会组织或者说乡村"共同体"一直就是中国社会的微观基础，也成为中国绝大多数社会成员的基本生活空间。自近代化以来，这些组织由于其文化的"反现代性"特征而受到现代化进程的压制，但其一直隐性地存在于乡民的日常社会生活之中，构成乡村文化不可或缺的重要组成部分。改革开放以来，随着国家对农村的治理模式的转变，社会自主性增强，传统的信仰与族群组织开始重新浮出水面，并借助市场因素和现代科层制因素以及现代传播技术，逐步实现了从原有的支配性社会组织向现代志愿性社会自组织的转变，其在乡村社会关系协调中仍然承担着一定的积极功能。这类传统社会组织利用自身灵活的组织形式和一定的社会基础，适应当代中国社会价值观念从单一向多样化的发展趋势，在凝聚共识的同时，也以社会服务和福利互助的方式承担了自我管理、自我服务的功能。

信息技术与虚拟社会组织兴起。20世纪末以来，信息技术的发展，尤其是个人电脑和网络通信技术的出现，实现了物理空间的压缩、交流时间的缩短、交流方式的便捷化，降低了人际交流与沟通的成本，拓展了个体社会活动的新型空间。信息技术在实现时间和空间的抽象化的同时，创造出一个完全不同于现实社会的"虚拟社会"。"虚拟社会"实际上以一种崭新的方式实现了不同社会成员之间的超越时空的再组织，既给社会利益关系协调和社会价值观念的对话带来了全新的机制，也对现实社会秩序的维持构成了一定挑战。如何在充分发挥虚拟社会组织的社会协调功能的同时有效缩小其负面功能，是互联网时代构建社会协调机制的核心难题之一。

综上所述，不难发现，伴随着中国社会生活中自主性的多维进发，当代中国的社会组织格局已经逐步趋向多元化，这种多元化的直接动力来自需求结构的变动，也深刻地体现了利益格局的分化与诉求表达的多元化。在这种多元化的社会格局中，个体行动者的自主性和能动性，促使其以动员自身关系网络和结社的方式来追求自身利益、满足其需求，这也是当前社会组织及各类社会力量成长的重要社会土壤。质言之，在新形势下，社会自主性的快速萌生成为当代中国社会组织发展的重要内在导因。

（二）个体权利意识的兴起

近年来，随着我国社会结构、价值观念以及组织形态的转变，社会成员的权利意识、参与意识和参与行为都有了不同程度的提高。特别是由于权利意识的增强，公众在维护个人利益的过程中形成了较强的结社能力。这些社会层面的重要变迁构成了当代中国社会组织快速发展的重要社会条件。

随着基层社会民主的逐步推进，公众参与的自主性被进一步激发出来。基层民主制度的建设成为推进社会参与的重要方式。在乡村，人民公社解体以后，原有的乡村组织处于瘫痪半瘫痪状态，农村社会面临着如何有效组织的重要问题。为了维护社会秩序，一些地区的农村社会自发选举成立"村民委员会"，农民参与村庄管理的自主意识不断提升。随着 1987 年《村民委员会组织法（试行）》的颁布，农民参与村庄的自治行为获得了国家的认可。此后，在"海选"等选举方式的基础上，农民进一步摸索出了山西省河曲等地的"两票制"，即群众 1 票 + 党员 1 票 = 村支书；山东、广东等地的"一肩挑"，即村支书、村主任由一人兼任，同时实行其他"两委"成员交叉任职；河北武安市的"一制三化"，即党支部领导下的村民自治运行机制；支部工作规范化、村民自治法制化、民主监督程序化。① 通过这些较为成熟的参与方式，农民对于村庄事务的参与更加自主，农村已开始由单一的民主选举向多样化的民主参与迈进。

在城市基层社区，随着单位制度的解体以及大规模城市建设的展开，

---

① 赵超英：《村民自治演进的历史逻辑》，《学习时报》，2007 年 7 月 21 日，http://www.china.com.cn/xxsb/txt/2007 - 04/23/content_8158012. htm。

大量的社会事务开始转移到社区生活中来。为了应对日益庞杂的社会事务，全国城市在不断调整管理体制的同时，也积极推进社区自治。城市社区居委会选举与自治从 1998 年 7 月从青岛开始启动，2000 年以后，上海、南京以及广西等地开始进行。2002 年，广西 46% 的居委会实现直接选举，成为当时社区选举覆盖面最广的地区。2005 年以后，社区自治和选举的进程进一步推进。2005 年 5 月起，深圳盐田区居委会换届直选，居民可以按照自己的意愿投票。候选人由选民直接推举，在一张空白的没有既定候选人的选票上，写下他们自己的选择，彻底改变了以往由政府部门初定候选人的做法。这一次选举被有关学者评论为"中国基层民主破冰之举"。① 而在上海，2006 年是上海市居（村）委会换届选举之年，全上海共有 4767 个居（村）委会举行换届选举（其中居委会 3194 个），全市居委会直选比例不低于 40%，意味着数百万人可以通过投票选择自己信赖的居委会干部。② 此后，居委会直选制度日益普及。基层政府通过覆盖面越来越广的居委会直选，在更多的居民心中培育起强烈的民主意识和参与精神，并由此推动基层民主选举的程序与规则不断发展；此外，许多地区还通过居委会直选，将居委会的行政职能逐步剥离。居委会由此得以回归居民自治组织的本意，并在城市基层社会中发挥越来越重要的作用。正是在这个过程中，普通居民的参与自主性被不断激发。

此外，随着各级政府在许多公共决策中提高透明度，鼓励公众参与公共事务（如参与各类听证会、对话会和恳谈会），公众参与公共问题讨论的方式更为多元，参与的成本也不断降低（通过手机短信、互联网、电话、电子邮件等方式可以很容易满足人们的参与需求）。近年来，几乎在所有关系民生的重大政策的出台过程中，我们都能够看到自下而上广泛的公众参与和讨论，也都可以发现不同意见和看法相互交流与碰撞的过程。2007 年争议不断的厦门 PX 项目事件就体现了公众社会参与的这一变化。在关系自身生活环境和身体健康等切身利益时，包括一些专家在内的厦门市民表现出很强的民主参与意识，他们通过网络（网上投票）、手机短信以及公共讨论等方式向政府表达不同意见，并推动了上级政府对 PX 项目

---

① 赵灵敏：《盐田直选：让居委会归位》，《南风窗》2005 年第 17 期。

② 左志坚：《上海进行建国后最大规模城市基层民主试验》，《21 世纪经济报道》，2006 年 7 月 25 日，转引自浙江都市网，http://news.zj.com/csj/shxw/2006 - 07 - 25/637123.html。

重新进行环境评估。在此期间，社会公众纷纷通过专线电话、电子邮件、信函等方式对环评报告提出许多意见和建议，最终促使政府缓建这一项目，由此体现了民主参与的力量。① 在这一事件中，政府和公众的直接对话一定程度上打开了公众参与公共决策的渠道，而民意的表达正在改变着政府在相关政策领域的选择。

可以说，改革开放40多年来的快速市场化将社会成员从对国家、单位的依赖中解放出来，他们不仅尝试借助个人能力在市场经济中寻求个人发展的空间，同时也开始探索借助新型的结社与组织化方式来追求自身权益、价值和社会目标。全球化的快速演进，在推动中国经济全面融入全球经济体系的同时，也为社会成员的自我组织、自我协调提供了大量的理念、经验甚至资源支持。最后，新一代ICT信息技术的发展，为社会的自我组织提供了前所未有的便利条件，并降低了结社运作的组织成本。这一切社会因素都成为催生当代中国社会组织快速萌生的重要内生动力。

---

① 朱红军、苏永通：《厦门PX项目迁址在望？民意与智慧改变厦门趋于多赢》，《南方周末》，2008年1月3日，http://www.infzm.com/content/9650/；综合：《搁浅18个月，厦门PX项目可望移址漳州》，《南方周末》，2009年1月13日，http://www.infzm.com/contents/22646；苏永通：《厦门PX后传"隐姓埋名"进漳州》，《南方周末》，2009年2月4日，http://www.infzm.com/contents/23372；苏永通：《独家披露：漳州PX环评批复书》，《南方周末》，2009年2月22日，http://www.infzm.com/contents/24173。

第二章　对中国社会组织成长条件的再思考

——一个总体性理论视角

本章将回到中国治理转型的总体脉络，深刻梳理社会组织作为"共建共治共享"社会治理结构中的一元及多层次公共服务重要载体，其发展所要具备的中观制度条件，从而构建一个社会组织发展的"功能—条件"理论视角。回到经典理论视域，深刻呈现现代社会公共性的生产、适度竞争的公共服务市场、高度协同的"整体治理结构"、公众导向的服务外包制度设计对于社会组织健康成长的重要意义。这一理论梳理将把我们对现代社会组织发展的理解带入一种更为多维的宽广视域中。与传统研究不同，本书认为理解中国社会组织健康成长的条件不能仅局限于登记、年检等表层管理制度和资源供给结构，更应涉及当前中国治理转型多个领域的协同性改革。

一　引言

近年来，中国社会组织进入了一个快速发展期。这不仅表现为规模总量的快速增长，也表现为传统的"宏观鼓励，微观约束"[①]的制度环境正在朝向更为宽松的方向转变。[②]身处这个具有分水岭意义的历史时刻，更有必要深刻思考当代中国社会组织健康发展的条件与政策选择。

国内学术界总体上是在"国家与社会"理论范式下来思考这一问题

---

① 俞可平：《中国公民社会：概念、分类与制度环境》，《中国社会科学》2006年第1期。
② 党的十八大明确指出，要"加快形成政社分开、权责明确、依法自治的现代社会组织体制"；党的十八届三中全会进一步强调，要"激发社会组织活力"，并明确指出"重点培育和优先发展行业协会商会类、科技类、公益慈善类、城乡社区服务类社会组织，成立时直接依法申请登记"。

的。作为一种具有政治哲学关怀且长于宏大叙事和结构分析的理论框架，该范式倾向于将社会组织发展置于一种与国家（State）互动的结构性情境中，其基本预设是作为"社会"载体的社会组织具有弥补国家不足的重要作用，且强调用国家塑造的制度空间来解释社会组织发展的境遇和特征。受这一范式影响，国内的相关研究在认识社会组织的成长条件时基本上形成了广受认同的认知框架：一是论者以国家为参照物，视之当然地预设了社会组织的功能取向，如公共服务体系的重要构成①、多元治理结构的重要主体②、"非市场治理机制"的重要载体③等，在这种情势下，发展社会组织已成为一种较少反思的"迷思"④。二是强调政府的制度设置对于社会组织发展具有重要意义，由于现有制度中暗含许多约束性条件，因此社会组织发展呈现出缺乏活力、对体制依赖性强等特征。⑤ 在前两点研判的支持下，论者大多同意：当代中国社会组织健康发展的条件就是形成鼓励发展和加大投入力度的新型政策思路。⑥ 上述三个环节构成了逻辑严密的认知体系，在当前学界和政策领域具有重要影响。

---

① 王名、孙伟林：《我国社会组织发展的趋势和特点》，《中国非营利评论》2010 年第 1 期；葛道顺：《中国社会组织发展：从社会主体到国家意识——公民社会组织发展及其对意识形态构建的影响》，《江苏社会科学》2011 年第 3 期；景天魁：《在社会服务体制、机制的改革与创新中发展非营利组织》，《教学与研究》2012 年第 8 期。

② 刘振国：《中国社会组织的治理创新——基于地方政府实践的分析》，《经济社会体制比较》2010 年第 3 期；关信平：《社会组织在社会管理中的建设路径》，《人民论坛·学术前沿》2011 年第 11 期；冯钢：《论社会组织的社会稳定功能——兼论"社会复合主体"》，《浙江社会科学》2012 年第 1 期。

③ 张旭昆、秦诗立：《商会的激励机制》，《浙江大学学报》（人文社会科学版）2003 年第 2 期；冷明权、张智勇：《经济社团的理论与案例》，社会科学文献出版社，2004。

④ 本文中，"迷思"一词有两层含义：其一，作为 Myth 的音译（该词还可译为"神话"），表达的是一种视之为当然，并获得普遍话语合法性的观念制度。当这种观念高度制度化，并被学术界和政策部门作为认知结构中的重要部分时，它就具有强大的建构现实和塑造组织行为之功能。相近的用法和研究可见 John W. Meyer and Brian Rowan, "Institutional Organizations: Formal Structure as Myth and Ceremony", *American Journal of Sociology*, Vol. 83, No. 2 (1977), pp. 340 – 363。其二，该词还表达了一种"对于事物可能存在的认识误区"，意指当前国内学界许多时候在谈及"发展社会组织，推进治理创新"时常常缺乏对深层条件的思考，因此存在一些误区。

⑤ 严振书：《现阶段中国社会组织发展面临的机遇、挑战及促进思路》，《北京社会科学》2010 年第 1 期。

⑥ 梁昆、夏学銮：《中国民间组织的政治合法性问题：一个结构—制度分析》，《湖北社会科学》2009 年第 3 期；严振书：《现阶段中国社会组织发展面临的机遇、挑战及促进思路》，《北京社会科学》2010 年第 1 期。

最近的研究从两个维度对以上理论范式进行了反思。一方面，学界意识到社会组织发挥各种理想的功能是以一系列复杂的条件为基础的，[①] 且这些条件镶嵌于治理转型的多个领域，难以简单地被概括为"鼓励发展"等论点。若无这些条件的支持，社会组织发挥功能难免会遇到许多深层挑战。另一方面，一些前沿研究意识到中国社会组织领域政策执行的复杂性，[②] 地方政府和职能部门会根据自己的治理逻辑来有所取舍地执行宏观政策，因此不能单纯从制度文本出发来理解社会组织的发展条件是否具备，而是要考察相应的政策执行框架。这两个维度的反思促使我们把关于中国社会组织发展条件的思考进一步从抽象"应然"的层次向更为具体、精致的分析层次推进，从而形成更具现实洞察力的分析思路。

本章试图结合前述两个维度的研究构建研判中国社会组织生长条件的新型分析视角。首先，通过梳理经典研究，从理想类型意义上建立起社会组织功能与条件间的关联图谱。已有的反思性研究更多在较为抽象和一般化的意义上理解社会组织发展的条件，如"公共性的构建"[③]"政社间的组织边界"[④] 等。本章将进一步挖掘这些抽象条件背后具体和中观维度的制度要素，从而延长制度分析的解释链条。其次，笔者将从制度实践的层次讨论当前中国社会组织发展中前述制度要素的配置现状。党的十七大尤其是党的十八届三中全会以来，中央和各级地方政府都显著放宽了传统的社会组织登记、管理制度。与此同时，社会组织发展恰逢政府职能转变的历史进程，一个快步发展的公共服务外包市场初具雏形。围绕公共服务项目设计、外包、落地等环节的一系列制度安排悄然成为影响多数社会组织发

① 李友梅、肖瑛、黄晓春：《当代中国社会建设的公共性困境及其超越》，《中国社会科学》2012 年第 4 期；纪莺莺：《当代中国的社会组织：理论视角与经验研究》，《社会学研究》2013 年第 5 期；黄晓星、杨杰：《社会服务组织的边界生产——基于 Z 市家庭综合服务中心的研究》，《社会学研究》2015 年第 6 期。

② Anthony J. Spires, "Contingent Symbiosis and Civil Society in an Authoritarian State: Understanding the Survival of China's Grassroots NGOs", *American Journal of Sociology*, Vol. 117, No. 1 (2011), pp. 1 – 45；黄晓春、嵇欣：《非协同治理与策略性应对：社会组织自主性研究的一个理论框架》，《社会学研究》2014 年第 6 期；纪莺莺：《转型国家与行业协会多元关系研究——一种组织分析的视角》，《社会学研究》2016 年第 2 期。

③ 李友梅、肖瑛、黄晓春：《当代中国社会建设的公共性困境及其超越》，《中国社会科学》2012 年第 4 期。

④ 黄晓星、杨杰：《社会服务组织的边界生产——基于 Z 市家庭综合服务中心的研究》，《社会学研究》2015 年第 6 期。

展逻辑的新型制度框架。本章结合 S 市的系统案例资料对这一迄今仍缺乏深入剖析的制度框架做出分析，着力判断那些影响社会组织功能的重要制度要素现状，由此剖析社会组织发展中存在的深层问题。最后，基于"理想条件"和"制度要素配置现状"之间的张力，进一步探讨中国社会组织健康发展的一些理论思考。

二 社会组织的功能与条件：一个总体性理论视角

在社会学与政治学的经典研究中，社会组织虽常被提及，但却很少被作为主要的研究焦点而予以集中讨论。多数情况下，研究者往往是在研究民主体制①、社会资本②、非市场治理机制③等经济、社会变迁宏大现象时，对社会组织有所涉及，这或许与结社活动在西方现代社会中早已成为司空见惯的制度化行为有关。论者在上述讨论中提及社会组织的作用时多有特殊语境。基于此，当我们面对经典研究并试图从中获得关于社会组织发展的理论洞见时，必须时刻保持理论自觉，于"抽丝剥茧"式的梳理中寻求不同历史时空中社会组织生长的轨迹、支持条件及社会意义。本章试图立足社会学、政治学和公共管理学的经典研究，从中梳理出社会组织不同功能背后的条件和制度要素。受学识与篇幅限制，本章的分析将集中锁定在社会组织作为治理主体及公共服务供给主体这两大广为接受的功能领域。

（一）治理主体与公共性诸条件

几乎在所有经典研究中，社会组织都是多中心的社会治理结构中的重要一环。托克维尔在论及美国人日常生活中的结社时，曾生动地描绘结社

---

① 比如，托克维尔在《论美国的民主》中对美国民主体制及其"民情"的讨论。详见托克维尔：《论美国的民主》（上下卷），董果良译，商务印书馆，2013。

② 比如，帕特南在《独自打保龄球：美国社区的衰落与复兴》中关于美国社会资本兴衰的讨论。详见罗伯特·D. 帕特南：《独自打保龄球：美国社区的衰落与复兴》，刘波、祝乃娟、张孜异、林挺进、郑寰译，北京大学出版社，2011。

③ 比如，坎贝尔在《美国经济治理》中关于各种社会机制规制市场行为的研究。详见约翰·L. 坎贝尔、J. 罗杰斯·霍林斯沃思、利昂·N. 林德伯格编《美国经济治理》，董运生、王岩译，上海人民出版社，2009。

团体在日常治理中的重要作用。① 涂尔干则进一步从理论上阐述了诸如法人团体（职业团体）的次级群体在现代社会整合中所具有的重要作用，他在《社会分工论》中指出"社会不等于乌合之众，次级群体是构成我们社会结构的基本要素，如果在政府与个人之间没有一系列次级群体的存在，那么国家也就不可能存在下去。如果这些次级群体与个人的联系非常紧密，那么它们就会强劲地把个人吸收进群体活动里，并以此把个人纳入社会生活的主流之中"。"次级群体之所以必不可少，并非在于它们作为功利组织促进了经济的发展，而在于它们对道德所产生的切实影响。"② 涂尔干以后的许多著名学者都注意到了社会组织对于公共生活有序建构的意义，比如，贝拉等在《心灵的习性：美国人生活中的个人主义和公共责任》一书中讨论如何在个人主义盛行的时代背景下"改造美国文化"时，就提到要恢复社团的早期含义，即"社团的合法化是公共当局对私人组织的特许，是为了令私人组织为公共利益服务"。③

上述经典引述频繁出现于近年来国内学术界与公共政策部门的相关研究成果中，并成为"发展社会组织，推进治理创新"的理论源头。相比之下，鲜有研究注意到这些经典研究在论及社会组织的治理功能时还提到了诸多社会条件。比如，当托克维尔在讨论美国的民主，以及民主制度中的结社等制度安排之所以能发挥重要作用时，就提到了首要的社会条件——"民情"（moeurs）。他认为，这种民情扎根于历史上形成的新英格兰乡镇自治制度。这个早在17世纪开始形成，后经基督教新教的地方教会自治思想培养壮大起来的制度，促进了美国的独立运动的发展，提高了人民积极参加公共事务的觉悟。④ 在贝拉等的研究中，托克维尔的观点得到了进一步的申发，这种"独立自由的乡镇社会"和地方自治的传统是个体由自我利益动机向公共责任感转变的关键条件，⑤ 如果离开了这些条件，负责任的结社也就难以预期。

① 托克维尔：《论美国的民主》（上下卷），董果良译，商务印书馆，2013。
② 埃米尔·涂尔干：《社会分工论》，渠东译，生活·读书·新知三联书店，2000。
③ 罗伯特·N. 贝拉等：《心灵的习性：美国人生活中的个人主义和公共责任》，周穗明、翁寒松、翟宏彪译，中国社会科学出版社，2011。
④ 托克维尔：《论美国的民主》（上下卷），董果良译，商务印书馆，2013。
⑤ 罗伯特·N. 贝拉等：《心灵的习性：美国人生活中的个人主义和公共责任》，周穗明、翁寒松、翟宏彪译，中国社会科学出版社，2011。

在其他人的著作中，结社运动推进治理绩效这一常见理论预设背后，也隐含着许多复杂的社会条件，比如社会资本，尤其是连接性社会资本（bridging social capital）与黏合性社会资本（bonding social capital）也是结社并形成社会治理网络的重要条件；① "公民成员资格"由于指明了个人身份与社会身份的那种关键性交互作用，因此其发展与复兴也是结社运动不断发展的重要条件。② 需要引起重视的是，在今天中国大多数关于社会组织发展的讨论中，此类复杂社会与制度条件的重要性总是被隐去而避而不谈。其后果是，大量支持社会组织发展的形式制度被不断生产出来，但实际上的收效却甚微。

本章试图从以上看似琐碎而多维的论述中识别出社会组织作为治理主体所需的基本条件。受学识所限，笔者并不致力于从哲学和文化的意义来深挖现代结社运动背后的深层条件，而是识别出那些基本的制度安排。本章认为，无论是托克维尔所说作为"民情"的乡镇自治传统，还是"公民成员资格"，其背后都映射了两个基本的条件。

一是联结个体与公共生活、个人与他人之间的公共性。简单来说，公共性指涉的是人们从私人领域中走出来，就共同关注的问题开展讨论和行动，由此实现私人向公众的转化。从人类社会现代化转型的历史进程来看，公共性生产的过程就是个体基于理性精神参与公共活动，维护公共利益和价值取向的过程。若无公共性的持续生产，任何社会都不太可能有实质性的社会协同与公众参与，社会活力也将面临"无源之水"之境地。③正是公共性的形成，使得个体得以通过结社手段与他人紧密合作，共同参与社会利益的协调和公共秩序之维护。从这个角度来说，"乡镇自治传统"是这种公共性得以生成的重要支持因素；而"公民成员资格"则是其得以浮现的重要心智条件，它意味着个人主义与公共责任之间形成了某种和谐的交集。正如帕特南所说，公共性的形塑同民主制度的构成是同一个过程，二者互为条件。其以大量的经验资料论证了以共同体为基础的公共生

① 罗伯特·D. 帕特南：《独自打保龄球：美国社区的衰落与复兴》，刘波、祝乃娟、张孜异、林挺进、郑寰译，北京大学出版社，2011。
② 罗伯特·N. 贝拉等：《心灵的习性：美国人生活中的个人主义和公共责任》，周穗明、翁寒松、翟宏彪译，中国社会科学出版社，2011。
③ 李友梅、肖瑛、黄晓春：《当代中国社会建设的公共性困境及其超越》，《中国社会科学》2012年第4期。

活在通过增进社会资本从而进一步超越集体行动的困境，提升公民安全感，促进经济繁荣，推动公民健康、幸福以及增进民主等方面的积极价值。① 而依据托克维尔的观点，民主是由平等理念支配的，虽然它的优点明显，但也可能导致个人的孤立和原子化，因此，建立在公共性基础上的志愿性结社网络是克服民主的上述消极后果，带动这个社会重归团结的可能路径。②

二是结社活动紧密嵌入制度化的治理网络中。帕特南在解释意大利不同地区治理绩效时，不仅指出了公民参与的重要性，实际上他更强调了这种公民参与是嵌入制度化的多元治理网络中的。在意大利的北方地区，公共精神、社会资本以及结社活动正是嵌入在中世纪以来形成的城市自治制度和多元利益表达网络中才发挥了推进治理水平的重要作用的。③ 这意味着结社活动提升公共治理水平这一惯常看法背后实际上有着复杂的制度化条件，同时也受到嵌入国家政体层面的文化与制度网络影响。④ 历史上，几乎所有的结社活动要推动治理良性发展都必须紧密嵌入既有的社会治理网络中，比如，无论是在典型的多元主义国家还是法团主义国家，社会组织充分发挥社会治理功能的重要制度前提都是国家在多层次的治理网络中给予社会组织一定的制度化参与空间。⑤ 否则，如果社会组织"游离"于正式的治理网络之外，尤其是在一国的重要公共产品配置、秩序调适中处于无足轻重的位置，其也就很难发挥治理主体的功能和作用了。实际上，涂尔干的经典作品早已洞悉这一基本条件，他在《职业伦理与公民道德》中提到，中世纪，由法团联合而成的公社（commune）是城镇权力的基础，自由市镇与法团共存亡。正是王权的扩张和城市自治权的丧失导致法团所嵌入的自治制度网络消解，引发了市民公共精神的弱化。⑥ 正是在这个意

---

① 罗伯特·D. 帕特南：《独自打保龄球：美国社区的衰落与复兴》，刘波、祝乃娟、张孜异、林挺进、郑寰译，北京大学出版社，2011。

② 托克维尔：《论美国的民主》（上下卷），董果良译，商务印书馆，2013。

③ 罗伯特·D. 帕特南（Robevt D. Putnam）：《使民主运转起来》，王列、赖海榕译，江西人民出版社，2001。

④ Evan Schofer & Marion Fourcade – Gourinchas, "The Structural Contexts of Civic Engagement: Voluntary Association Membership in Comparative Perspective," *American Sociological Review*, Vol. 66, No. 6 (2001), pp. 806 – 828.

⑤ 张静：《法团主义》，中国社会科学出版社，1998。

⑥ 埃米尔·涂尔干：《职业伦理与公民道德》，渠东、付德根译，上海人民出版社，2006。

义上，涂尔干强调国家确立合适的制度空间以使法团在现代基础上发挥社会整合功能。① 可见，倘若人们仅将社会组织看作一种"悬浮"于治理网络之外的服务之手，其功能也就难以全面发挥了。

　　质言之，公共性的生产以及制度化的嵌入治理网络这两个条件是紧密联系并互为支持的：前者强调结社活动以公共生活和价值为导向，且保障了结社的内生动力；后者强调国家通过构建开放性的治理网络为社会组织参与公共议事、决策提供条件，从而保障了公共性的进一步生产。进一步来看，在不同社会形态下这两个条件的结合方式固有诸多不同之处，但基本都依赖以下中观层次的制度要素。一是保障结社活动与公共资源的配置紧密相关的相应制度安排。② 只有在此条件下社会组织嵌入治理网络才有实质性意义，其公共性实践才能获得源源不断的内生动力。在不同国家的结社实践中，这一制度要素往往以不同形式呈现，差别在于结社活动所能影响的公共资源配置水平。二是形成社会组织代表社会成员表达利益诉求的机制，具体表现为民主代议、多元协商等制度形式。这一中观制度要素对于保障公共性持续激发以及社会组织成为稳定的治理主体具有重要意义，唯有如此，社会组织才内嵌于社会，其成为"意见的协会"在国家之外促进"社会平等与自由的扩展"并推动公民"有责任心的行动"。③ 三是支持社会组织监督公共部门活动并推动公共政策优化的制度保障，表现为各类自下而上的社会监督与社会评价制度。这些制度要素有助于社会组织推动公共部门以社会需求为导向运行，是其发挥治理功能的重要途径。

　　如果我们意识到上述条件和制度要素对于社会组织发挥治理功能具有重要意义，就不会把制度创新的重点简单地停留于登记注册制度变革、资源汲取制度等方面，而会意识到中国社会组织的发展与地方政府治理转型、民主制度的改革与优化等问题紧密相关。

---

① 渠敬东：《职业伦理与公民道德——涂尔干对国家与社会之关系的新构建》，《社会学研究》2014 年第 4 期。

② 李友梅：《深刻认识当前中国社会体制改革的战略意义》，《探索与争鸣》2013 年第 3 期。

③ 尤尔根·哈贝马斯：《公共领域的结构转型》，曹卫东、王晓珏、刘北城、宋伟杰译，学林出版社，1999。

（二）服务主体与外包诸条件

将社会组织视为公共服务主体的观点有着复杂的理论源头，早期理论渊源（如新公共管理理论、交易成本理论）更强调市场机制的作用，后期实践中逐步受到强调社会机制的新公共服务理论、社会选择理论影响。这些理论从不同维度强调社会组织相对于国家和市场部门的独特组织优势。在这种理论视角下，"发展社会组织，优化公共服务体系"已成为今天中国学术界与公共政策部门思考社会组织发展问题时的基本预设。

然而，为什么社会组织在公共服务领域具有优势？多数中文文献并不致力于探索内中的组织学道理，而是基于一种对抽象社会的想象而推导：唯社会组织来自"社会"，因而比市场部门更关注公共福利；唯其追求"社会"价值，因而更关注价值理性，愿意投身于长期福利领域；唯其标榜"非营利"，因而在那些微利或无利润且需承担社会义务的领域可大显身手。这些观点大多建立在一些观念性预设之上，其理论渊源来自西方研究中的一些著名观点，比如，由于政府和市场在提供公共产品方面存在局限性，引发了对社会组织的功能需求；[①] 由于存在信息不对称，消费者与营利组织之间常会出现"合约失灵"，而非营利组织由于存在"非分配约束"，因此成为消费者的一种重要选择；[②] 文化多样性的程度越高，社会对公共物品的需求也就越多元，这些多样化需求促使非营利组织市场的发展。[③] 与前文提及的社会理论领域非系统引用现象相似，国内相关研究只是简单地引用这些观点，却忽略了其后隐含的复杂条件。

在此情境下，很难理解为何同样是社会组织，有些发挥公共服务效能更优，而有些则问题缠身。一些研究已注意到社会组织同样存在"失灵"

① Burton A. Weisbrod, "Toward a Theory of the Voluntary Non - profit Sector in a Three - sector E-conomy", in Phelps E. D. eds., *Altruism, Morality, and Economic Theory*, New York: Russell Sage Foundation, 1975.

② Henry B. Hansmann, "The Role of Nonprofit Enterprise", *The Yale Law Journal*, Vol. 89, No. 5 (1980), pp. 835 - 901.

③ Estelle James, "The Nonprofit Sector in Comparative Perspective", in Walter W. Powell, eds., *The Nonprofit Sector: A Research Handbook*, New Haven: Yale University Press, 1987.

的可能性，① 另一些研究发现即使在美国这种倡导服务外包的国家，从1997 年以后也开始出现较大规模的 "倒合同外包" 趋势（即政府将外包出去的服务重新收回），这主要与民营化并不必然节约成本以及合同外包实施困难有关。② 这些发现促使我们超越宏观、应然的理论想象，在组织学的中观维度中探讨社会组织提供公共服务的比较优势及其制度根源。

回顾新公共管理理论的兴起以及近年来的理论批判和转向，我们可以发现西方公共管理理论界在讨论公共服务外包以及社会组织的作用时，集中讨论了三个方面的重要条件。

第一个条件为适度竞争的公共服务市场。新公共管理理论主张用市场的力量改造政府，让私营部门与其他社会主体参与公共服务的供给，在公共部门与私人部门之间、社会机构之间引入竞争机制，从而提高服务供给的质量和效率。因此，立基于其上的社会组织比较优势理论实际上建立在一些强调市场效率、竞争机制和激励机制的重要条件上。比如，20 世纪 80 年代以来，受新公共管理理论影响较大的英国，一方面采取强制性竞争投标制度（Compulsory Competitive Tendering, CCT），最大限度地实现公共服务市场化；③ 另一方面采用正式的市场契约（合同）来取代非正式的资助和报销，在这一过程中，基本福利服务提供不仅对非营利提供者开放，而且也对追求营利的提供者开放，促成了一个竞争更加激烈的福利服务 "市场"。④ 诸如此类安排的显著特征在于强调竞标组织事前的市场竞争力，此时的市场机制是由合同规范定义的，竞标过程类似于一场拍卖。⑤ 在早期新公共管理理论及其实践者看来，引入市场机制可以更好地促进公共服务承接者提供公共产品，正是在这一过程中，社会组织等服务承接者形成了

① Lester M. Salamon, "Partners in Public Service: The Scope and Theory of Government – nonprofit Relations", in Powell, W. W. eds., *The Nonprofit Sector: A Research Handbook*, New Haven: Yale University Press, 1987.
② 胡伟、杨安华：《西方国家公共服务转向的最新进展与趋势——基于美国地方政府民营化发展的纵向考察》，《政治学研究》2009 年第 3 期。
③ 宁靓：《英国地方政府公共服务外包发展的评析与启示》，《中国海洋大学学报》（社会科学版）2012 年第 4 期。
④ 世界银行：《政府向社会组织购买公共服务的国际经验》，http://documents.shihang.org/curated/zh/2009/06/12221655/outsourcing – social – services – csos – lessons – abroad。
⑤ Simon Domberger & Paul Jensen, "Contracting Out by the Public Sector: Theory, Evidence, Prospects", *Oxford Review of Economic Policy*, Vol. 13, No. 4 (1997), pp. 67 – 78.

较为专业的服务能力。考虑到专业的承接者需要长期在专业领域投入资源，为鼓励社会组织形成更强的专业化能力，许多发达国家政府甚至会形成长期购买服务战略，以保证社会组织和私人机构对这种市场竞争有长期预期。①

　　第二个条件是高度协同的"整体治理"结构。随着英美等发达国家公共服务外包实践不断深化，理论界和政策部门发现单纯的市场机制并不足以保障社会组织最大限度地发挥服务效能，人们开始发现"整体治理"（Holistic Governance）是公共服务外包有效运行的又一重要条件。当政府用服务外包的方式以市场机制来解决服务供给问题时，无疑会导致原先整体性的公共服务安排变得日趋碎片化。② 更重要的是，当政府自己提供公共服务时，可以通过行政指令来进行内部协调以实现公共服务格局的调整和变通，而在服务外包的条件下，各部门通过契约与社会组织达成合作协议，此时要实现公共服务体系的协调和有序管理将变得越来越困难。③ 越来越多的研究意识到，随着权力分散和众多半自治实体参与公共服务项目，即使传统的协调任务也会变得困难起来。④ 这要求政府部门超越传统公共行政的逻辑，采用新方式和新技能，这些公共服务外包中出现的新问题导致了整体性治理理论的快速发展。⑤ 该理论的核心主旨是希望解决公共部门和公共服务中日益严重的碎片化问题以及提升公共部门内部的协调性，作为应对手段，该理论强调形成弹性、扁平化、无缝衔接的"后官僚制行政模式"。⑥ 在这一理论视角下，西方国家公共部门开始了新一轮制度创新，如布莱尔政府引入"协调政府"的理念，强调不同政府部门间、不同行政层级以及不同政策领域之间的横向与纵向协调，为此传统的公共服

---

① 世界银行：《政府向社会组织购买公共服务的国际经验》，http://documents. shihang. org/
curated/zh/2009/06/12221655/outsourcing‐social‐services‐csos‐lessons‐abroad，2009。

② 竺乾威：《从新公共管理到整体性治理》，《中国行政管理》2008 年第 10 期。

③ 世界银行：《政府向社会组织购买公共服务的国际经验》，http://documents. shihang. org/
curated/zh/2009/06/12221655/outsourcing‐social‐services‐csos‐lessons‐abroad。

④ Perri Diana Leat, Kimberly Seltzer, & Gerry Stoker, *Towards Holistic Governance*：*The New Reform Agenda*, New York：Palgrave Macmillan, 2002.

⑤ Tam Christensen & Per Lgreid：《后新公共管理改革——作为一种新趋势的整体政府》，张丽娜、袁何俊译，《中国行政管理》2006 年第 9 期。

⑥ 胡佳：《迈向整体性治理：政府改革的整体性策略及在中国的适用性》，《南京社会科学》2010 年第 5 期。

务碎片化采购模式必须得到修正，更注重整体性的预算方法和评估审核方法。① 概言之，整体性治理理论的兴起及其指导下的公共服务改革开始超越传统的市场化视角，更注重公共服务外包市场背后的跨部门、跨领域协调体系建设。

第三个条件是公众导向的外包设计。新公共管理理论强调把政府看成"掌舵者"而非"划桨者"，但实际操作中政策实践者往往忽略了"是谁拥有这条船"的根本问题，② 这导致许多外包的公共服务与公众需求脱节，在此条件下，即使是专业的社会组织和私人机构也不能更好解决社会问题，更重要的是，过于强调市场效率而忽略公众和社区需求的政策导向可能还会导致公平、公正和公民精神被破坏。③ 因此丹哈特等提出了新公共服务理论，强调公共机构应具备更强的公众导向回应性，该理论立基于现代社会公民权理论以及更强调多元整合的社区复兴观念之上，强调不应将公众仅仅看成公共服务的"顾客"，而更应重视其公民的属性及其对权威的分享。④ 进言之，新公共服务理论将公众的积极参与，政府与公众之间广泛的对话和协商看作有效公共服务外包的先决性条件。在这一理论影响下，美国公共服务改革领域出现了诸如"公民第一"（Citizen First）这样的典型社区建设运动，在这一运动中，政府公共部门的重心更关注通过政府与公民组织的密切合作以及强有力的回应性来组织公共服务，在这种模式下，志愿组织和社会组织发挥了更为重要的作用。⑤

上述三个条件的实践都共同依赖一些中观层次的制度要素，尤其是适度竞争的公共服务市场和"整体治理结构"都需要政府部门在服务外包时形成超越部门主义的总体性、透明性购买服务制度框架，使外包信息清晰地为所有潜在服务供给者所知晓，以鼓励适度竞争，这就需要中央政府和

---

① Perri Diana Leat, Kimberly Seltzer, & Gerry Stoker, *Towards Holistic Governance*: *The New Reform Agenda*, New York: Palgrave Macmillan, 2002.

② 罗伯特·B. 丹哈特、珍妮特·V. 丹哈特、刘俊生:《新公共服务：服务而非掌舵》,《中国行政管理》2002 年第 10 期。

③ Larry D. Terry, "Administrative Leadership, Neo – managerialism and the Public Management Movement", *Public Administration Review*, Vol. 58, No. 3 (1998), pp. 194 – 200.

④ 罗伯特·B. 丹哈特、珍妮特·V. 丹哈特、刘俊生:《新公共服务：服务而非掌舵》,《中国行政管理》2002 年第 10 期。

⑤ Linda W. Chapin & Robert B. Denhardt, "Putting 'Citizens First!' in Orange County, Florida", *National Civic Review*, Vol. 84, No. 3 (1995), pp. 210 – 217.

地方政府建立统一的公共服务购买、评估平台和便捷透明的信息发布机制；亦需要形成一套行之有效的合同监督执行和定价制度，以保障社会组织在履行外包任务时规范运行并可持续发展。公众导向的外包设计则需要一些制度要素以确保服务外包与公众需求之间的有效对接，使公众参与到对外包项目的需求评估、设计和验收中去，如公共服务外包听证制度、公众导向的项目评估等。

　　综上所述，无论是作为社会治理的主体还是作为公共服务的承接者，社会组织要胜任挑战都需要一系列条件和中观制度要素作为支撑（见表2-1）。在多数发达国家，历经近代理性启蒙和工业化发展进程，这些条件已经深深嵌入其社会发展脉络，以至于新近的相关研究已将这些条件看作"视之为当然"的基本预设而不过多提及。但在仍处于转型期的中国，这些条件与制度要素是否具备就是一个大问题——离开了对这些条件与制度的具体分析，而单纯在理念的层次推演当代中国社会组织的功能与发展取向显然不可取。

表2-1　社会组织的功能、条件与制度要素

	支持条件	制度要素
治理主体	公共性的生产 紧密嵌入治理网络	结社活动与公共资源配置紧密相关的保障制度 社会组织代表社会成员表达利益诉求的机制 社会组织监督公共部门活动相应制度安排
服务主体	适度竞争的公共服务市场 整体治理结构 公众导向的外包设计	总体设计的公共服务外包制度框架（如统一招标平台等） 有效的合同监管与定价制度体系 确保外包与公众参与的紧密对接（如外包听证制度等）

（三）　回归总体性理论视角

　　上述梳理把我们对现代社会组织发展条件的理解带到了一种更为多维的宽广视域之中。与传统研究不同，本书认为理解当代中国社会组织健康发展的条件不能仅局限于登记、年检等表层管理制度和资源供给结构，更应涉及当代中国治理转型多个领域的协同性改革。

　　具体来看，公共性的生产和紧密嵌入治理网络这两个维度的支持条件及相应制度要素实际上涉及渐进式的基层民主改革和围绕公共资源配置的"社会协同、公众参与"制度创新。这些领域的改革为个体和群体走出私

人空间，关注公共问题提供了重要的支持，① 也是社会组织成为治理主体的深层保障。实际上，中央最近的一些制度创新已经注意到了该领域改革与社会组织发展之间的联动效应，比如，民政部近年来一直致力推动"三社联动"②；财政部推动参与式预算改革，倡导社会组织和社会力量参与到与民生相关的预算制订过程。但总体来看，这些改革之间的联动水平仍偏低，尤其是在地方治理层次，社会组织发展和公共产品的配置之间常常缺乏一种有机衔接，在此背景下，社会组织就难以成为多元治理结构中的重要主体来发挥实质性作用。

适度竞争的公共服务市场、整体治理结构及相应制度要素则意味着发展社会组织对政府体制内部的改革和优化有很高的要求。在这个意义上，不能简单认为只要政府把职能转移出来（如制订各种购买服务清单），并为社会组织提供资金支持就必然会推动其健康发展。如果购买服务的制度安排具有典型的部门主义和属地主义特征，就会导致分割的公共服务市场，③ 社会组织之间的适度竞争格局就无法成型；如果更具统筹性的长期购买服务战略无法形成，社会组织就难以形成长期发展预期。因此，这个维度的改革实际上涉及了体制内许多更具挑战性的领域，如更具统筹性的部门预算改革、统一招标中心建设以及跨部门协同机制改革等。

最后，公众导向的外包设计则进一步提出了政府公共服务外包与基层民主领域改革协同发展的更高诉求，即服务外包以自下而上的公众需求为导向。只有在这个背景下，承接外包任务的社会组织才会紧密围绕社会的实际需求（而非行政性诉求）有效运作，其社会属性才能得到更清晰的彰显。

上述梳理意味着我们对当代中国社会组织发展条件的思考必须置于一种总体性的理论框架中。尤其是需要注意到社会组织发展与基层民主改革、公共资源配置机制、政府体制转型之间的复杂关联，以及它们之间的协同机制。这些多线程改革在同一时空结构中既有可能会形成相互增生与促进的关系，但也有可能会发生抵触——后一种情况恰恰是当前社会组织

---

①　姚远、任羽中：《"激活"与"吸纳"的互动——走向协商民主的中国社会治理模式》，《北京大学学报》（哲学社会科学版）2013 年第 2 期；赵秀玲：《"微自治"与中国基层民主治理》，《政治学研究》2014 年第 5 期。

②　即社区、社会组织、社会工作者三者的发展要相互联动，以共同推动社会领域改革创新。

③　黄晓春：《当代中国社会组织的制度环境与发展》，《中国社会科学》2015 年第 9 期。

发展频遇瓶颈的重要根源所在。需引起重视的是，这个维度的问题迄今为止仍未引起理论界足够的重视，这也是许多改革方案长期处于"头疼医头"状态的重要原因。

这种社会组织发展的总体性理论视角要求研究者不仅要关注单一改革进程内的技术问题，更要关注多进程之间的相互衔接与匹配。比如，要使社会组织发展与基层社会公共性生产同步进行，就必须进一步推动基层民主的体制、机制创新，使自下而上的公共讨论与政府决策密切互动。与此同时，推动社会组织超越"服务之手"的角色，使其融入基层自治和协商民主的制度网络，成为实质性的地方治理多元主体之一。要塑造一种透明、适度竞争的公共服务外包市场，促使社会组织不断提升组织能力，就必须得到政府职能转变改革的有效呼应，如强化政府外包的总体统筹能力、提升政府体系整体性治理的能力以及推动公共财政和新型预算工具的改革。要避免社会组织被行政体系过度"吸纳"，保持较强的自主性和社会性，就必须推动整个治理结构从过于追求"对上负责"向重视"对下负责"转变。

上述视角有助于我们形成中国社会组织发展条件的基准理论框架和问题意识。循着这些线索，我们可以更为清晰地识别近年来中国社会组织发展领域存在着哪些深层次问题，改革思路又如何超越"国家与社会"的宏观想象而进入一个复杂制度系统的设计中去。

三　探析中国社会组织发展条件：以"购买服务"为例

以前述理论视角为参照系，当前中国社会组织发展的条件与制度要素处于何种状态？对这一问题的回答首先要从分析中国社会组织现阶段的宏观发展环境开始。自党的十七大提出"社会建设"政策目标以来，中央先后提出建设"政社分开、权责明确、依法自治的现代社会组织体制"（党的十八大）以及"激发社会组织活力"（党的十八届三中全会）等政策导向，这些宏观政策事实上已部分地修正了蕴含于1998年《社会团体登记管理条例》中的许多门槛性约束条件。[①] 在此背景下，各级地方政府和诸

---

① 比如，党的十八届三中全会明确提出"行业协会商会类、科技类、公益慈善类、城乡社区服务类社会组织，成立时直接依法申请登记"，这意味着这些组织登记时不需再找上级主管单位支持。

多职能部门对于社会组织发展表现出了更为积极的态度，许多地区都显著强化了购买社会组织服务的力度并推出了许多区域性的扶植政策。与传统的"宏观鼓励，微观约束"制度环境相比，我们显然已不能简单地用"管控"等标签式的话语来概括当前社会组织所面临的情境。尤其是随着直接登记条例的出台，多数社会组织在登记门槛上遭遇的阻力已大为下降，此时其所面临的发展条件开始更多地受到各级政府治理实践的影响——这些实践活动体现了当前治理转型中不同政策实践者的认知、策略和行为偏好，难以单纯从宏观政策文本中推演而出。因此，我们需要通过深入解析当前社会组织领域的治理实践来研判其发展条件。

本章认为以当前各地广为运用的"政府购买服务"实践过程为例可对上述问题管窥一斑。之所以将政府购买服务看作一种系统折射社会组织发展条件的治理实践主要基于三点考虑。首先，在当前形势下，政府购买服务是多数社会组织最重要的资源来源。在这种非对称的资源依赖格局下，购买服务制度中蕴含的各种有意识或非预期制度逻辑作用于社会组织，对其行为产生重要的影响机制。因此，观察附着于购买服务制度之上的诸多制度逻辑，对于我们理解社会组织发展的条件具有重要作用。其次，政府购买社会组织服务的行为看似简单，背后却涉及一个复杂的科层制度环境，折射了现有行政管理体系面对"社会"的基本逻辑。比如，任何一项购买行为都会涉及资金来源问题，财政资金的不同属性决定了附着于资金之上的不同管理原则，而这些原则从最初就决定了项目的公共性水平；许多购买活动还涉及"条""块"的管辖权和治理逻辑……这些共同构成了一种系统性设置，决定了社会组织发展条件的现状。最后，政府购买社会组织服务常被视作一种一事一议的"项目制"，这种项目制运行的"剩余控制权"以及协调权分布情况对于公共服务外包市场具有重要影响，而这又会直接影响社会组织发展中的预期形成。综上所述，以政府购买服务为切入口的细致观察，最终能帮助我们比较深刻地理解当前社会组织发展过程中诸多深层条件的现状。

本章以 S 市为例呈现 2009 年以来该市购买社会组织服务的制度实践全景。S 市是中国经济社会发展前沿的特大城市。改革开放前，该市以计划经济的重镇而闻名，即使历经 30 多年的快速经济转型，强调稳定、有序和高效率政府治理的社会观念在该市仍有深厚的观念基础。自 21 世纪初以来，S 市开始推动公共服务型政府转型，这成为政府购买社会组织服务的重要背景。笔者从 2010 年开始长期跟踪这项制度在市、区、街镇不同层次的实施情况，并亲身参与了 2013 年、2014 年某职能部门推动全市性购买社会组织服务活动全程。研究小组同时也在分属三个区的 T、Y、L 街道建立了长期观察点，由此形成了大量的田野观察记录。鉴于 S 市是国内最早系统探索政府购买社会组织服务的标杆城市，以此为例的分析具有普遍的价值与意义。

据笔者观察，政府购买社会组织服务是一个错综复杂的过程：购买主体既包括了不同层次的政府（如街道办事处、区政府），也包括不同的职能部门（如民政局、市容环卫局、司法局等），还包括党群机构（如妇联和团委），有时政府的某个内设业务部门（如某个局的宣传处）也会直接参与购买活动；购买机制则包括公开招标、定向委托、邀标等形式；评估模式也多种多样。以往学界关于政府购买服务的许多研究都侧重于从制度文本出发，本章则试图呈现这一制度体系运行的全景视图，下文将分"购买决策""搜寻服务承接者""落地实施"三个环节来展现政府购买服务实践中社会组织发展条件的现实特征。

（一）购买决策的体制内化与公共性弱化

近来已有不少关注政府购买社会组织服务的研究，但鲜有涉及资金来源的问题。忽视这一问题的后果是，学术界对这一制度体系的前置约束和弹性缺乏认识，导致许多改革研判缺乏实际支持。实际上，政府购买服务与普通市场外包最大差异就在于前者使用的是财政资金，因此购买方式和逻辑受到资金属性的限制。

在 S 市，购买服务的资金有三种来源，分别是部门业务经费、专项资金以及社区基金（会）。部门业务经费占绝大比重，[①] 专项资金占据一定比重，主要分布在民政、残疾人保障等领域，作为新生事物的社区基金（会）仅占较小的比重。

在使用方法上，部门业务经费根据预算管理和政府采购法由行政业务

---

① 如下文所言，部门用于购买社会组织的经费中，有些是事前即在预算中明确为购买社会组织服务，有些则事前并未明确。在 2015 年《S 市人民政府关于进一步建立健全本市政府购买服务制度的实施意见》出台前，有些基层政府部门购买服务的形式较为随意，因此很难准确估算部门经费在购买社会组织服务中的总数，但这笔资金占购买服务资金总量的绝大比重是不争事实。调研中，S 市若干位财政部门的干部都明确印证了这一点。

部门决定使用。财政部、民政部、国家工商总局印发的《政府购买服务管理办法（暂行）》第 23 条明确指出"对预算已安排资金且明确通过购买方式提供的服务项目，按相关规定执行；对预算已安排资金但尚未明确通过购买方式提供的服务项目，可以根据实际情况转为通过政府购买服务方式实施"。S 市根据上级规定制定的《进一步建立健全本市政府购买服务制度的实施意见》基本也承接了同样的精神，区别在于：S 市对于事前未列入预算但需要转变为政府购买服务方式的预算资金提出了更为严格的管理要求，即"购买主体按照预算调整程序报送财政部门审核后按规定实施"。这些制度表明，购买社会组织服务的政府部门只要根据预算管理和相应购买服务条例规定，就可以确定具体的服务项目。而购买主体用部门预算来购买服务基本上是在体制内做出决策的，换言之，部门预算的独立性和相对封闭性意味着业务部门可以在缺乏社会参与和公共讨论的条件下设计服务项目。一位长期操作政府购买服务的基层干部在访谈中提道：

> 财政部和市政府下发的文件都规定了购买服务的内容，但文件规定的太宽泛，基本无所不包……这对部门的约束很小，所以实际上往往是具体的行政部门想把哪块服务外包出去就可以……所有环节由行政负责人决定，谈不上什么社会参与。所以有时候会出现项目缺乏实际需求的"落地难"问题。（访谈记录 20150723）

质言之，用部门预算来购买服务的资金使用模式预先就决定了购买决策具有很强的体制内运作特征。部门预算的申报、使用以及制定细则都由行政业务部门自身定义，审批也在行政体系内部完成。这意味着这部分购买服务资金总体上有体制内运行、技术化决策的特征，学界通常所提倡的"社会参与"在这个环节几乎没有制度化的接口渠道。而附着于部门预算之上的管理规定和财政要求则成为承接财政资金社会组织运行中最重要的前置约束。

专项资金大多由"条"上的职能局掌握，其使用方法与部门预算经费相近，但往往有更加明确的使用范畴。以 S 市民政局运用福利彩票资金开展公益招投活动为例，该资金按福利彩票金专项管理条例要求仅能用于安老、扶幼、济贫和助残领域。由于大多数"条"上部门并不清楚基层社会实际的需求，因此往往会要求隶属区县、街镇的下级职能部门上报购买服务项目，经审核后予以资金支持。在此过程中，为保证专项资金使用效率，上级职能部门会要求下级部门在上报项目的同时提供社会需求调研、公众论证等资料。这意味着这种资金的决策方式虽然也具有很强的体制内化特征，但已具备一定的公众参与基础——尽管实际执行时这种公众参与往往是"走形式"。S市民政局一位长期参与公益招投标的处长谈道：

> 市局要求区县、街镇民政部门往上面报项目，一般也会要求基层部门做需求调查和论证，这里面就包括要征求公众的实际需求……但据我们了解，基层部门有时候就是走个过程，往往就把自己早就想做的事报上来。实际上我们最不希望这样做……（访谈记录20150917）

社区基金（会）在S市的兴起是最近两年的事，其实质是在街、镇层面形成一笔相对独立的资金，用于支持社区内的各项公益慈善项目和购买社会组织服务。这笔资金可以完全独立于地方政府财政，并以独立法人实体的方式运行（即社区基金会）；也可以涵括于基层政府财政资金，但具有一定的独立性（即社区基金）。社区基金（会）的构成相对复杂，除了基层政府投入的财政资金外，有时还包括企业捐赠、社会募资等。具有法人身份的社区基金会购买社会组织服务时要经过代表多元利益的理事会讨论，并向出资人负责，向公众公开资金使用信息，因此具有较强的公共决策性质；而社区基金购买社会组织服务时也需要经过社区委员会等代表社区多方意见的共治平台讨论，其决策过程具备一定的公众参与性质。

概括来看，购买社会组织服务的三种主要资金来源以及附着于其上的治理机制决定了占资金总额最大比重的部门预算购买方式基本上在体制内技术化操作；专项资金留有一定的社会参与余地，但实践中难以保障；社区基金（会）更具公共决策属性，但比重有限。这种服务购买的决策模式导致承接项目的社会组织主要围绕行政部门的指挥棒运作，公众需求、自下而上的多元利益表达与社会组织承接服务项目之间的有机纽带无法形成，这也间接地导致了社会组织发展所依赖的公共性条件在实践中处于缺位或弱化的状态。

（二）特殊主义的服务者搜寻机制与缺乏竞争的外包体系

政府购买服务如何搜寻服务承接者？如前所述，发达国家主要是通过构建一个透明、适度竞争的公共服务市场以筛选服务承接者。而这一制度条件在我国则尚付阙如，S市购买服务案例呈现了其背后复杂的组织学机制。

由于主要购买服务项目都由不同行政部门自行设置，且这些部门间缺乏必要的协调和统一信息发布机制，因此就不存在一种将服务供给者与需求方紧密联系在一起的统一组织场域，这导致实质性的竞争和市场价格信号机制都难以发挥作用。S市政府多次试图建立统一的政府购买社会组织服务平台，以实现高效、透明的政府购买服务目标，但每次都无果而终。核心难点在于很难将分属不同部门的业务经费统筹到一个平台来集中购买，S市民政局一位领导说：

> 部门总是想保留自己对资金的控制权，而且有的资金又有专项管理要求。所以在技术上和体制上要真的实现统一购买还是很困难，现实中往往各自为战……（访谈记录20141107）

更为典型的例子：S市P区明确出台规定凡是政府购买服务金额超过20万元的项目，必须在区级购买服务平台上招标。但后果是P区各街、镇纷纷将大额购买服务项目拆解为若干个小于20万元的项目，以便自己独立操作。相似的案例在J区也有出现，即使在地理空间较小、仅辖5个街道，且区委统筹能力极强的背景下，该区成立的社会组织服务中心也仅在成立之初的2014年做到过统一采购社会组织服务项目，2015年开始许多委办局和街道即开始独立招标。

当统一的公共服务外包市场缺失，行政部门单独寻求服务供给者时，就很容易出现就近购买或"圈内"购买机制。就近购买逻辑主要存在于"块"上政府。由于在当前治理创新中，"块"上政府本身承担着一定的"孵化""培育"社会组织职能，且"块"与"块"之间存在排他性的治理竞赛，因此"块"上政府更乐于寻求自己培育或支持的属地内社会组织承接服务。笔者在S市的调查表明，2014年以来，随着上级对政府职能转变要求不断强化，街、镇基层政府都把大量公共服务、管理职能转移给辖区内的社会组织。比如，P 区 T 街道 2013~2015 年购买社会组织服务资金都在千万元以上，而资金主要流向即以街道为业务主管单位的 26 家社会组织；Y 区 Y 街道购买服务资金的 87.6% 流向辖区内自我孵化的社会组织。相似的逻辑在 S 市普遍存在，据一项针对社区治理现状的大型调查（SUNS）数据显示：85.56% 的社会组织仅在"本居委会/街道/乡镇范围内活动"。① 这一数据发现和笔者的经验观察相符，表明由于"块"上政府存在属地资助/购买偏好，多数社会组织仅在辖区内承接服务、参与治理。"就近"购买的逻辑有一定的现实合理性，因为本地社会组织对当地社区各方面情况更为了解，因此更容易进入社区。但这一逻辑又会导致分割的公共服务外包体系，进而导致适度竞争的公共服务外包市场无法形成，不利于提升社会组织的专业化水平。

"圈内"购买机制则表现为行政部门倾向于寻找自己熟悉或有稳定联系的社会组织购买服务。这里说的"圈"比属地条件更严格，指的是一种正式或非正式的依赖关系。基于 S 市的调查发现，多数购买服务的政府部门的合同管理能力较弱，过程监管能力也不足，此时为保证购买服务质量往往会寻求那些有稳定联系的社会组织。S 市社团局一位干部谈道：

> 职能部门的监管能力实际上都很弱，项目审计也主要是财务审计。因此项目"包"出去以后，到底执行得如何，谁也搞不清。在这种背景下，宁愿找自己熟悉的机构，很多委办局都是这么处理的……（访谈记录 20151017）

田野调查中笔者还发现，"圈内"购买的另一重隐蔽逻辑。近年来，虽然"有限政府"的理念已广被接受，但治理实践中行政发包制仍是主要的治理模式，② 在层层发包和"属地守土有责"的治理逻辑下，地方政府尤其是基层政府的任务、压力日趋增大。这就导致基层政府有较强的规模扩张冲动，但上级政府又根据编制管理规定严格控制下级政府的规模甚至

① 该调查由上海大学基层治理创新研究中心组织，覆盖 S 市 10% 的村居样本，并在被抽样社区寻找社会组织负责人填答社会组织专业问卷模块，共有 362 个社会组织接受调查。
② 周黎安：《行政发包制》，《社会》2014 年第 6 期。

外聘人员数量。在此背景下，许多政府部门就倾向于通过购买社会组织服务来解决行政体系灵活性不足的问题。比如，2010 年以来，P 区开始核定街道的各类人员总额，尤其是对政府雇佣人员①总数进行严格核定。以 T 街道为例，其下属的各专业服务中心计划配置人员 119 人，但经编制控制后只能配置 107 人。这种编制控制机制使街道办事处的灵活性和弹性进一步缩减，此时购买社会组织服务就成为一种替代性的弥补机制。T 街道快速孵化社会组织的进程从编制控制实施的 2010 年后开始（见表 2 - 2）。

表 2 - 2　T 街道孵化社会组织情况

单位：家

	2004 年	2006 年	2007 年	2009 年	2010 年	2011 年	2012 年	2013 年	2014 年
数量	1	3	1	1	2	4	7	5	2

注：合计共 26 家，2010 年之后进入发展高峰期。

"圈内"购买中暗自嵌入了许多超出购买服务条款的隐性要求，比如，一位与基层政府有着良好合作关系的社会组织负责人就谈道：

> 政府部门尤其是街镇这个层面的购买服务，实际上都会有一些超出合同的要求。比如，合同规定给 150 个老年人提供送餐服务，合同很明晰。但是实际上还会让你顺便帮着做些调查，帮着写一些与老年人服务相关的工作汇报，甚至帮着搞一些活动……我的感觉是他们基本上把你当成民政二科、组织二科来用……（访谈记录 20151217）

上述性质的购买服务在完成项目目标的同时还兼有解决政府行政体系内灵活性不足的任务，因此购买方会寻找有特殊信任关系的社会组织来承接。据笔者调查，实践中发包的政府部门往往会寻找有过体制内工作经验甚至就是本部门退休人员发起的社会组织来合作。在笔者的调查研究基地 T 街道和 Y 街道，近年来承接服务的社会组织中分别有 61.54% 和 76.5%

---

① 这里说的"政府雇佣人员"是指公务员和事业编制以外，街道以社工、社区工作人员、协管人员为名招收的承担公共服务与管理职能人员。在相当长一段时间里，上级政府对基层政府雇用此类人员的规模并不做过多的干预，但近年来考虑到基层政府雇佣人员队伍扩张太快，开始进行规模限定。

的机构法人有过体制内身份。市级层面的数据也能反映这一逻辑，笔者收集了 2009～2015 年 S 市公益招投标中标组织的法人信息，并通过百度、Google 等搜索引擎检索了这些法人的任职信息，其中能查到明确信息可以证实拥有过体制内身份的占 61.5%，实际的比例可能还要高。[①] 这种"圈内"购买逻辑的隐蔽运作是"行政吸纳社会"[②]、"国家反向嵌入"[③] 的重要推动机制。

质言之，就近购买和"圈内"购买都属于一种特殊主义的服务者搜寻机制，这一逻辑的普遍存在导致了统一、透明、适度竞争的公共服务外包市场这一社会组织发展条件缺位。社会组织在此背景下很难形成更为专业的发展势头。部门各自购买的现状以及部门主义赖以强化的内在机制持续运行，还导致了"整体治理"的条件也难以实现。这些都意味着在当前我国地方政府的购买服务实践中，许多重要的制度条件尚需深化完善。

（三）缺乏支持的落地实施与"悬浮型"制度位置

田野观察发现，承接项目的社会组织首先会遇到信息难题。发包的行政部门虽然主要是体制内决策，但并非无的放矢。其发包的项目大多有现实需求，但由于缺乏公众自下而上讨论和意见表达的环节，因此社会组织在供给服务时会遇到具体需求信息分布不明确等问题。比如，T 街道有关部门发包的"老年送餐"服务确实有很大需求，但承接社会组织并不清楚这些有需求老年人的具体分布情况和偏好，也就无处着手提供服务。这时信息难题就会对项目落地产生较大不利影响。许多提供文体活动等社会动员类服务的社会组织还会遇到的第二个难题是网络难题。因为要在基层社区中开展此类活动，必须借助一定的社会关系网络，而大多数自上而下承接服务的社会组织并不具备此类初始条件。

---

① 为使分析更为严谨，笔者仅将能明确查到曾拥有体制内身份的法人计算比重。此外，在计算体制内身份时，研究小组将高校教师等虽属事业单位性质但与实际政府行政管理部门尚有距离的岗位也排除在外。约占 18.19% 比例的法人不能查到明确信息，这部分人中可能也有人实际上曾任职于体制内。
② 康晓光、韩恒：《行政吸纳社会——当前中国大陆国家与社会关系再研究》，《中国社会科学》（英文版）2007 年第 2 期。
③ 管兵：《竞争性与反向嵌入性：政府购买服务与社会组织发展》，《公共管理学报》2015 年第 3 期。

要解决信息和网络难题，重要的条件是承接服务的社会组织能有效嵌入基层治理的制度网络，并在其中占据重要位置。此时，可以通过治理网络中的制度化信息搜寻、互助机制来解决问题。但现实中，这一制度条件常常缺失。据调查，在现有的基层治理体系中，除了政府行政部门构成的治理网络外，具有一定开放性的多元治理网络主要表现为街、镇层面的一些共同治理平台和机制（如各种委员会、联席会议）。但由于这些平台在基层治理中主要承担的是资源整合的功效，因此基层政府更热衷于动员一些有资源的驻区单位（如三甲医院、大型企业等）参与其中，而资源紧缺的社会组织通常很少进入这一平台，① 往往"悬浮"于现有制度化的治理网络之外。这意味着承接服务的社会组织要另辟蹊径解决问题。

据观察，承接服务的社会组织通常会实施两种策略。首选的方法是与服务落地区域的居委会等基层自治组织建立起合作纽带，以帮助服务展开。这种方法最简易可行，但却无明确的制度保障。由于居委会掌握着基层社会的许多重要信息来源，也具有一定的社会网络动员能力，因此社会组织与其合作有助于解决服务落地中的许多关键难题。但这种方法潜在的不确定性较高，这是因为，居委会本身并没有配合社会组织开展服务的义务，尤其是当这些服务项目来自属地政府以外的其他政府部门时，居委会合作的压力就更小。当居委会面临名目繁多的治理任务时，其很难保持与社会组织间长期稳定合作的积极性。在 J 区 L 街道服务"落地"不太成功的一位社会组织负责人对此有以下分析：

> 服务项目要落地首先就要"搞定"居委会。但过程很复杂，没有制度化的保障，更多看人与人之间的磨合……而且社会组织和居委会在动员居民上，有时候还会有潜在的竞争。所以居委会是不是配合你很难说。我们的经验是一个项目一年时间，至少要花六个月和居委会磨合，如果这关过去了，就会比较顺利；过不去，麻烦就很多。（访谈记录20141125）

---

① 在一些新近的创新案例中，社会组织代表也会象征性地参与这些公共治理平台的运作。但由于其握有的资源有限，实际上往往处于被动的从属地位，很难作为治理主体主动推动治理网络的运行。

　　为保证居委会的配合，一些社会组织，尤其是"圈内"购买服务的社会组织会试图运用上级政府的行政压力来促使居委会合作。研究小组深入分析了 P 区 T 街道 NC 居委会的台账资料，由于居委会的台账不仅记录了工作量，而且还标示了"谁向谁布置了哪些任务"，因此其相当于一部基层社区中的任务流转指示器。研究发现，在居委会记录的 2013 年台账资料中，约有 32.12% 的台账其实是街道内注册的社会组织（含以各种服务中心为名注册的民非组织）通过行政管道向居委会布置的。这表明，当社会组织无法通过制度化的多元共治制度体系来解决服务落地问题时，就会试图利用科层制的等级体系来解决服务递送的困难。这种做法会增加社会组织对行政部门的依赖，进一步强化其行政"助手"的角色。

　　另一种方法是社会组织运用社会创新的手段和巧妙动员方法，亲力亲为地在服务实施社区建构自身的服务和支持网络。比如，在 L 街道活动的一个致力于为青年人提供精彩文娱生活、推动社区文化建设的社会组织就通过微信动员、策划白领交友沙龙等方法逐步发展出自己的服务支持网络。这种方法的实质是社会组织自建了一个体制外循环的支持网络，其与现有基层治理结构之间并没有形成制度化的链接。田野观察发现，这种做法需要社会组织投入极大的资源和精力，且难以大范围推广，因此采用者往往是起步阶段的新生社会组织，其很少被大型、成熟社会组织所运用。

　　以上两种常见策略的运用，实际上都无法帮助社会组织作为主体嵌入基层治理的多元共治制度体系之中。相反，社会组织在实践这些策略的过程中还会强化自身对行政体系的依附或是导致其"跳出"现有治理结构以展开活动。这也意味着，在社会组织服务落地的实践过程中，其融入多元治理体系的制度条件并未形成。

（四）进一步的讨论

　　案例分析表明，当前广为流行、对社会组织发展具有重要影响的政府购买服务制度虽部分地解决了长期以来饱受诟病的社会组织合法性与资源不足问题，但其运作过程中存在现代社会组织发展所依赖的许多重要条件和制度要素难以实现的问题。比如，缺乏公众参与，主要体现行政部门偏好的项目设计导致社会组织围绕行政目标运行，公共性水平偏低；特殊主义的就近购买或"圈内"购买机制导致适度竞争的公共服务外包市场无法成型；缺乏支持的落地实施导致社会组织悬浮于现有治理网络，难符多元治理主体之实。

本章理论框架指出：现代社会组织发挥理想的治理和服务功能需嵌入一种整体性的治理框架，得到诸如基层民主、公共资源配置、政府运行机制优化等多领域改革的配套和支持。这也意味着国家和地方改革中要逐步形成总体性的改革思路，进而实现社会建设、政府改革、公共资源配置模式之间相互联动格局。而案例研究却发现，当前地方政府和职能部门更多的是在技术治理的范畴来推动政府购买社会组织服务，这取代了整体性的改革逻辑。这种技术治理的购买机制具有三方面鲜明特征。一是把体制和结构层次的问题化约为行政技术的问题，如把关乎社区多元需求和利益表达的体制性问题化约为"事本主义""一事一议"的购买服务项目，项目推进过程中也缺乏和社区现有治理结构间的对接与整合。二是绕过"存量改革"推动"增量改革"的基本实践逻辑。如同案例部分展现的，各级政府理论上都知道"统一采购"和建立统一招投标平台的重要性，但实践中却都在一定程度上回避这一可能牵动整体改革和公共投入模式转变的"存量问题"，不约而同地采用就近购买或"圈内"购买等更易操作的方法。三是仅从当前行政工作遇到的问题出发来设置项目，缺乏对长期性问题的持久关注。这突出表现为当前许多购买服务项目都处于不稳定状态，能持续多久、总体投入有多大都处于未知状态。这就容易引发社会组织因面临不确定的资源供给格局而工具主义发展的现象。总的来看，案例研究呈现与理论框架中勾勒的理想条件完全不同的实践情境。

这种技术治理的制度逻辑导致了实践部门脱离当前中国社会治理转型总体格局而工具主义发展社会组织的现状。其后果是社会组织发展和治理转型其他领域之间难以形成相互促进的有机联系。从深层次看，这也意味着研究者对中国社会组织健康发展条件的认识必然会涉及技术治理及其超越的问题。

四　结语：超越技术治理

本章尝试构建社会组织功能与条件的总体性理论视角，并以深度案例研究的方式分析了这些社会组织赖以发展的条件在当前的现状。研究表明，理想条件与现实状况之间仍存在不小距离。结语部分试图进一步讨论社会组织领域技术治理思维的深层肇因，并探讨超越技术治理的新型政策思路。

渠敬东等最早指出了当代中国治理转型中技术治理逻辑的日趋浮现，[①]但该研究并未对技术治理逻辑强化的深层机制进行分析。笔者认为当前社会组织发展领域技术治理逻辑背后隐含着三方面的深层动因。

首先，宏观政策蕴含的模糊性是技术治理逻辑形成的重要原因。历史地看，一方面，自党的十六届四中全会（2004年）以来，中央就一直强调"建立健全党委领导、政府负责、社会协同、公众参与的社会管理格局"，党的十七大以来直至党的十八届三中全会，中央在发展社会组织、创新"社会治理体制"方面表现出了一以贯之、日趋重视的总体政策取向。但另一方面，宏观政策信号在不断强调发展社会组织重要性的同时，国家层次却一直未形成与该政策信号配套的清晰、明确的社会组织长期发展战略和路线图。在实践中，这种宏观政策特征又被不同层级的地方政府所延续下来，以至于各地的政策层都日趋重视社会组织发展，但却普遍缺乏"顶层设计"。这种政策特征给实践中的具体操作部门带来了模糊不清的预期，并可能引发迥然不同的操作逻辑。在此背景下，不同的政府部门都会尝试着从自身的治理目标出发，从宏观政策结构中寻求它们认为比较稳定、可靠的政策信号，并采取相应的针对性做法，这导致制度环境中多种制度逻辑复杂并存甚至相互矛盾的情形，[②]也导致了技术主义发展社会组织的实践惯习。

其次，社会组织领域深层次改革的激励与风险配置模式导致了实践中普遍盛行回避"存量改革"技术主义发展思路。诸如推动社会组织深度参与公共资源配置、完善其利益表达与多元参与机制、构建高度协同的公共服务外包体系等制度要素改革，客观上需要地方政府和职能部门投入较大的改革成本甚至承担一定的治理风险，但这些领域的产出又较为隐蔽，需要长期实践才能显现。这意味着面对社会组织发展领域的深层次"存量改

---

① 渠敬东、周飞舟、应星：《从总体支配到技术治理——基于中国30年改革经验的社会学分析》，《中国社会科学》2009年第6期。
② 周雪光、艾云：《多重逻辑下的制度变迁：一个分析框架》，《中国社会科学》2010年第4期。

革"，地方政府常常面临激励不足的问题，在此情境下，其更倾向于以技术主义的项目化方式扶持社会组织发展。这种做法进一步导致了社会组织领域改革与治理转型其他领域改革之间的不衔接和碎片化发展格局。

最后，渐进式治理转型进程中行政部门"对下负责"压力不足导致了行政技术性目标时常主导社会组织发展逻辑。如案例部分所揭示的那样，当前宏观政策要求行政部门强化"对下负责"的意识，但在诸如部门预算设定、公共资源配置等关键环节，"对下负责"的制度安排并未形成刚性约束。这导致各级政府部门在发展社会组织时，更多以部门治理目标来取代公众偏好和社会诉求，由此进一步强化了社会组织领域技术治理的运行机制。

这三个方面的因素相互交织、彼此强化，导致中国社会组织发展的制度环境长期被锁定在较低水平的技术治理层次，现代社会组织发展所依赖的条件和制度要素也就难以成形。因此，未来中国社会组织领域的改革必然要超越技术治理的既有惯性，尤其要形成有针对性的新型政策思路。比如，借鉴经济领域统筹发展的组织与制度经验，形成立足长远的总体性社会组织发展战略，为地方政府和职能部门提供清晰的改革预期；提高公共资源配置的社会多元参与水平，尤其是大力推动更具公共性的部门预算和公共财政制度改革，使行政部门的服务外包更贴近社会诉求；强化社会组织制度领域的横向协调与整合水平，总体性地推动社会组织有机嵌入多元治理网络并服务治理转型战略目标。这些政策思路也许会成为未来中国社会组织深化发展的重要改革切入口。

第三章　多层级政策执行与社会组织制度环境的深层特征

本章通过引入政府行为研究的相关理论，聚焦各级政府发展社会组织的实践过程，以及不同层级政府在互动中塑造社会组织制度环境的机制，从而在中观层面识别当代中国社会组织发展特征。这一研究视角不同于从制度文本出发理解社会组织制度环境的传统研究思路，而是更侧重于呈现多层级治理体系发展社会组织的实践逻辑，这有助于研究者深刻分析社会组织发展所面对的机会结构与发展瓶颈。

一　问题意识

近年来，学术界日趋关注当代中国社会组织在国家治理转型以及社会变迁中所扮演的角色。[①] 尽管不同研究的分析视角不尽相同，但论者在思考上述问题时都将社会组织所处的制度环境视为研究的基石。这是因为，在一个强国家推动的社会转型历史脉络中，唯有理解社会组织所面临的制度性激励、约束以及机会结构，才能从总体上理解其发展特征以及未来走向。基于此，国内社会学界对中国社会组织制度环境展开了多维研究。

经过多年的讨论，学界围绕上述问题意识已形成一种广为接受的基本理论思路。这一思路的核心逻辑立基于论者对中国社会组织"管控型"制度环境的认知，许多研究工作都聚焦于 20 世纪 90 年代以来形成的中国社

---

① 葛道顺：《中国社会组织发展：从社会主体到国家意识——公民社会组织发展及其对意识形态构建的影响》，《江苏社会科学》2011 年第 3 期；文军：《中国社会组织发展的角色困境及其出路》，《江苏行政学院学报》2012 年第 1 期；李培林：《我国社会组织体制的改革和未来》，《社会》2013 年第 3 期；王诗宗、宋程成：《独立抑或自主：中国社会组织特征问题重思》，《中国社会科学》2013 年第 5 期。

会组织管理体制，认为这套体制暗含诸多约束性机制，[①] 由此，社会组织在登记、注册以及资源供给等方面都受到许多约束。在这种制度环境作用下，当代中国社会组织在发展上呈现缺乏活力、对体制依附性强乃至"形同质异"的发展特征。[②] 以此为据，这一理论思路认为中国社会组织突破发展瓶颈的制度条件是"鼓励发展、放松管制"。[③] 上述思路遵循"国家与社会"的宏观理论逻辑，展现了清晰的线性因果机制，也暗合当前中国社会组织发展中的一些组织现象，因此已演变为社会组织研究中最具影响力的基本理论视角。根据这种视角，一旦更为积极的制度环境出现，当前中国社会组织发展中的多数问题就会迎刃而解。上述理论不仅在学界有广泛影响，而且在公共政策领域逐渐占有重要话语权，直接影响了中央和地方层面的许多制度变革。

　　然而，近年来上述解释在经验和理论层次都遭遇了许多瓶颈。从中国社会组织发展的经验事实看，党的十八大以来，中央就开始不断释放积极发展社会组织的政策信号。地方政府层面的制度创新步伐更快，北京、上海、广州、深圳等城市的地方政府自 2005 年以来就开始探索使用更为宽松的"备案"制度帮助一些草根社会组织获得合法性，并探索"公益招投标"等政府购买社会组织服务的新型制度。由此看来，传统的"管控型"制度格局在实践中已渐为松动，但社会组织的发展仍面临着公共性缺失[④]、

---

① Qiusha Ma, "The Governance of NGOs in the China since 1978: How Much Autonomy?" *Nonprofit and Voluntary Sector Quarterly*, Vol. 31, No. 3 (2002), pp. 305 – 328；康晓光、韩恒：《分类控制：当前中国大陆国家与社会关系研究》，《社会学研究》2005 年第 6 期；俞可平：《中国公民社会：概念、分类与制度环境》，《中国社会科学》2006 年第 1 期；康晓光、韩恒：《行政吸纳社会——当前中国大陆国家与社会关系再研究》，《中国社会科学》（英文版）2007 年第 2 期。

② 王名、贾西津：《中国 NGO 的发展分析》，《管理世界》2002 年第 8 期；沈原、孙五三：《"制度的形同质异"与社会团体的发育——以中国青基会及其对外交往活动为例》，载沈原《市场、阶级与社会：转型社会学的关键议题》，社会科学文献出版社，2007，第 301~324 页；严振书：《现阶段中国社会组织发展面临的机遇、挑战及促进思路》，《北京社会科学》2010 年第 1 期。

③ 王名主编《中国民间组织 30 年——走向公民社会（1978—2008）》，社会科学文献出版社，2008；梁昆、夏学銮：《中国民间组织的政治合法性问题：一个结构—制度分析》，《湖北社会科学》2009 年第 3 期；严振书：《现阶段中国社会组织发展面临的机遇、挑战及促进思路》，《北京社会科学》2010 年第 1 期。

④ 李友梅、肖瑛、黄晓春：《当代中国社会建设的公共性困境及其超越》，《中国社会科学》2012 年第 4 期。

工具主义发展逻辑①以及专业化能力发展缓慢②等现象。这表明，社会组织所面临的制度环境实际上比学界预想的更复杂，制度体系影响社会组织发展的机制也更微妙，亟须更具穿透力的研究工作予以揭示。

在理论演进层次，已有研究的不足和瓶颈更为显著：其对中国社会组织制度环境的解读本质上是整体主义和结构决定论导向的，默认了宏观政策文本作为整体被各级政府严格执行并直接作用于社会组织这一预设条件。而这一潜在预设已遭到近年来大量细致研究的不断挑战，研究者开始注意到社会组织领域宏观政策在执行中的"非协同"碎片化特征③以及地方政府普遍的策略执行逻辑④。这些都启发我们采用一种更为综合、多层次的理论视角，从而将宏观政策的微妙设计、地方政府的政策执行纳入一个整体性的分析框架中，更为深入地分析其对当代中国社会组织发展的复杂影响机制。

文献中的制度文本分析与政策执行研究常常是相互割裂的两个部分，前者更关注制度的内涵以及展现的治理逻辑，⑤后者则强调政策执行者的利益、策略与"地方自主性"。⑥这两块知识的相互割裂导致我们对国家治理的机制分析缺乏纵深的视角和总体性把握。近年来，一方面，一些社会学研究试图将两者联通起来，将结构性的要素、行动者以及彼此的链接机

① 文军：《中国社会组织发展的角色困境及其出路》，《江苏行政学院学报》2012 年第 1 期。
② 黄晓春、张东苏：《十字路口的中国社会组织：政策选择与发展路径》，上海人民出版社，2015。
③ 黄晓春、嵇欣：《非协同治理与策略性应对：社会组织自主性研究的一个理论框架》，《社会学研究》2014 年第 6 期。
④ Anthony J. Spires, "Contingent Symbiosis and Civil Society in an Authoritarian State: Understanding the Survival of China's Grassroots NGOs," *American Journal of Sociology*, Vol. 117, No. 1 (2011), pp. 1–45；敬乂嘉：《社会服务中的公共非营利合作关系研究——一个基于地方改革实践的分析》，《公共行政评论》2011 年第 5 期；黄晓春、嵇欣：《非协同治理与策略性应对：社会组织自主性研究的一个理论框架》，《社会学研究》2014 年第 6 期。
⑤ 顾昕、王旭：《从国家主义到法团主义——中国市场转型过程中国家与专业团体关系的演变》、《社会学研究》2005 年第 2 期；俞可平等：《中国公民社会的制度环境》，北京大学出版社，2006。
⑥ 制度与结构变迁研究课题组：《作为制度运作和制度变迁方式的变通》，《中国社会科学季刊》（香港）1997 年冬季卷（总 21 期）；Kevin J. O'Brien & Lianjiang Li, "Selective Policy Implementation in Rural China", *Comparative Politics*, Vol. 31, No. 2（1999），pp. 167–186；丁煌：《利益分析：研究政策执行问题的基本方法论原则》，《广东行政学院学报》2004 年第 3 期；贺东航、孔繁斌：《公共政策执行的中国经验》，《中国社会科学》2011 年第 5 期。

制纳入总体性框架内进行思考,① 这为本书提供了重要的方法论启发。另一方面,中国政府行为领域的前沿研究围绕激励模式②、风险控制③、上下级政府间控制权行使④等展开了深入分析。借助这些发现,我们可以从繁杂的制度文本体系中抽离出那些影响政策执行者行为的中观条件与约束,从而在制度文本与政策实践间架起连通性的纽带,最终形成一种关于当前中国社会组织实践制度环境的全景式图景。

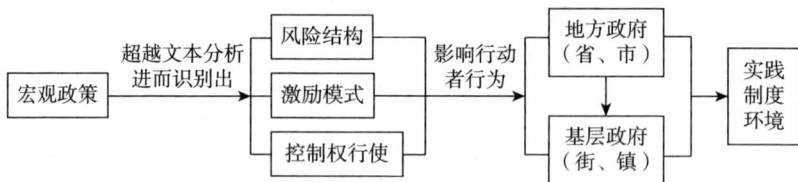

图 3 - 1　研究策略与框架

考虑到实践制度环境是在一个自上而下的政策执行链条中动态生产出来的。本章将重点关注由中央政府—中间层次省市级地方政府—基层政府组成政策执行链条的互动逻辑,并评估制度实践过程对社会组织的影响机理。下文分析所用的案例素材中:中央政府的制度逻辑主要基于笔者对近十年来国家层次制度文本的内容分析;中间层次和基层政府的制度逻辑主要基于笔者在 S 市所做的长期实地观察。考虑到 S 市在社会组织管理与服务领域长期是全国的"标杆"之一,⑤ 本章认为基于此地的经验观察具有普遍启发意义。

---

① 李汉林、渠敬东、夏传玲、陈华珊:《组织和制度变迁的社会过程——一种拟议的综合分析》,《中国社会科学》2005 年第 1 期;渠敬东:《项目制:一种新的国家治理体制》,《中国社会科学》2012 年第 5 期。

② 周黎安:《转型中的地方政府:官员激励与治理》,格致出版社,2008;冯兴元:《地方政府竞争》,译林出版社,2010;周黎安:《行政发包制》,《社会》2014 年第 6 期。

③ 曹正汉:《中国上下分治的治理体制及其稳定机制》,《社会学研究》2011 年第 1 期;曹正汉、薛斌锋、周杰浙:《中国地方分权的政治约束——基于地铁项目审批制度的论证》,《社会学研究》第 3 期。

④ 周雪光、练宏:《中国政府的治理模式:一个"控制权"理论》,《社会学研究》2012 年第 5 期。

⑤ 截至 2014 年 8 月,S 市登记注册社会组织数达到 12065 个,每万人拥有社会组织数约为 7 个,这一规模在全国都属于最高水平。在社会组织发展领域,S 市是各种先进经验的输出城市,如最早探索了社会组织孵化园、公益招投标制度等。

二　"模糊发包"治理模式与政策执行链条

这里所指的"实践制度环境",区别于一般所说的法规和政策文本,更强调各级政府部门在制度执行中的实际行为逻辑和那些"不言而喻"的通行做法。如近来许多研究工作所示,中国政府有着复杂的府际关系和治理网络,不同层级、不同属性的政府部门在执行中央政策时都会表现出不同的执行思路,[①] 基层政府在政策执行中也存在着普遍的选择性执行。[②] 这意味着在地方的制度执行场域中,社会组织发展受到的影响更为复杂,由此,理解实践制度环境的重要性也就不言而喻了。然而,迄今为止,学术界对于各级政府在制度执行中的"变通"行为虽多有讨论,[③] 但我们仍不清楚这些变通行为背后不同制度生产者行事的基本逻辑。本章尝试在已有研究的基础上,初步揭示上述"黑箱"。

本章的研究起点从梳理社会组织宏观政策的深层特征开始。既有研究已对这些政策的文本内容做过详尽分析,本研究将进一步引入中国政府行为领域前沿研究视角,从政策信号的清晰性、风险结构、激励安排等角度来分析社会组织宏观政策的"模糊发包"特点。这将为我们理解地方政府政策执行的考虑和偏好等提供一种重要的理论支持。经由宏观到中观再到微观的多层次的制度实践,社会组织遇到了一种远比政策文本更复杂的激励与约束结构。

(一) 宏观政策的模糊发包特征

随着社会组织在国家治理中的重要性不断凸显,越来越多的中央文件、政府法规、部门规章开始涉及社会组织,这些政策涉及部门广且蕴含多种不同的政策信号。由于该领域并不存在国家级领导协调机构,上述政策信号也缺乏系统梳理,由此形成了一个具有一定模糊性特征的政策领

---

① 贺东航、孔繁斌:《公共政策执行的中国经验》,《中国社会科学》2011 年第 5 期。

② Kevin J. O'Brien and Lianjiang Li, "Selective Policy Implementation in Rural China," *Comparative Politics*, Vol. 31, No. 2 (1999), pp. 167 – 186.

③ 制度与结构变迁研究课题组:《作为制度运作和制度变迁方式的变通》,《中国社会科学季刊》(中国香港) 1997 年冬季卷 (总 21 期)。

域，突出表现为现有制度中存在较多原则性的概述，制度的针对性和操作性都较为模糊，导致下级政府执行难。比如，党的十八大、十八届三中全会文件都提到"加快推进政社分开"，但相应的操作细则一直缺位。

进一步来看，党的十八大以来，党和政府高度重视社会组织在现代社会治理体系中的作用，由此提出了更高的发展要求，这些要求从不同角度对社会组织发展和管理提出了新思路，比如，党的十八大报告提出加快形成"社会组织体制"，党的十八届三中全会将"激发社会活力"纳入"创新社会治理体制"的重要范畴。这些要求暗含着不同的制度创新思路，要求地方政府在改进社会治理方式的同时兼顾好社会组织发展的活力、政府治理和社会自我调节良性互动以及社会组织融入既有社会治理体系等多个目标。对地方政府而言，在缺乏细则的情况下要同时贯彻这些政策思路就面临着一定的操作模糊性。这意味着地方政府更多是以改革创新的"试验"态度来发展社会组织的。

从深层次看，社会组织宏观政策的模糊性与当前中国独特的渐进式治理转型密切相关。由于渐进式改革同时强调优化治理与稳定的政治社会秩序，而社会组织作为一种新生的结构性力量，既能显著地改善公共服务供给格局，又具有挑战政治稳定性的潜在可能，[①] 因此政策层同时存在两种具有一定张力的制度思维：一方面希望发挥其协助党和政府开展社会治理的功能，因而强调发展；另一方面又担心其发展失控，影响社会稳定，因而强调引导和管控。这两种政策思维相互缠绕，在政策演进中以各自的方式影响政策设计，导致该政策领域在许多核心维度上都存在着暗含张力的政策信号。这使得政策执行者面对着较大的不确定性，[②] 具体的政策部门为规避风险，往往会以"平衡主义"的思路设计具体制度，这进一步导致了社会组织政策环境模糊性的不断再生产。

当政策环境的核心逻辑存在多元导向而难以系统整合时，宏观制度安排的细致化实际上是很难实现的。其后果是社会组织领域的多数政策都较

---

① 康晓光、韩恒：《分类控制：当前中国大陆国家与社会关系研究》，《社会学研究》2005 年第 6 期；何增科：《中国公民社会制度环境要素分析》，载俞可平等《中国公民社会的制度环境》，北京大学出版社，2006，第 124～125 页。

② 刘培伟：《基于中央选择性控制的试验——中国改革"实践"机制的一种新解释》，《开放时代》2010 年第 4 期。

为抽象，大多表现为"原则"，难以被细化成客观外显的技术指标和标准操作流程，这意味着这些政策在技术操作环节和执行效果测度方面也存在较大模糊性。

上述模糊的政策信号可能引发怎样的政策执行后果？社会科学近年来在中国政府行为研究领域取得了长足的进步，尤其是在上下级政府关系模式方面形成了许多理论洞见。借助这些成果，我们可以超越文本分析，进一步"深描"社会组织实践制度环境的核心特征。

与企业组织不同，政府面临的是一个多目标制度环境。① 为了保证指向不同、甚至相互矛盾的治理目标得以贯彻，政府内实际上同时使用两种截然不同的政策执行机制：第一种机制被国内学术界概括为"行政发包制"，其更强调将政策执行的自由裁量权下放给地方政府，鼓励它们因地制宜地执行政策，上级政府主要是在治理绩效（结果）上对地方政府进行评估和激励。② 第二种机制则恰恰相反，更注重基于流程和规则管理的自上而下的过程监管，强调上级政府依据理性化、标准化、法治化的制度流程对下级政府的政策执行过程进行全流程控制，这种治理模式的典型表现形式为中央政府的"垂直化管理"。

这两种机制实施的组织条件各不相同：行政发包制要求把治理任务整体性"包"给下级政府，发包方通常会将一部分实际控制权授予下级政府，因而允许其围绕治理目标开展各种因地制宜的创新与"变通"，整个发包体系的内在整合水平相对较低。这种治理机制通常伴有较强的激励手段，③ 鼓励下级政府围绕治理目标展开以结果论英雄的横向竞争。④ 而自上而下的过程监管机制则首先要求治理任务以及达成任务的手段、过程、机制总体清晰，这样科学、理性的制度流程才可能自上而下地层层分解。过程监管机制的内部协调性与整合性水平更高，且这种治理机制中剩余控制权（residual right of control）通常集中在上级政府，即下级政府被要求严格

---

① Jean Tirole, "The Internal Organization of Government", *Oxford Economic Paper*, Vol. 46, No. 1 (1994), pp. 1 – 29.

② 周黎安：《行政发包制》，《社会》2014 年第 6 期。

③ 这些激励既可以体现在晋升指标中，也可以表现为诸如财税分成等经济领域激励。详可参见周黎安、王娟《行政发包制与雇佣制：以清代海关治理为例》，载周雪光、刘世定、折晓叶主编《国家建设与政府行为》，中国社会科学出版社，2012，第 97～128 页。

④ 周黎安：《中国地方官员的晋升锦标赛模式研究》，《经济研究》2006 年第 2 期。

按规章办事——这更接近科层制的理论描述。上述两种机制在政策执行时常常同时运用，但在不同情形下主次关系可能不同，如在经济发展领域，行政发包制常居主导位置；而在司法等领域，过程监管的机制则居于主导位置。

就社会组织领域的政策执行而言，政策信号和制度框架相对模糊的特征决定了该领域的政策执行很难运用自上而下的过程监管机制。因而国家在推进该领域政策执行时更多是采取自上而下的行政发包模式。就此而言，该领域的政策执行在许多方面具有行政发包制的普遍特点，如自由裁量权在政府体系内逐级下放；每一级政府在总体上对辖区内的社会组织发展负总责等。但进一步分析则会发现，由于该领域前述模糊性特征，政策执行模式在许多方面又区别于一般的行政发包制。

第一，在政策执行的风险分配结构中，地方政府承担较大的不确定性风险。一般而言，在治理目标清晰（如8%的GDP增长率等）的行政发包模式下，主要可能产生的风险是由于地方政府滥用自由裁量权而引发的"统治风险"，大多由中央政府承担。① 相比之下，地方政府在治理实施过程中承担的制度生产风险总体有限。② 但在社会组织政策执行领域，由于政策信号和发展路径存在一定模糊性，且发展社会组织的过程可能会涉及一定程度的基层权力结构调整，而上级政府又掌握着修正、干预地方政府相关制度设计的"剩余控制权"，③ 因此地方政府承担了较大的制度生产风险。比如，20世纪90年代初，各地政府从市场经济体制和"小政府、大社会"的改革目标出发，对社会组织发展持宽松态度。但国家从1996年开始先后发布《关于加强社会团体和民办非企业单位管理工作的通知》等政策，这些宏观政策对地方政府的制度行为产生了重要影响。

---

① 曹正汉、薛斌锋、周杰浙：《中国地方分权的政治约束——基于地铁项目审批制度的论证》，《社会学研究》2014年第3期；周黎安：《行政发包制》，《社会》2014年第6期。
② 这里所说的"制度生产风险"指的是地方政府在自由裁量权范围内的制度生产可能被上级政府否定的概率。在治理目标和手段清晰的背景下，地方政府除非受其他动机影响而过于"变通"，否则其制度生产被中央政府否决的可能性较小。
③ 从国家的角度来看，社会组织不仅是现代公共服务的重要供给者，同时也可能与政治权力挂钩，其非预期发展可能会引发一定的政治风险。因此，上级政府一方面鼓励社会组织循序发展，另一方面也时刻注意防范其发展失序带来的潜在统治风险。在这种考虑下，上级政府掌握着决定社会组织发展速度、节奏乃至修正、干预地方政府相关制度设计的"剩余控制权"。

　　第二，在政策执行的激励设置中，地方政府总体面对的是弱激励。政府内部的激励方式主要有两种：一是财政激励；二是晋升激励。前者包括建立在财政分成基础上的激励模式，① 以及围绕财政专项资金的申请、拨付等形成的激励模式；② 后者则表现为政府官员的政治晋升与某些领域治理绩效间的高关联。在社会组织领域，这两种激励模式基本都不发挥作用。先来看财政激励，该领域并不存在自上而下的专项建设资金，也不存在类似于财政分成等现象，换言之，下级政府通过发展社会组织并不能获得显著的财政回报；再看晋升激励，社会组织的发展与管理由民政部门主导，而作为非垂直管理的"条"上部门，上级民政部门无法对下级民政部门的干部任命进行直接干预，更无法对下级"块"上机构的领导人任命产生直接影响。即使上级民政部门有时可以通过设立诸如"社区治理和服务创新实验区"等方式，间接地对地方政府和地方民政部门实施激励，但这些激励信号真正发挥作用的前提条件是能引起地方党委的高度重视与关注。当地方党委面对名目繁多的各种"评选""示范区"建设时，这些激励信号对官员发展产生的影响是高度不确定的。概言之，与经济、建设、维稳等领域行政发包制蕴含的强激励不同，社会组织领域并不存在显著的强激励，地方政府发展社会组织获得的回报是不确定的。③

　　第三，在控制权行使方式上，自上而下的检查验收和评估多是弱意义上的。典型的行政发包制强调结果导向的控制机制，因此多伴以较高强度的检查验收和评估，这也是许多领域行政发包制实施强激励的基础。但在社会组织领域，由于政策框架蕴含多重目标，且发展绩效较为抽象难以测量，因此并不存在强有力的检查验收。这意味着自上而下督促地方政府执行政策的压力不大，地方政府发展社会组织的动力更多取决于本地经济社会发展的压力。

　　上述讨论进一步厘清了社会组织政策领域发包制运行的核心特征，即地方政府承担较高制度生产风险，缺乏强激励且面对弱意义上的自上而下

①　Yingyi Qian and Barry R. Weingast, "Federalism as a Commitment to Market Incentives," *Journal of Economic Perspectives*, Vol. 11, No. 4 (1997), pp. 83 – 92.

②　周飞舟：《财政资金的专项化及其问题——兼论"项目治国"》，《社会》2012 年第 1 期。

③　此外，地方政府通过发展社会组织而提升地方公共治理水平、增进公众满意度需要经历一个漫长的过程，在结果导向为主的治理政绩观下，这意味着地方政府从这一过程中获得的激励也相对不足。

检查验收。这些特征与经济发展、环境保护等领域的发包制有显著的差别，为区别起见，本书称为"模糊发包"。[①] 模糊发包大多涉及政治社会领域的渐进式变革，在这些领域，政策制定者不可能一蹴而就地设定清晰的改革路线图，政策层为防止出现因"激励扭曲"而导致的社会危机，大多不会配置强激励，而地方政府也深知这些领域存在一定的制度生产风险。在中国当前改革情境中，与社会组织领域相似的模糊发包现象还存在于许多政策领域。

表 3 - 1　　清晰发包与模糊发包的主要领域和特征

	制度执行领域	特　征
清晰发包	经济增长率、出口创汇量、二氧化碳排放量控制、污染物减排治理、交通路网建设、新增植树造林面积……	政策目标清晰，且存在主导逻辑；目标与手段间的因果链较为明晰；通常不需要借助自下而上的政治性参与；存在强有力的跨部门协同领导机制
模糊发包	社会组织发展、基层民主建设、社会管理创新、拓宽社情民意表达渠道、营造良好社会文化环境……	涉及多重目标，且缺乏主导逻辑；实现路径缺乏清晰的共识；一定程度上依赖民众的政治参与；跨部门协同困难

模糊发包所指向的主要是不确定性较大的制度创新问题。在多数清晰发包政策领域，发包的产出表现为具体的治理绩效，如经济增长率、二氧化碳减排等。而在社会组织领域，上级政府几乎从不在发展数量、发展速度等方面对下级政府提出明确绩效要求，发包的核心内容是鼓励下级政府结合中央政策因地制宜地探索社会组织发展与管理的制度创新。模糊发包所关注的问题与学界近年来关于改革"试验"的研究有相近之处，[②] 但前者从中观层次的激励安排、风险分配等角度展开进一步讨论，可以进一步拓展研究者对模糊情境下地方政策实践机制的认识。

在模糊发包的治理模式下，地方政府的深层次的改革动力常会受到抑制。这种治理模式中蕴含着理解地方政府构建社会组织实践制度环境的重要线索。下文将以案例分析的方式进一步展开分析。

---

① 本文对"模糊发包"的定义主要是从风险结构、激励安排以及检查验收三个维度的特定情形出发的。换言之，尽管政策目标模糊，但只要存在强激励、地方政府承担风险小，或检查验收压力较大的任一情形，就不属于模糊发包。

② 韩博天（Sebastian Heilmann）：《中国异乎常规的政策制定过程：不确定情况下反复试验》，《开放时代》2009 年第 7 期。

（二） 地方政府的风险控制与技术治理

这里说的"地方政府"指的是位于政策执行链条中端的省市级政府。它们既是贯彻中央政策精神、因地制宜生产地方性制度安排的"代理人"，又是督促基层政府落实相关制度安排的"管理和监督者"。地方政府具有相对的独立性，[①] 它们是调动资源发展和管理社会组织的主要制度生产者，其制度生产对于社会组织发展具有重要意义。

模糊发包的治理模式决定了地方政府在发包体系中要解决的主要政策执行议题以及遵循的基本原则。首先，模糊抽象的政策目标是难以执行的，因此必须在实践中逐步明晰化。由于存在一定的制度生产风险，在缺乏激励的背景下，目标明晰化的过程实质上也是风险控制的过程。这时地方政府会努力把政策执行控制在行政技术的层面，避免涉及总体性的体制问题，具有鲜明的技术治理特征。[②] 其次，地方政府作为发包体系的中间"承包方"，必须为基层政府贯彻制度安排提供一定的激励设置，并发展出相应的检查验收方法。由于发展社会组织暗含着多方面政策目标，并与其他社会治理领域高度相关（如社区建设等），因此地方政府会运用"打包激励"等相对模糊的方法来设置激励与评估机制。

本章以 S 市社会组织领域的制度实践为例，呈现地方政府处理以上议题时的行为逻辑。笔者从 2012 年开始，长期跟踪 S 市社会组织领域的制度出台过程。通过参与职能部门组织的课题调研、列席制度设计的重要会议、对关键负责人的访谈，以及在多个区县、街道持续多年的蹲点调查，获得了 S 市近十年来社会组织领域制度生产过程的第一手田野研究资料。

1. 风险控制导向的目标设定

自 20 世纪 90 年代中期以来，S 市开始推动行政力量主导的精细化城市治理模式，并形成了以党组织整合多方力量的社区治理经验。在 S 市，

---

① 从 1984 年开始，中国进行人事制度改革，将原来的"下管两级"制度改革为"下管一级"，这样，中央政府就只直接负责省部级干部的任命，省级政府全权负责省内地市级干部的人事选拔和任命。

② 相似的结论参见渠敬东、周飞舟、应星《从总体支配到技术治理——基于中国 30 年改革经验的社会学分析》，《中国社会科学》2009 年第 6 期。

发展社会组织是高度内嵌于城市治理与社区发展中的。

S市发展社会组织进入快车道是最近十年的事,这一时期分管社会组织发展的S市民政局先后换了多位局长。尽管局领导经历、认识不尽相同,但十年中民政局发展社会组织的制度思路却保持了高度的连贯性和稳定性。这表明地方政府发展社会组织的制度思路受一定结构性因素的制约,并在大致的均衡点附近保持稳定。

笔者开展田野调研时,正值S市民政局大力推动社会组织发展并探索"公益招投标""公益创投"等社会组织扶持制度。总体来看,局领导对于发展社会组织表现出了很高的积极性,并多次在S市相应会上提出"发展社会组织代表S市治理转型的重要方向"。然而其也承认,尽管领导层在观念上已接受社会组织的重要性,但在实际操作中仍有不少顾虑。

> 从最近几年的情况看,中央对发展社会组织的态度比较积极,但更多是让地方试。地方党委和政府思考这个问题比较谨慎,既要考虑到发展,也要考虑到稳定。其他职能部门也有不同的考虑,所以总体的制度还是强调稳中发展……(访谈记录20120817)

尤其是涉及一些需要多部门会签的文件和制度安排时,上述谨慎感就变得更为显著。中共S市委研究室的一位干部对此谈道:

> 社会组织领域的很多制度安排都需要多部门协同制定,在这个过程中不同部门常有不一样的看法……各部门的意见都要吸取,只能反复权衡。比如,民政通常更强调发展,组织部强调党的建设要加强,财政和税务更强调上级政府现有规定和约束。市委、市府发文,既要考虑到发展方向,又要把好政策关,控制好风险……(访谈记录20140917)

回顾S市过去十年来社会组织制度设计的过程,我们可以从中清晰地识别出风险控制逻辑渗透在制度生产的各环节。

(1)筛选社会组织发展的重点领域。党的十八届三中全会(2013年)之前的很长一段时间里,中央一直未明确说明"激发社会活力"的具体范畴与重点方向。而事实上，"社会组织"所含组织类型极为复杂，涉及面也很广。因此，地方政府在制度执行中必须对宏观政策信号不断具体化，发展出更具针对性的实践制度安排。

S市政策研究部门和民政局都清晰意识到，不同类型社会组织的功能取向不一，由此可能引发的风险水平也有显著差异。基于这一思路，S市在推进社会组织领域制度设计时，采取了筛选功能领域的做法，即筛选出那些对于促进经济发展、提升公共服务水平有显著效应但却不易挑战政府权威的功能领域来重点建设。S市早在 2002 年就以立法的方式通过了《S市促进行业协会发展规定》，这一法规体现了重点发展经济类社会组织的制度执行重心。2009 年以来，S市又以市委文件的方式，制定了《关于进一步加强本市社会组织建设的指导意见》，明确提出"社会组织建设要坚持分类指导，突出建设重点"，"优先扶持经济类、公共服务类、慈善事业类、学术类以及社区群众活动团队"。总体来看，S市特别注重经济类和公共服务类社会组织的发展，但维权、环保等社会组织则难以进入制度支持重点领域。相似的逻辑在北京、广州、深圳等地也普遍存在①——这表明，不同地区的政府都遵循相近的风险规避逻辑来设置社会组织重点发展领域。

（2）绕开"存量"走"增量"的改革发展思路。诸如登记管理、财政扶持、购买服务等社会组织管理制度大多涉及多个政府部门间的协同治理，也涉及对传统一元管理模式和公共服务模式的调整。要在这些领域开展实质性的制度创新，必然会对一些在体制内根深蒂固的存量制度进行修正。对于民政局而言，这意味着可能会和其他政府部门的既有制度安排冲突，比如，市民政局曾想推动公共财政领域的改革，使公共财政经费中有一部分资金专门用于购买社会组织服务。但在既有的部门预算制下，财政资金都被"部门化"或被自上而下指明用途（即"戴帽"资金），因此民政部门如果想推进这项改革，就必然会与财政部门发生冲突。在宏观政策信号模糊且总体激励不足的条件下，民政局倾向于避免与其他部门发生冲突以规避治理风险。因此，该领域制度生产总体上呈现出"绕开存量走增

---

① 张紧跟：《治理社会还是社会治理？——珠江三角洲地方政府发展社会组织的内在逻辑》，《天津行政学院学报》2015 年第 2 期。

量"的实践逻辑。

案例1：以政府购买社会组织服务为例，S市几乎在所有关键环节都避开了"存量"问题。如在购买服务的运行机制上：虽然S市民政局清晰意识到购买社会组织服务和一般的政府采购有重要区别，前者重要的开支是人员费用和组织发展经费，而后者主要是装备、硬件等开支。但市民政局在很长时间里沿用的财务、审计标准仍是通用的政府采购标准，这种做法固然避开了一些制度风险，但一度导致社会组织在资金使用中遇到诸多困难。在采购平台的建设上，理想的情况是成立市级的统一招标平台，集中并整合各区县以及职能部门的资金来购买社会组织服务；而S市民政局仅围绕福利彩票公益金建立了公益招投标平台，并没有对其他资金来源进行整合。

（3）保持与公共权力领域的适度距离。当社会组织规模快速扩大，且获得越来越多公共资源时，风险控制的机制就变得更为复杂。此时，单纯筛选社会组织功能领域的做法并不足以保证社会组织不向非预期的领域转型。实践中，S市尝试探索新的风险控制机制，如确保社会组织在发挥强大的公共服务能力的同时也保持其与公共权力体系的适度距离。

案例2：S市于2006年正式出台了《S市社区委员会章程》（以下简称《章程》）。在《章程》设计之初，许多专家都提出，应把社区委员会建成吸纳社会力量参与共治的制度平台，并使其具有一定的公共事务决策权。但在《章程》几度修改的过程中，一些职能部门表达了社会力量非预期发展对基层权力体系产生影响的担忧。最终《章程》未授予社区委员会决策权。考虑到社区委员会是各类社会组织较为容易进入的基层公共治理平台，这一制度安排客观上将社会组织与公共权力体系区隔开了。

由上可知，在风险规避逻辑的影响下，S市在设计社会组织制度安排时，形成了一副非常微妙的制度实践画面：筛选社会组织的重点发展领域，缺乏顶层设计的局部增量改革，保持社会组织与公共权力体系的适度距离……这些实践制度逻辑很难简单地被概括为"鼓励"或"限制"社会组织发展，其本质上都是主管部门为规避不确定风险而选择的制度执行路径。

2. 模糊化的激励与评估设置

由于社会组织领域的政策目标缺乏清晰的测量指标，因此该领域的激励设置并不像招商引资、计划生育那样高度制度化。据经验观察，S市在社会组织领域的激励权行使主要借助两种机制。

　　一是"抓典型"。S市民政局等相关部门在全市范围内推出一批社会组织发展与管理的典型街、镇，并通过领导频繁视察、开现场经验交流会等方式为这些典型带来荣誉，帮助其获得各方面关注。在社会组织领域，"抓典型"操作机制极为复杂，由于缺乏全市性的标准化指标体系，因此"抓典型"的过程高度取决于基层政府向主管部门展现自身投入的程度，而该过程又具有较大不确定性。调研中，S市T街道一位副主任指出了其中的复杂性。

　　　　真正在全市有影响力的"典型"并不是正式评出来的。市民政局和市委组织部从来就没说过我要树这方面的典型，但事实上每到重要的会议或活动，市有关部门邀请来介绍经验的街、镇轮来轮去就那么几家。所以大家心知肚明，这几家单位就是市、区领导部门树的典型。但你要去争取实际上很难，即使努力也很不确定，因为标准模糊……你要经常搞有影响力的社会组织活动，然后请专家来论证，不断向上面主动汇报……有些街、镇干脆把这精力放在搞经济上……（访谈记录20130809）

　　"抓典型"这种激励方式影响的范围是极为有限的。一方面，由于其具体运作过程具有较高不确定性，因此难以调动多数基层政府的积极性；另一方面，"典型"的圈子又是较为封闭的。笔者在S市P区内与多个街镇的分管领导访谈获知，以P区下辖36个街、镇的规模，全区内公认的社会组织发展与管理"典型"不过两三个而已，其他区的情况也相似。这导致大多数自知难以进入"典型"范畴的街道在发展社会组织时缺乏积极性。

　　二是设置"打包"的考核体系。由于目标模糊，主管单位常常借助其他具有较高合法性基础的工作领域来"定义"社会组织发展目标，这就导致社会组织发展的指标被"打包"到其他制度领域。事实上，S市民政局很少单独就社会组织发展来考核基层政府，而是倾向于将这一考核要求打包到社区建设的绩效指标体系中去。《S市文明社区创建管理规定》（2011

版）明确要求社区"积极培育能够协助政府承担事务性工作、提供公益性服务、调解民间纠纷，发展慈善事业的社区公益性民间组织"，并在评估中设计相应分值；《关于开展"建设和谐社区示范单位"验收活动的通知》中也明确规定"其他加分条件"为"培育5个以上社区民间组织"；该市社区建设的重点工程"居委会自治家园建设指导手册"在第二类重点指标中就明确指出"要求培育一定数量的社区自治团队"。这些都表明，社会组织领域的激励指标是打包到社区建设工作中的。上述激励打包措施很容易导致基层政府用打包领域的发展思路来取代社会组织领域的工作逻辑。一个典型的例证：基层政府官员在讨论社会组织发展的问题时，常常会将这些问题转换为社区发展或治理创新的问题，由此产生了许多发展和管理逻辑的"错位"现象。

由于激励体系不是为发展社会组织"量身定做"的，因此考核评估中与社会组织发展相关的那些指标大多会被忽略。上级部门大多仅在一些缺乏识别度的象征性指标上考核评估基层政府（如"是否购买社会组织服务"等），由此导致了相关绩效考核的仪式化。

案例3：图3-2、图3-3展现了P区2014年度围绕社区建设考核各街、镇社会组织发展状况的数据。图3-2展示的是P区12个街道的得分情况，全部为5分。据调查，这些街道社会组织实际发展水平差距较大，如TQ、LJZ街道每年在购买社会组织服务方面投入都接近千万元，孵化的各类社会组织数也远超其他街道，但这些差异显然在评估中被忽略了。图3-3展示的是P区24个镇的得分，由于农村地区和城市有一定差异，满分为3分，平均分为2.84分。这组评分同样缺乏识别度，除DT、ZQ、NC、WX四个远郊镇外，其他镇的得分都分布于2.7~3分，而实际上这些镇的社会组织发展差距远比评估得分表现的要大得多。如此评估结果就具有很强的仪式化考核意味了。

总体来看，无论是"抓典型"还是设置"打包"的考核体系，都既难以在大范围内调动基层政府积极性，也无法鼓励其探索诸如"如何使政府治理与社会自我管理相衔接"等深层次的问题。这些弱激励设置可以帮助我们理解以下问题：为何基层政府在社会组织领域大多倾向于追求形式上的创新；为何很多"典型"地区的经验很难被学习与传播。

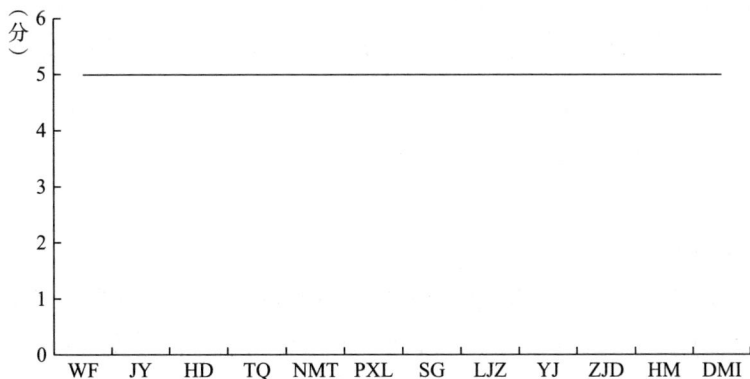

图 3 - 2　P 区 2014 年度"社会组织发展"考核数据——街道得分（满分为 5 分）

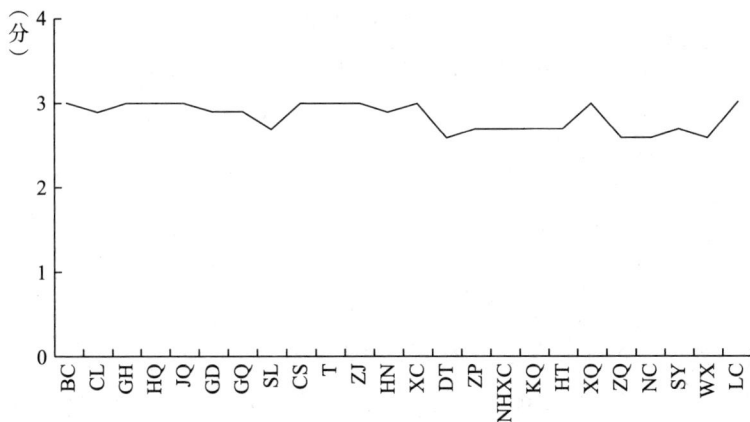

图 3 - 3　P 区 2014 年度"社会组织发展"考核数据——镇得分（满分为 3 分）

注：根据 P 区民政部门提供的数据制作。

（三）基层政府工具主义的制度执行逻辑

在社会组织研究领域，基层政府的行为特征一直令人困扰：它们有时被描绘为积极扶持和鼓励社会组织发展的治理创新者，[①] 有时又会被发现

[①]　秦洪源、付建军：《法团主义视角下地方政府培育社会组织的逻辑、过程和影响——以成都市 W 街道社会组织培育实践为例》，《社会主义研究》2013 年第 6 期；王逸帅：《合作治理：危机事件中政府与社会组织新型关系的构建——以汶川地震危机应对实践为例》，《湖北社会科学》2012 年第 12 期。

具有设置社会组织"隐性进入壁垒"的排斥性偏好。① 在既有研究的视角中，这些现象是"断裂"甚至彼此矛盾的，因而难以厘清。本研究认为，模糊发包治理模式下地方政府的制度实践，构成了我们理解上述问题的重要线索。在 S 市的制度生产下，基层政府所面对的已不是一个高度抽象的社会组织政策环境，而是风险规避和弱激励的双重影响。此时，基层政府的认知结构具有以下特征：首先，它们对于"发展社会组织"与"治理创新"、"社区建设"之间的因果机制有普遍的认识，因此其对于那些被市政府选择为重点发展领域的各类公益社会组织普遍持鼓励态度。其次，由于"发展社会组织"的目标被打包到社区建设中去，基层政府大多将发展社会组织理解为社区建设的绩效指标，因此往往用一种工具主义的态度来发展和管理社会组织。最后，在上级政府风险规避逻辑的影响下，基层政府逐步形成了发展社会组织的工作重心，并对不同类型社会组织采取进一步的分类管理与扶持。下面以 S 市社会组织发展的标杆——P 区的 T 街道为例，详述基层政府的实践制度逻辑。

风险控制逻辑导致基层政府更为严格地筛选社会组织功能领域。在风险规避制度思路的影响下，基层政府会清晰地筛选社会组织的功能领域。一般而言，它们更倾向于把社会组织看成公共服务的辅助手段，但不太倾向于支持社会组织在公共权力体系中占据重要位置。以 T 街道为例，其作为主管单位孵化了 26 家社会组织——这些组织全部都活跃于老年服务、志愿者动员、物业服务等公益服务领域和政府业务部门的延伸服务领域。

增量改革逻辑引发基层政府的项目化扶持思路。基层政府有可能以两种方式来发展与管理社会组织。第一种方式是将社会组织紧密嵌入基层治理的网络中，使其在居民区自治、基层公共服务体系乃至公共议题讨论中都处于一种制度性位置上。但这种选择本质上是一种系统的基层治理制度再造，需要基层政府以社会组织发展为目标来进行整体制度设计并承担一定的制度生产风险。在上级政府普遍采取"绕开存量走增量"的改革思路影响下，考虑到弱激励的现实情况，基层政府通常没有足够的动力采取第一种行为方式，它们大多采用工具主义的方法，即以项目化委托服务的方

---

① 敬乂嘉：《社会服务中的公共非营利合作关系研究——一个基于地方改革实践的分析》，《公共行政评论》2011 年第 5 期。

式来扶持与管理社会组织。由于项目制本身具有"增量改革"和"一事一议"的特征,[1] 因此以此方式来发展社会组织既不容易与既有基层治理体制发生"冲撞",又有助于基层政府以较低制度生产风险完成上级政府布置的打包任务。如 T 街道早在 2009 年就专门制定了《关于 T 街道项目化管理的实施意见》,规定政府以项目化的方式扶持社会组织发展;2013 年以来又进一步以项目化方式向社会组织注入扶持资金,并实施基于项目的社会组织过程管理。可以说,在 T 街道,项目化扶持几乎成为社会组织管理与服务的"代名词"。类似的做法已经成为基层治理中的普遍经验。[2]

激励打包引发基层政府的社会组织"属地化"发展思路。社会组织的活动与行政区域间并没有必然关系。T 街道党政领导在访谈中也一再强调:

> 有活力的社会组织应该走出 T 街道,到全区甚至全市去发挥作用……(访谈记录 20131122)

然而基层制度实践的情况却迥然相异。由于社会组织发展目标被打包到社区建设中,而后者却是各基层政府在治理竞赛中排他性竞争的领域,因此超地域的社会组织发展目标也就被基层政府悄然转化为排他性的发展指标,每个属地政府都优先发展在本地登记的社会组织。就此而言,经济领域"锦标赛"体制下的地方主义发展逻辑[3]在社会组织发展中也得到了鲜明的呈现。

案例 4:S 市于 2009 年开始全市性的公益招投标活动,但在历年的招标活动中,社会组织跨区投标的"命中率"都很低:根据 S 市民政局 2009 年公益招投标数据,在 393 份标书里面有 119 个跨区投标,占投标总数的 30.3%;而在 127 个中标的项目里面仅有 20 个属于跨区投标,占中标总数的 15.7%。根据研究小组的跟踪访谈,即使是那些成功跨区承接公益服务项目的社会组织,也常常会在项目落地时遇到属地政府不配合的情况。上述数据表明,属地政府更欢迎本地登记注册的社会组织,对外来社会组织的欢迎度则不确定得多。

---

[1] 渠敬东:《项目制:一种新的国家治理体制》,《中国社会科学》2012 年第 5 期。
[2] 王向民:《中国社会组织的项目制治理》,《经济社会体制比较》2014 年第 5 期。
[3] 周黎安:《中国地方官员的晋升锦标赛模式研究》,《经济研究》2007 年第 7 期。

基层政府的上述行为特征与上级政府的制度实践密切关联。根据模糊发包下的政策执行逻辑，我们可以发现在已有研究中看似矛盾的基层政府行为恰恰具有逻辑上的内在一致性：它们支持社会组织发展大多是在公益领域，且针对的是辖区内或对属地政府创新治理模式具有重要"外显功能"的社会组织；它们设置隐性"进入壁垒"针对的是那些辖区外的或与公共权力配置相关联的社会组织。在地方政府制度实践逻辑不修正的条件下，基层政府的这些行为背后隐含着系统的自我强化机制，因而不是简单的制度文本就能修正或调整的。

三　制度后果与社会组织的深层发展特征

上文勾勒了社会组织领域的模糊发包治理模式是如何引发不同层次政府环环相扣制度实践的。这些制度实践所形成的激励与约束结构比制度文本所呈现的情况更为复杂。当这种实践制度环境逐步被社会组织所理解，进而影响其制度化的认知结构时，[①] 会引发社会组织相应的策略行为，最终导致社会组织形成一些非预期的发展特征。下文中，笔者将结合 S 市的经验资料进一步展开分析。

（一）制度筛选与公共服务型社会组织为主体的构成特征

这里所说的"公共服务"型社会组织，大多活跃于政府的公共服务体系和其延伸领域。如前所述，S 市政府和基层政府出于目标聚焦和规避治理风险的考虑，大多都将公共服务型社会组织作为重点发展的目标在资源与合法性赋予上进行大力扶持。S 市《关于进一步加强本市社会组织建设的指导意见》作为市委的指导性意见，明确规定"政府部门要逐步将行业规范、资格认证等职能，以及社区事务性、公益服务性等工作，转移或委托给相关社会组织"。在此背景下，S 市各级政府都加大了对公共服务类社会组织的支持，比如，市民政局自 2009 年开展公益招投标以来，已累计购买 874 个公益服务项目，资助社会组织资金达 2.8 亿元；各区县和职能部

---

① John W. Meyer and Brian Rowan, "Institutional Organizations: Formal Structure as Myth and Ceremony", *American Journal of Sociology*, Vol. 83, No. 2 (1977), pp. 340 – 363.

门也通过设立专项资金来购买社会组织服务，其中 P、J、M 等区每年在财政预算中列支的购买公益服务资金都超过亿元。在这些制度实践的作用下，公共服务类社会组织逐渐成为 S 市社会组织最主要的构成力量。

除上述在民政部门正式登记注册的社会组织外，S 市还存在着规模巨大的未登记社会组织，包括 2.2 万个采用备案方式登记的社区群众团队、4.5 万个以上的青年自组织团体以及数量不明的网络社团。受资源与合法性限制，这些组织的组织化水平相对较低，且大多活跃于"自娱自乐"领域，初始目标多是提供俱乐部产品。面对这类社会组织，基层政府在激励打包的影响下，有一定的动力通过场地、资金等公共资源支持的方式，引导其参与社区建设并承担一些公共服务职能。尤其是在当前社区建设中的各类登记注册社会组织通常都有一定"体制内"背景的情况下，地方政府引入这类更具社会性特征的非注册社会组织就更能凸显其在社会治理模式上的创新。比如，T 街道就动员辖区内软件园中的青年自组织和网络社团发动楼宇文化节建设活动。类似的做法屡见不鲜——这些都客观上推动了其他类型社会组织向公共服务型组织的转变。概言之，受以上制度实践的影响，当前在中国的许多地区已经形成了以公共服务为主的社会组织构成特征。

（二）技术治理与社会组织非稳定的发展预期

"绕开存量走增量"的制度执行思路和基层政府工具主义的制度实践，导致社会组织领域的实践制度安排往往具有很强的"权宜性"和"碎片化"特征。所谓权宜性，指的是各级政府和职能部门在设计事关社会组织发展的关键制度时，大多遵循"事本主义"原则，缺乏长远的思考。比如，当前 S 市各部门在购买社会组织服务时，大多是临时根据自身业务需求而提出购买项目，缺乏长远的购买服务政策思路。许多项目的持续性非常低，往往执行一年就废止。这导致社会组织对公共服务市场的发展几乎无法预期。所谓"碎片化"，指的是各职能部门、基层政府都以自己为中心设计社会组织领域的制度安排，但不同部门、不同地区的政府之间缺乏协调与制度整合，由此导致了制度生产的碎片化，许多事关社会组织发展的资源、信息都处于被"分割"的状态中。以当前广为流行的政府购买社会组织服务为例，目前 S 市的公共服务项目发包方既有"条"上的职能部门，又有"块"上的政府，还有党群部门——这些部门在发布项目时，彼此并不协商，项目信息更缺乏统一发布的机制。于是，对社会组织而言，这些项目及其信息就是高度分割且缺乏透明度的，除非某个社会组织在体制内得到强有力的支持，否则几乎不可能基于这些信息进行长远发展规划。

制度生产的权宜性和碎片化特征，导致大多数社会组织无法形成基于稳定、透明制度环境的长远发展预期。它们不知道哪些项目会持续，哪些会戛然而止，亦不清楚在操作层面制度创新的方向、特征和趋势。因此，尽管近年来中央不断释放发展社会组织的政策信号，但在实践操作层次，社会组织仍面临着多变而不确定的制度环境。在此情境下，一些社会组织开始呈现出工具主义的发展特征。比如，形成以资源汲取为发展导向的组织策略。笔者收集、分析了 2009～2014 年 S 市公益招投标的资料，共有394 个社会组织中标 1088 个项目，这些项目根据专业差异可分为 8 大类，其中 95 个社会组织存在频繁跨领域中标的现象。考虑到这些领域间的专业要求差距较大，大多数有着明确组织目标和愿景的组织都不太可能频繁在其中切换服务领域，这些组织的竞标行为就有很强的"唯资源导向"特征了。再比如，许多发展较快的社会组织会在极短时间内采用诸如"多区注册"等战术来开展"经营"活动，以便更好地从不同属地政府处获得扶持——这些做法有助于其在资源碎片化的格局中获得更多资源，但却分散了组织的大量精力，无助于其扎根社会生活形成社会本位的发展逻辑。

事实上，当前社会组织发展中的许多深层现象都与其缺乏稳定制度预期有关。比如，社会组织的专业化水平不足问题曾引发广泛的讨论，但多数研究都将此现象看成发展中的暂时性现象，[①] 未意识到其背后的深层因素。许多社会组织中专业人士不足并不单纯是财力不足所致，一个重要的原因是这些组织对未来发展空间预期不足，担心组织一旦面临收缩，招来的专业人才就会无地用武。类似的逻辑在一些社会组织的发展战略和时间分配上亦有清晰的呈现。据长期观察，许多创出品牌的知名社会组织近年来都开始采取"广播种"的经营策略，即在 S 市多个地区同时承揽多个政府项目。相比于以往的"深耕"社区，现在这些组织更倾向于"广种薄

---

① 张绍华：《社会组织社会工作人才队伍建设研究》，《社团管理研究》2012 年第 7 期。

收"——这些经营化策略都是缺乏预期而工具主义发展的产物，需要引起研究者的重视。

（三）公共权力体系的分割机制与社会组织的公共性弱化

在理想的情境下，社会组织不仅是公共服务的主体，也是公共治理权力体系的主体，还是公众意见表达和利益诉求的重要载体。这三种角色相互支持、强化，使社会组织成为现代社会公共性生产的重要主体。[1] 党的十八大以来，国家实际上分别强调了社会组织的上述三种角色。但在制度实践中，地方政府和基层政府在制度执行中都有较强的风险规避逻辑。它们往往会强化社会组织作为公共服务主体的角色，但在另外两个层次却鲜有实质性的制度建设，甚至设置社会组织与公共权力体系的分隔机制。比如，经过多年的发展，S 市在街、镇层次发展出了大量的社会组织。这些组织承担了许多公共服务职能，但却很少进入街道和镇的公共决策平台。这样，社会组织就很难进入公共领域进一步发挥作用，其公共性生产也面临困境。一项 S 市关于基层治理现状的大型调查（SUNS）数据显示：59.85% 的社会组织负责人认为政府更希望社会组织发挥公共服务职能，仅有 14.77% 的社会组织负责人认为政府更希望其发挥社会管理功能。[2]

基层政府的工具主义制度执行逻辑进一步弱化了许多社会组织与社会公众之间的联系。该逻辑强调以行政绩效和行政原则来考虑和衡量各项工作，在此思路影响下，基层政府及其组成部门在发展社会组织时考虑的中心问题是行政绩效，这就引导与其合作的社会组织以政府目标而非社会诉求为导向。仍以基层政府购买社会组织服务为例：T 街道在以项目化方式向社会组织购买服务时，基于技术主义的逻辑权宜性地使用各职能科室的业务经费。这种做法意味着各科室完全是在封闭的行政决策体系内，根据自身的治理目标来购买服务并衡量绩效。这也意味着购买服务的各个环节中都缺乏公众参与和诉求表达，而社会组织在承接项目后，关注的重点也是各部门的态度和意见。这些做法强化了社会组织作为行政管理与服务的

---

[1]　李友梅、肖瑛、黄晓春：《当代中国社会建设的公共性困境及其超越》，《中国社会科学》2012 年第 4 期。

[2]　该调查由上海大学基层治理创新研究中心组织，覆盖 S 市 10% 的村居样本，并在被抽样的社区寻找社会组织负责人填答社会组织专业问卷模块，共有 362 个社会组织接受调查。

辅助之手角色，但却不断弱化其与基层社会之间的联系。① 由此看来，这种工具主义发展思路是当前社会组织公共性弱化的重要原因之一。

（四）激励"打包"与高度嵌入地方行政网络的社会组织发展格局

在省市级政府激励打包的背景下，基层政府往往会以属地化的思路"内外有别"式对待社会组织，这也意味着当代中国社会组织是高度嵌入地方行政网络的。这种嵌入性的背后有两个极为重要的原因：第一，中国大多数公共服务产品都具有鲜明的"地方化"属性——这并不是说这些公共产品本身因地方情境而特殊，而是因为在现行的公共服务体系中，相当一部分公共产品都由地方政府根据自身财力来全额或补贴提供（如养老服务）。当地方政府提供财力支持，且又面临着技术化发展社会组织的目标时，它们更倾向于选择属地内的社会组织作为服务供给者。第二，很多社会组织承接的公共服务项目需要信息支持（如被服务者分布特征等），而这些信息大多掌握在属地政府及其领导下的居委会治理网络中。这也意味着，许多社会组织的公共服务活动落地必须得到地方行政网络的支持。本书在这里所说的社会组织"高度嵌入地方行政网络"比一般意义的"体制内化"内涵更复杂，对于我们理解当前社会组织的发展特征具有重要意义。

一方面，这意味着不同属地内的社会组织结构是高度相似的，属地成为社会组织活动的主要边界。比如，SUNS 调查显示，85.56% 的社会组织都仅在"本居委会/街道/乡镇"范围内活动。基层政府所提供的公共管理与服务具有高度相似性，因此，在不同行政地域，紧密依赖地方行政网络的社会组织在结构、分布和类型上都有趋同的制度化压力。比如，T 街道所在的 P 区组织部门自 2014 年开始探索党员服务中心的社会化运作，这一举措导致 P 区所辖的各街、镇都开始"孵化"与党建相关的社会组织，于是一夜间 P 区以街、镇为单位出现了多个相似的社会组织。据笔者观察，相似的逻辑在养老服务、助残服务等领域已经广为盛行，导致各行政辖区

---

① 一个典型的例子是，笔者在 T 街道实地研究中发现：近年来，街道办事处向社会组织发包了大量项目，但执行项目的社会组织在居民区中知名度却很低，一些居委会和社区积极分子都并不清楚哪些社会组织在本居民区中开展过项目。其中的主要原因是项目化背景下，社会组织主要与发包项目的政府业务部门密切关联，但与各种社会网络之间的制度化关联则较弱。

内社会组织结构的"小而全"与类型趋同。另一方面，一旦社会组织与地方行政网络紧密联系并形成属地特征，社会组织间跨行政区域的竞争就难以实现。在调研中，T 街道养老服务中心的创始人就极为感慨地抱怨即使自己的服务水平和意识再高，也很难拿到隔壁 W 街道的订单。在这种情境下，只有极少数社会组织可以利用多地注册等方法突破辖区界限，大多数社会组织都会以属地为活动边界，保持较小发展规模。SUNS 数据表明：51.39% 的社会组织仅有 10 人以下的核心成员规模；50 人以下规模的社会组织占总量的 86.11%。概言之，高度嵌入属地行政网络这一特征也可以解释为何过去几年各级政府在发展社会组织上投下不少资源，但迄今为止大型社会组织仍凤毛麟角。

另一方面，社会组织高度嵌入地方行政网络也意味着更大地域范围内的社会联结机制难以形成，因此，社会自我协调机制始终在低水平运作。"社团合作"曾被国内学术界视为当前中国社会团结的一种重要机制。[①] 但当社会组织高度依赖地方行政网络时，它们的组织目标和运行模式都与地方行政管理部门高度协同，彼此之间形成了许多高度默契的隐性合作机制。此时，许多社会组织的运作目标已经高度融入地方情境，因而较少关注更大范畴的社会目标。即使一些更具活力的社会组织试图扩展自身活动范围，其主要考虑的策略也是借助相关的行政网络支持，如借助较高行政级别政府部门的协助或通过游说得到其他辖区政府的支持，相比之下，它们很少会通过横向间的社团合作来拓展空间。这些做法客观上导致社会组织间的合作网络较为弱小。其后果是，单个社会组织所能产生的社会影响力和动员能力都极为有限，而跨地区的社会自我组织、自我协调能力羸弱。

高度嵌入地方行政网络这一结构特征对当前社会组织的发展会产生复杂而深远的影响。如果忽略了这一点特征，而单纯在宏观政策上强调"转移政府职能""培育社会服务主体"，很有可能会在基层实践中引发一系列意想不到的社会后果，如高度分割的公共服务市场、缺乏竞争活力的社会组织生态结构等。

总体而言，关于当前中国社会组织发展特征的讨论可能从多种视角出

---

① 高丙中：《社团合作与中国公民社会的有机团结》，《中国社会科学》2006 年第 3 期。

发，既可以从社会自主性的萌生以及结社活动的基本逻辑出发展开讨论，也可从国家制度建设的角度引出分析。本书更侧重于从后一角度出发展开论述，由此得出的结论与"社会本位"的研究视角可以形成更好的互补，使我们对当前社会组织的深层发展特征以及遭遇的瓶颈有更为细致的把握。借由对模糊发包下多层次政府制度实践的分析，我们可以在更为中观的层次上讨论当前社会组织制度环境中蕴含的约束、激励与潜在的引导机制。由此，上文中关于社会组织发展特征的讨论比既有研究基于"国家与社会"宏观研究框架的讨论更为具体，也更具针对性。

本书所发现的社会组织深层发展特征比通常所说的"缺乏活力"或"体制内化"更为复杂，呈现了转型期中国社会力量发展所遇到的独特境遇。诸如公共性缺乏或高度依赖地方行政网络等特征与西方情境下的多元主义或法团主义结社模式都有很大差别；[①] 缺乏稳定预期以及工具主义发展逻辑的初显亦与中国传统社会中的"社"与"会"有较大区别。[②] 从当代中国国家治理转型的宏观方向来看，多元治理、普遍的利益协商、以需求为导向的公共服务体系重塑客观上都需要社会组织能超越前述的发展瓶颈，成为与政府治理相辅相成的重要结构性力量——这也是党的十八届三中全会关于"国家治理能力现代化"表述所蕴含的重要内容。以此为据，理论界必须战略性地思考当前中国社会组织发展的政策设计问题。

四　结语：模糊发包——一种亟须深入研究的政府治理机制

结语部分试图在更为抽象和一般化的层次讨论模糊发包作为一种治理机制，在国家治理中的结构性缘起，以及这种治理机制可能引发的制度实践与社会后果。在此基础上，本章将讨论模糊发包作为一种分析概念的分析效力以及可能引发的更多研究议题。

---

① 根据吴建平的梳理，无论是多元主义，还是法团主义，都建立在一定的社会自主性和公共性基础上。
② 根据陈宝良在《中国的社与会》一书中的归纳，中国传统的民间组织紧密嵌入地方性的情境，因而具有较高的稳定性。同时，这些组织在社会整合以及实现社会目标上都具有重要意义。参见陈宝良《中国的社与会》，中国人民大学出版社，2011，第13～18页，第519～520页。

（一）治理转型中的深层难题与模糊发包治理机制

政策框架蕴含多重逻辑、风险向下配置、弱激励——模糊发包的这些特点很容易令人将其视为一种亟须纠正的、暂时性的制度现象。事实上，近年来在模糊发包治理机制运转的政策领域，越来越多论者正在提出消解模糊性的政策建议，比如，在社会组织发展中形成系统的制度安排①、民主发展中应形成顶层设计②等。然而，这些研判大多忽略了一点，即前述宏观政策的模糊性并非工具理性缺乏的后果，其后隐含着当代中国治理转型中的深层难题。如孔飞力所述，中国现代国家的发展中涉及三个根本性问题——其中第一个问题即"政治参与的扩展与国家权力及其合法性加强之间的矛盾"。③ 这一问题一直是中国社会现代化转型面临的重要挑战，因为在渐进式治理转型中，有序的政治参与和国家权威之间的结合常常难以寻找到恰当的均衡点。当决策层试图在渐进式治理转型中同时推进多元政治参与和国家权力建设这两种不同维度的改革尝试时，往往很难根据某种先验的理论自上而下形成"一揽子"的顶层设计。换句话说，上述模糊性很难在体制内依据某种先验理性自上而下予以消除。国家只能把改革任务发包给地方政府，鼓励其在改革实践中寻求到符合中国特色的有效路径。在此过程中，为防止激励设置过强而导致的某些激励扭曲现象，国家通常会在这些改革领域设置弱激励。由此看来，模糊发包的治理机制之所以出现有其客观必然性——从某种意义上看，这种治理机制是社会、政治领域渐进式治理转型的伴生物。

然而，模糊发包在实践中又很容易形成一种治理变革中的"悖论"现象：一方面，国家希望在控制风险的背景下推动地方政府自下而上探索改革路径；另一方面，地方政府在承担风险又缺乏体制内激励的情况下往往缺乏改革的深层动力。这种悖论客观上导致模糊发包领域的制度建设长期在低水平徘徊，甚至在中观和微观维度进一步阻碍社会、政治领域的深层

① 廖鸿、石国亮：《中国社会组织发展管理及改革展望》，《四川师范大学学报》（社会科学版）2011 年第 5 期；王名、张严冰、马建银：《谈谈加快形成现代社会组织体制问题》，《社会》2013 年第 3 期；周俊：《政府与社会组织关系多元化的制度成因分析》，《政治学研究》2014 年第 5 期。

② 胡伟：《中国的民主政治发展应有顶层设计》，《探索与争鸣》2013 年第 2 期。

③ 孔飞力：《中国现代国家的起源》，陈兼、陈之宏译，生活·读书·新知三联书店，2013。

次变革。就此而言，模糊发包治理模式是"技术治理""行政吸纳政治"[①]
等改革现象背后的深层肇因。如果人们不能立足于对模糊发包治理机制的
深入分析，寻求超越上述悖论的改革思路，社会领域的改革就会长期被
"锁定"，当代中国"五位一体"的国家治理体系建设也会遇到深层次的
挑战。

如何应对模糊发包提出的治理难题？一种可能的改革思路是调整地方
政府尤其是基层政府的政绩评估模式，使公众自下而上对其的评估成为重
要的政绩指标。其原因在于：模糊发包领域所涉及的改革（如发展社会组
织、推进社区自治），大多需要长期投入才能体现效应。而且，在这些领
域，由于存在信息不对称的问题，基层政府的投入水平很难被自上而下地
清楚识别出来。因此在更强调对上负责，政绩评估主要自上而下实施的条
件下，基层政府普遍没有动力在模糊发包领域推动深层次改革，其更愿意
把精力放在其他工作领域。在这种背景下，即使增加激励强度，基层政府
仍可能在技术主义的层面应对改革，继续采取"绕开存量走增量"的治理
策略。而政绩评估模式一旦发生重要调整，公众自下而上的评估对基层政
府更重要时，上述现象则有可能得到扭转：一方面，公众意见的表达在一
定程度上改变了上下级政府之间的信息不对称格局，由于属地公众对基层
政府的实际投入水平有更清晰的感受，他们参与政绩评估可以较为有效地
对模糊发包领域的治理效果进行更好的评估。另一方面，自下而上的政绩
评估使基层政府必须对公众需求做出更敏锐的回应，从而逐步形成基层政
府"对下负责"的运行逻辑。这相当于改变了基层政府的激励框架，推动
它们重视自下而上的多元参与，并寻求"政府治理和社会自我调节、居民
自治良性互动"[②] 的更有效手段。

上述思路在最近一个阶段的治理改革实践中已有所呈现。北京、上
海、广州等地的地方政府正在越来越多地引入自下而上的公众评估。随着
这些改革探索的不断深入，模糊发包引出的治理难题有可能得到更好的探
索与应对。但一些新的研究问题又会随之提出，比如，"自上而下的评估
如何与自下而上的评估相结合？""新的激励机制如何设计？"等。

———————————

① 康晓光、韩恒：《行政吸纳社会——当前中国大陆国家与社会关系再研究》，《中国社会科
学》（英文版）2007 年第 2 期。

② 党的十八届三中全会在第 47 条"改进社会治理方式"中明确提出这一点。

（二）作为分析工具的模糊发包

本章讨论了模糊发包治理模式下各级政府发展社会组织的基本行为逻辑。S 市案例所呈现的实践治理逻辑在许多地区都有普遍呈现，但之前的研究并未将这些治理实践置于一个相互关联、互为因果的解释架构中。就此而言，模糊发包的分析视角进一步拓展了行政发包制的理论解释视域，帮助研究者形成了链接宏观政策与中、微观政策执行过程、结构与机制的总体性分析视角，使我们对社会组织政策体系的实际演化过程有了更为清晰的分析。

作为一种分析工具，模糊发包为研究者理解渐进式治理转型中各级政府的行为提供了一个基本的分析框架。研究者可以沿着风险控制与激励、评估设置的线索，分析不同层级政府治理行为的核心逻辑，以及它们之间行为的深层因果机制。在此基础上，该框架可以为我们分析许多领域的政策执行提供较强的理论解释能力。

以社会组织领域为例，模糊发包的理论框架不仅可以解释不同地区在发展社会组织时基本策略的相似性，而且还能解释各地做法中制度性差异的缘由。在当前中国治理转型进程中，不同地区规避治理风险的策略大致相同，因此普遍都会出现筛选社会组织发展领域或将其与公共权力领域分割的相似做法，比如，珠三角地区的深圳、广州与长三角的 S 市做法完全一致。① 但当地方政府将发展社会组织的激励安排"打包"至社区建设领域时，由于不同地区在社区建设中有不同的治理思路，可能会导致基层政府对待社会组织的态度出现差异。如在社区治理中强调高行政执行力的地区，基层政府更容易在行政部门的延伸领域发展社会组织，并鼓励其与职能部门间建立密切协作的关系；而在强调培养社区自治能力的地区，基层政府更倾向于鼓励社会组织对接社区自下而上的诉求，并鼓励其嵌入社区自治的组织网络。这表明，当人们顺着模糊发包的视角更为细致地梳理多层级政府在风险规避、激励设置、检查评估方面的操作策略时，最终有可能形成一种远比结构分析更为精致的知识体系。

---

① 张紧跟：《治理社会还是社会治理？——珠江三角洲地方政府发展社会组织的内在逻辑》，《天津行政学院学报》2015 年第 2 期。

迄今为止，本章仅初步讨论了模糊发包的成因、表现形式以及内在的基本运行逻辑。相比于经济领域的行政发包制研究，我们对模糊发包这一治理模式的理解还停留在表层。仍有许多值得研究的问题亟须进一步讨论，比如，这种特殊治理机制中上下级政府间压力传递机制如何实现？模糊发包的不同运作方式对当代中国"社会"的生长路径和表现形态有无影响？模糊发包中不同层次政府间的风险控制机制如何运行？——围绕这些课题的研究，将进一步帮助我们深刻理解当代中国社会治理转型所面对的挑战，从而推进更高水平的政策创新。

第四章 政府治理机制转型与社会组织发展

本章通过聚焦近年来治理转型中的政府改革进程，研究这一动态进程对社会组织发展的深层影响机理。研究发现当上下级行政部门以"层层发包"模式运行时，基层政府更多在权衡社会组织的公共服务功能与潜在治理风险后设计相应制度安排，并形成鼓励发展和风险控制型的制度环境。但在上下级治理模式出现张力，下级灵活性与弹性不足时，基层政府会更注重通过发展社会组织来解决自身遇到的难题。由此在一个新的研究视角下重新考察转型期政府与社会组织关系，揭示社会组织制度环境多样性之深层机理。

一 研究问题

近年来，国家先后提出"创新社会治理体制""激发社会组织活力"等政策目标，进一步强调了社会组织在促进经济发展、繁荣社会事业、创新社会治理、扩大对外交往等方面的积极作用。[①] 各级政府和职能部门也加大了对社会组织的扶持力度，逐步营造一种更为积极的发展型制度环境，中国社会组织由此进入一个快速发展期。在这种背景下，如何实现政府治理与社会力量自我调节良性互动就成为事关当前社会治理创新的关键问题。而要从总体上探求这一问题，首先需要从学理上对当前中国国家与社会关系的特点、变迁机制及影响因素做出深刻剖析。

历经多年发展，国内学术界在国家与社会关系研究领域已取得大量理论与经验研究成果：相较于早期沿用西方理论框架的国家与社会"两分

---

① 中共中央办公厅 国务院办公厅印发《关于改革社会组织管理制度促进社会组织健康有序发展的意见》，中办发〔2016〕46 号。

观点,① 新近的研究更强调国家与社会之间的模糊边界②以及二者之间独特融合机制③,尤其注意到治理转型中政府不同行为取向对于社会力量成长的重要影响。④ 概括来看,已有研究勾勒了国家与社会关系在纯粹的"行政控制"与"社会自组织"两极间波动的特征,⑤ 并开始探求其背后的决定因素与机制——可以说,这种理论探寻中蕴含着理解中国国家与社会关系的深层密码。

在这一论域,基于"分类控制"分析框架发展出的"行政吸纳社会"理论长期居于主导位置。康晓光等依据社会组织的挑战能力和提供公共物品的水平,勾勒出政府对不同社会组织实施的差别化策略,⑥ 发现当代中国国家与社会关系的内核是"行政吸纳社会",即政府通过控制、功能替代的方式防止社会组织挑战政府权威,同时在有限范围内允许社会组织发挥自主性以满足社会需求。⑦ 质言之,"行政吸纳社会"理论认为国家会根据社会组织风险与功能的理性权衡选择不同的吸纳机制,从而使社会力量在国家引导下发展,消除潜在的风险与不确定性。在该理论视域中,政府

---

① 纪莺莺:《当代中国的社会组织:理论视角与经验研究》,《社会学研究》2013 年第 5 期;肖瑛:《从"国家与社会"到"制度与生活":中国社会变迁研究的视角转换》,《中国社会科学》2014 年第 9 期。

② 张紧跟:《从结构论争到行动分析:海外中国 NGO 研究评述》,《社会》2012 年第 3 期;葛道顺:《"自己人代理":国家与社会关系的一个解释——基于对中国红十字会系统的考察》,博士学位论文,上海大学,2013。

③ 康晓光、韩恒:《行政吸纳社会——当前中国大陆国家与社会关系再研究》,《中国社会科学》(英文版) 2007 年第 2 期;唐文玉:《行政吸纳服务——中国大陆国家与社会关系的一种新诠释》,《公共管理学报》2010 年第 1 期;江华、张建民、周莹:《利益契合:转型期中国国家与社会关系的一个分析框架——以行业组织政策参与为案例》,《社会学研究》2011 年第 3 期。

④ 康晓光、韩恒:《分类控制:当前中国大陆国家与社会关系研究》,《社会学研究》2005 年第 6 期;管兵:《城市政府结构与社会组织发育》,《社会学研究》2013 年第 4 期;黄晓春、嵇欣:《非协同治理与策略性应对——社会组织自主性研究的一个理论框架》,《社会学研究》2014 年第 6 期;黄晓春:《当代中国社会组织的制度环境与发展》,《中国社会科学》2015 年第 9 期。

⑤ 周俊:《政府与社会组织关系多元化的制度成因分析》,《政治学研究》2014 年第 5 期;纪莺莺:《转型国家与行业协会多元关系研究——一种组织分析的视角》,《社会学研究》2016 年第 2 期。

⑥ 康晓光、韩恒:《分类控制:当前中国大陆国家与社会关系研究》,《社会学研究》2005 年第 6 期。

⑦ 康晓光、卢宪英、韩恒:《改革时代的国家与社会关系——行政吸纳社会》,载王名主编《中国民间组织 30 年——走向公民社会 (1978—2008)》,社会科学文献出版社,2008。

与社会组织仍属两种不同的组织范畴，只是前者始终保持着对后者的引导。这一理论与中国社会组织发展中的许多现象相符，成为理解改革以来国家与社会关系的主要理论资源。

然而，近年来在治理转型和政府改革的前沿，一些与"行政吸纳社会"既相似又有所区别的国家社会关系形态初现雏形。在一些地区，基层政府长期拥有的较大自由裁量权在依法、依规行政改革以及上下级政府职能调整①的时代轨迹中大幅收缩，同时国家不断强调加大购买社会组织服务力度。在这种基层政府灵活运作空间缩减与公共服务外包盛行的双重影响下，一些基层政府开始通过发展社会组织来弥补由于行政改革导致的自身灵活性和弹性不足问题，表现为：基层政府发展社会组织解决行政体系内部的问题，②前者保持着对后者的行政性控制，③使后者名义上为社会组织，实则为行政末梢。这种国家与社会关系实质上是行政改革的某种变异，社会组织与政府几乎"同体"，组织属性相差无几，可称为"行政借道社会"。事实上，国家有关部门对此类现象已有关注，如财政部针对此类现象专门发文，强调政府购买社会组织服务过程要带动和促进政事分开、政社分开。④但迄今为止，仍未有研究对此类现象的发生机制进行深入探讨。

"行政借道社会"的背后是行政体制在改革中的灵活变通，虽涉及社会力量，但其中逻辑与通常所说的"社会发育"或"国家引导社会力量"都有根本区别。这表明在一些特殊条件下，国家与社会关系的演变还存在不同于"行政吸纳社会"的变数。中国国家与社会关系形态的这种多样性促使我们追问其后的深层决定机制，在统一的理论框架下观察和解释国家

---

① 这种职能调整表现为，基层政府的经济职能不断弱化，公共服务、公共管理与公共安全职能不断强化。经济职能弱化的后果之一是基层政府在发展经济中获得的税收分成等计划外收入锐减，导致其在治理中长期掌握的弹性空间被不断压缩。

② 黄晓春：《中国社会组织成长条件的再思考：一个总体性理论视角》，《社会学研究》2017 年第 1 期。

③ 管兵：《竞争性与反向嵌入性：政府购买服务与社会组织发展》，《公共管理学报》2015 年第 3 期。

④ 《关于坚决制止地方以政府购买服务名义违法违规融资的通知》（财预〔2017〕87 号）指出："实施政府购买服务改革，要坚持费随事转，注重与事业单位改革、行业协会商会与行政主管部门脱钩转制改革、支持社会组织培育发展等政策相衔接，带动和促进政事分开、政社分开。"

与社会关系动态演变的机理。从而为新时期进一步推动社会组织健康有序发展以及政社良性互动提供重要的理论积累。

下文分三个层次展开论述：首先，本章将把当代中国国家与社会关系的讨论从抽象的"国家－社会"二元设问带回具体的治理转型情境，用多层级行政体系取代对整体国家的简单想象，探讨社会组织发展对于行政体系改革所具有的复杂影响。本章通过借鉴和拓展"行政发包制"理论，强调多层级行政发包体系在不同改革阶段会遇到不同难题，导致改革行动者对社会组织不同的定位和功能塑造，进而推动国家与社会关系的动态演变。其次，本章运用这一新型分析框架深入分析处于治理转型前沿的 S 市 T 街道近三十年来政府与社会组织关系的变迁，从中探求"行政吸纳社会"与"行政借道社会"之间的转变机理。最后，本章对"行政借道社会"概念的理论意义展开进一步讨论。

二　多层级行政发包理论视域下的国家与社会关系

长期以来，理论界对于中国社会组织发展的讨论更侧重于"应然"和规范层次。[①]　"分类控制"以及"行政吸纳社会"理论的重要突破是在"实然"层面剖析了社会组织对于政府的"双重属性"——既具有挑战能力，又是公共服务的辅助力量。[②]　在此基础上，康晓光等引入政府理性选择理论，构建了更为细致的国家与社会关系理论框架。但该理论仍有两点不足：第一，其对"国家"的分析总体上是抽象的，忽略了行政体系内不同行动者在具体治理情境下对待社会组织的不同态度，[③]　因而难以解释同类型社会组织所面对的制度环境差异。第二，由于对行政体系内部治理机制的演变关注不足，该理论对社会组织之于行政系统的作用讨论较为简单，假设了行政部门对社会组织的稳定偏好和理性策略。事实上，行政部门对社会组织的角色认知可能会比"双重属性"更复杂且存在动态调整。

① 李友梅等：《中国社会生活的变迁》，中国大百科全书出版社，2008，第 3~5 页。

② 康晓光、韩恒：《分类控制：当前中国大陆国家与社会关系研究》，《社会学研究》2005 年第 6 期。

③ 黄晓春、嵇欣：《非协同治理与策略性应对——社会组织自主性研究的一个理论框架》，《社会学研究》2014 年第 6 期。

本章试图揭示行政体系改革引发国家与社会关系变迁的深层机制。

（一）行政体制改革与社会组织发展

当代中国治理转型是行政体系主导下的一次重大改革。在此，行政主导有三层含义：其一，行政体系是改革推进者，在国家与社会关系的变迁中具有决定性作用；其二，行政体系需对改革绩效与风险承担总体责任，在总体上规划国家与社会关系的制度蓝图；其三，行政体系会根据自身遇到的挑战来灵活定义其他领域的改革，进而影响国家与社会关系的走势。在已有研究中，前两层含义都得到了充分阐释，但最富实践意蕴的第三层含义却鲜有讨论。

实际上，第三层含义对于理解实践中的国家与社会关系演变尤为重要。在中国这样广土众民的国家实施有效治理，始终会面临一些深层次的挑战，突出表现为一些"两难困境"式的选择，如权威体制与地方灵活性间的张力①、总体支配与技术治理间的徘徊②等，这些国家治理问题的不同应对机制都会引发行政体系内的周期性权力与资源结构调整，也会引发行政体系对社会组织的不同认知。

这种反思促使我们从总体上审视行政体系运行的基本机制及其引发的周期性问题，这需要一种贯通多层级行政治理结构并能恰当描述其内在问题的分析框架。国内政府行为领域近来的一些重要研究工作为本研究提供了启发，尤其是"行政发包制"及其理论拓展为我们观察上下级政府治理模式以及政府与社会间的"行政外包"提供了重要理论基石。③"控制权"理论也提供了一个观察多层次政府行为的中层理论。④ 但这些理论用来分

---

① 周雪光：《权威体制与有效治理：当代中国国家治理的制度逻辑》，《开放时代》2011 年第 10 期。

② 渠敬东、周飞舟、应星：《从总体支配到技术治理——基于中国 30 年改革经验的社会学分析》，《中国社会科学》2009 年第 6 期；黄晓春、嵇欣：《技术治理的极限及其超越》，《社会科学》2016 年第 11 期。

③ 周黎安：《转型中的地方政府：官员激励与治理》，格致出版社、上海人民出版社，2008；周黎安、王娟：《行政发包制与雇佣制：以清代海关治理为例》，载周雪光、刘世定、折晓叶主编《国家建设与政府行为》，中国社会科学出版社，2012；周黎安：《行政发包制》，《社会》2014 年第 6 期；周黎安：《行政发包的组织边界：兼论"官吏分途"与"层级分流"现象》，《社会》2016 年第 1 期。

④ 周雪光、练宏：《中国政府的治理模式：一个"控制权"理论》，《社会学研究》2012 年第 5 期。

析本书的研究问题仍有一些不足，如已有的行政发包理论主要是对单一层次的委托—代理结构进行勾勒，难以分析多层级治理结构中的问题；"控制权"理论虽对多层次政府行为进行分析，但难以分析国家与社会关系的变化。

本章试图进一步拓展"行政发包制"的理论视域，建立多层级行政发包理论框架，深入诠释行政体系内部治理机制的调整及其对国家与社会关系的影响。本章强调，行政发包制是一个多层级连续体，可以在政府的不同层次以及国家与社会之间同时出现和延伸。由于不同层级的发包方受到的外部冲击和压力不同，相应层级的行政发包制可能沿着不同方向调整治理机制，由此带来的张力及其化解机制就会导致行政部门对社会组织进行不同的角色"锁定"，进而引发国家与社会关系的重要变化。

1. 多层级行政发包制运行的基本形态

已有研究指出，行政发包制在行政权的分配、经济激励和内部控制上与西方国家的科层制之间呈现清晰的差异：前者在上下级权威体系中允许下级留有相当的自由裁量权，而科层制则强调法定职权；在经济激励上前者强调下级拥有剩余索取权和面对强激励，而后者强调上级政府全额财政保障和下级依预算行事的弱激励安排；在内部控制上，行政发包制强调结果导向的人格化控制，而科层制强调规则和程序的主体作用。[1] 相比于科层制对经济社会运行环境的要求，[2] 行政发包制赖以实现的组织条件要相对简单。此外，行政发包制赋予了作为承包方的地方政府极大的灵活性来应对地区差异，同时提供了一种"一统体制"与"灵活治理"之间衔接的可能，因此很容易在辽阔疆域中成为层级制政府运行的重要组织机制。由此，不难理解行政发包制为何会在中国国家治理的漫长历史实践中成为一种重要治理机制。

最近的研究进一步指出，行政发包制实际上是"行政"与"发包"两

---

① 周黎安：《行政发包制》，《社会》2014 年第 6 期。

② 作为一种伴生于大众民主（Massendemokratie）的文官组织体制，科层制对一国的货币经济与财政条件、行政事务质与量的扩展、行政技术的进步（事本主义工作伦理），尤其是社会差异的"齐平化"都有很高要求。此外，有时科层制的快速发展还与政治结构中反特殊利益集团的独特安排密切相关。相关研究参见马克斯·韦伯《支配社会学》，康乐、简惠美译，广西师范大学出版社，2010，第 31～64 页；彼得·布劳、马歇尔·梅耶《现代社会中的科层制》，马戎、时宪民、邱泽奇译，学林出版社，2001，第 28～30 页。

种治理机制的矛盾混合体。"发包"有助于控制治理成本，同时为承包方政府提供了有效的激励，但又可能因承包方滥用自由裁量权而引发治理风险；因此"行政"设置就显得很有必要，其实质在于约束"发包"在政府内部可能造成和放大的扭曲和负面效应，从而表现为一系列自上而下的收权与管控机制。① 由于"行政"与"发包"这两种治理机制在行政权分配、内部控制以及激励设置上有着相反的配置要求，且往往难以达成恰当的均衡点，因此行政发包制常会在"行政"与"发包"两极间周期性摆动，并形成"行政"主导或"发包"主导的治理模式。②

上述钟摆运动不仅存在于单一行政层级内，而且在一个多层级行政体系内还有更复杂的演化机制。由于不同行政层级面临的挑战和改革目标不同，因此相应层级行政发包制既可能朝着同一方向摆动，又可能朝着不同方向演化，从而使行政体系面对不同的改革难题。我们讨论其中最主要的两种情形。

第一种情形，上、下级行政发包制运行相互匹配，均朝一个方向摆动，主要表现为"层层发包"。③ 这时上下级行政机构的运行都以"发包"机制为主导，表现为逐级向下赋予较大行政自由裁量权，实施结果导向的人格化控制机制。"层层发包"的治理体系可能会遭遇两种不同难题：一是治理任务层层放大导致的基层政府压力剧增。当上级将治理任务"层层发包"，同时又在下级政府之间启用了围绕任务绩效的横向锦标赛机制时，就会形成一种强大的激励机制，④ 导致下级政府为赢取锦标赛而不断放大逐级发包的压力。⑤ 二是治理任务"层层发包"，但该治理任务在绩效考核中属于"软指标"，导致基层政府对发包任务注意力不足。此时，虽然治

---

① 周黎安：《行政发包的组织边界：兼论"官吏分途"与"层级分流"现象》，《社会》2016 年第 1 期。

② 基于这一理论框架，下文中以引号标注的"行政"或"发包"都具有特殊含义，指的是行政发包制下两种不同取向的治理机制。

③ 这种情形理论上还包括了上下级行政发包体制都朝向"行政"这一极摆动的现象，这意味着行政体系的不同层次都开始朝着注重规则、弱激励、低度自由裁量权的方向发展，趋向于理想类型意义上的科层制。当前政府改革开始强调这种目标与趋势，但现状与这种要求仍有一定的距离。因此，本章集中讨论"层层发包"现象。

④ 周黎安：《中国地方官员的晋升锦标赛模式研究》，《经济研究》2007 年第 7 期。

⑤ 荣敬本等：《从压力型体制向民主合作制的转变：县乡两级政治体制改革》，中央编译出版社，1998。

理任务被层层分解，但由于下级政府通常不会在这些领域集中调动资源和重点攻坚，因此会导致相应治理任务难以"落到实处"。

第二种情形，上下级行政发包制朝着不同方向摆动，突出表现为上级政府治理机制仍以"发包"制为主，但基层政府治理机制却开始向"行政"一端摆动。这种现象的出现主要与渐进式改革中上下级政府改革不同步相关。近年来，国家在社会治理和行政改革领域提出了多方面的改革目标，这些目标与全面推进依法治国、加强社会主义民主政治制度建设等宏观改革相结合，必然要求各级政府进一步增强对公众负责的意识，不断提升规则、制度在行政事务中的主导地位。由于这些改革的同步推进有可能对既有行政体制运行产生一定冲击，为控制改革风险，国家采用的是可控的渐进式改革路径，[①] 即先从基层试验开始，再逐步总结经验继而向更高行政层级推广。这样一来，就很容易导致基层政府改革速度、深度均走在上级政府之前。在一些改革创新的前沿地区，基层政府行为受到越来越多的约束，行政自由裁量权大幅缩小，基层的行政发包制开始向"行政"方向调整；而上级部门的改革却并未同步推进，仍然按照属地管理"守土有责"的逻辑强调"发包"的一面。这样，上下治理层级的行政发包制就开始出现不协调的问题。[②]

这种情况带来的最大挑战是导致下级政府在面对上级的"发包"任务时，缺乏足够的灵活性和弹性以应对问题。举例来说，基层政府开始实施全额预算管理，财政自由裁量权全面弱化，更注重规则和程序的作用，开始向"依法行政"转变，这时经济激励和内部控制两个维度的改革客观上要求行政权配置这一维度也朝着职责清晰的有限政府方向改革。但由于上

---

① 韩博天（Sebastian Heilmann）：《中国异乎常规的政策制定过程：不确定情况下反复试验》，《开放时代》2009 年第 7 期；刘培伟：《基于中央选择性控制的试验——中国改革"实践"机制的一种新解释》，《开放时代》2010 年第 4 期。

② 读者可能会质疑：上级政府通常掌握着下级改革的控制权，为何仍会出现以上不衔接现象？在中国这样一个多层级政府体系中，主要是基层政府直接与公众打交道。行政发包制的一系列特征，如自由裁量权、预算包干和结果导向的考核，虽然赋予基层政府处理事务的自主性和灵活性，但也容易引发基层政府与社会之间的冲突，尤其当基层政府拥有招商引资权时，其公共服务职责让位于经济发展和创收，更容易导致基层政府与社区的紧张关系。当这些社会矛盾和冲突不断出现，上级政府反应更敏感。这就解释了中国的基层改革大多数是由较高层级政府跳过中间层次政府直接推动而成。这种改革路径导致了多层级行政发包体制中的不衔接现象。

级行政发包制仍是"发包"主导，因此基层政府还需要承担"守土有责"的无限职责。此时，基层政府就会面临着如何重塑灵活性和弹性以应对自上而下"发包"任务的难题。

多层级行政发包体制运行中遇到的上述难题，会导致行政部门在不同情形下寻找相应的应对机制。当国家宏观制度环境日益强调"激发社会活力"时，基层行政部门就会通过强调社会组织的不同功能角色以解决改革中遇到的问题。

2. 不同治理情境和国家与社会关系演变

在"层层发包"的治理机制下，每一行政层级都允许下级握有较大的自由裁量权，这也意味着下级政府无须"走弯路"就能获得治理实践中的较大灵活性和弹性。这些政府部门没有太大动力通过发展社会组织来获得额外的灵活性和弹性空间，其更多是权衡社会组织的治理绩效和可能引发的治理风险后实施相应制度措施，这一逻辑与"分类控制"理论观察到的现象是一致的。但借助于多层级行政发包理论框架，我们可以更清晰地识别出政府部门权衡所依据的要素，尤其是清楚地回答是何种因素主导着政府部门对那些既有一定潜在风险又有一定公共服务能力的社会组织所持的态度。①

如果上级在"层层发包"的同时还推动下级政府之间围绕公共服务展开横向锦标赛竞赛，那么就会导致下级政府把公共服务效能放在一个重要的位置上。随着横向竞赛中激励效应的逐级放大，下级政府会更关注社会组织的公共服务角色，而对其潜在治理风险的宽容度则会适当放宽。政府部门在提升公共服务绩效这一大前提下，可能会允许社会组织发展出一定的自主性和独立性，也会为其快速成长提供多方面的资源支持。相反，如果上级政府在"层层发包"的同时并未围绕公共服务提供有效的激励举措，由于下级政府在发展社会组织中要承担相应的治理风险，就可能形成"风险控制"导向的制度设置，如筛选社会组织发展领域、保持社会组织

---

① "分类控制"理论可以清楚地解释政府为何对那些既不挑战其权威又有较强公共服务能力的社会组织持大力支持态度，以及对既挑战权威又不提供公共产品的组织持禁止态度。但由于该框架缺乏对政府运行机制的进一步剖析，因此其对于政府如何对待那些既有一定治理风险又有公共服务功能的社会组织讨论仍较为模糊——而这种类型恰恰占据了当前社会组织中的相当比重。

发展与公共权力领域的分割等。① 总体来看，层层发包治理模式下，政府部门主要根据风险和激励的权衡来设置社会组织不同的制度环境。在此过程中，政府虽然始终保持从制度上对社会组织的行政吸纳，但二者仍存在一定的组织边界且保持着组织属性上的一定差异，这也是以往"行政吸纳社会"理论所关注的现象。

但在上下级行政发包体制运行出现张力的情况下，国家与社会关系形态就会出现新变化。当上级政府采取"发包"主导的治理模式时，这意味着作为承包方的下级政府必须一揽子应对辖区内各项治理问题。考虑到政府治理中存在一定的动员式特征，这意味着许多新治理目标和专项活动的资源配套常常滞后，客观上就要求下级政府有很强的灵活性和弹性空间加以应对。但当基层政府的治理机制因改革约束从"发包"向"行政"摆动时，由于财政预算上的自由裁量权大为缩减，同时刚性约束增多，传统的做法不再适用。在此情境下，基层政府会特别关注社会组织作为行政体系灵活性与弹性来源的功能和角色。基层政府会以购买服务等方式扶持、发展一批社会组织或专业机构，但前者同时保持着对后者的深度控制，使后者成为承担行政治理任务的重要助手。

此时，基层政府发展社会组织的动机、方式与"层层发包"治理机制下的情况存在根本差异，其重要目标是"借"社会组织之"道"以化解行政体系内部改革难题。基层政府不仅规划社会组织的运行领域，还会通过内部人控制等机制主导社会组织的运行，因为在其看来社会组织的潜在治理风险已得到有效控制。基层政府对社会组织的风险认知会大大下降。在行政"借道"社会的过程中，社会组织的公共服务功能也会得到一定程度的强调，因为"公共服务助手"的角色为行政"借道"社会提供了重要的合法性依据。质言之，行政"借道"社会本质上是一种以解决行政体系内改革难题为目标的变通策略。在这种情境下，基层政府发展和培育出的社会组织在形式上具有独立性，但实质上更像行政末梢，主要围绕基层行政部门的治理目标展开活动，其与政策部门和理论界预期的具有社会属性、代表社会诉求的社会组织角色有很大区别。此时，基层政府与这种形式上的社会组织间边界较为模糊，组织属性也呈现一定的趋同。近年来，国家

---

① 黄晓春：《当代中国社会组织的制度环境与发展》，《中国社会科学》2015 年第 9 期。

宏观政策部门对此类现象已有关注，并不断强调"政社分开"的改革方向，但仍鲜有研究揭示微观实践中"政社不分"的深层缘由。本章透析多层级政府运行的内在机理，对基层政府"借道"现象的条件与机理做出了清晰勾勒。

上述讨论表明，当多层级行政发包体制面临不同问题时，行政系统会动态调整对社会组织角色与功能的认知。"层层发包"模式引发了"行政吸纳社会"，而上级"发包"下级"行政"的不协调格局则导致"行政借道社会"（见表4－1）。这两种不同的国家与社会关系形态之区别在于：从社会组织发展的目标指向来看，后者比前者更注重以行政体系内的治理问题为导向；从"政社分开"的发展方向来看，后者面临的挑战更大；在行政机制控制水平上，后者的强度远胜前者。

表4－1　多层级行政发包体制和国家与社会关系形态

多层级行政发包体制运行形态	难题与挑战	行政体系对社会组织的定位	国家与社会关系形态	
层层发包	横向锦标赛强激励条件下，基层政府治理压力剧增	强调公共服务助手角色，兼顾风险控制	行政部门允许甚至鼓励社会组织发展一定的自主性和独立性	行政"吸纳"社会
	弱激励条件下，基层政府对发包任务注意力不足	强调风险控制，适度发挥公共服务功能	行政部门更强调对社会组织的有序管控	
上级"发包"、下级"行政"	下级政府灵活性与弹性不足	重塑行政体系灵活性与弹性的重要来源，公共服务的助手	行政"借道"社会：行政部门与社会之间边界模糊，组织属性向行政趋同	

这一理论对于深化中国转型期的国家与社会关系研究具有重要启发：第一，国家与社会关系并不是一种总体性的静态格局，而是随着治理转型中行政体系改革所遇到的难题而动态调整；第二，由于不同地区的行政体制改革处于不同阶段和水平，因此中国社会组织发展的制度环境和机会结构存在着显著的区域差别，国家与社会关系也表现出相应的多样性；第三，和传统的"国家与社会"理论不同，多层级行政发包理论认为国家与社会的边界实际上受到行政体制内部多层级代理人互动及调适的影响，两者的边界和互动并非整体国家理性规划和策略选择的直接产物。

（二）基层政府认知中的社会组织角色图谱

以上讨论表明，行政系统对社会组织的角色存在复杂的认知图谱，且会伴随行政体制改革而动态调整。这挑战了将社会组织静态理解为"服务之手"和潜在风险来源的传统观念。在社会组织的角色认知上，行政部门基于多层级行政发包体系的不同运转状态经常面临下列三种选择。

1. 行政部门灵活性与弹性的来源

中国社会组织研究很早就注意到了行政部门会通过发展社会组织来解决改革中诸如部门裁撤后的人员安置、职能调整等问题，[1] 如 1993 年和1998 年两次政府机构调整中产生了近 4 万家行业协会，[2] 这些社会组织多有一定的行政级别与行政授权，成为行政体制改革的重要伴生物。但早期研究大多简单地将此类现象看成社会组织发展中的"异化"现象，论者循着"国家与社会"两分的理论框架，将这类现象视为转型中的暂时现象，很少意识到这些社会组织实际上为行政体系解决改革导致的灵活性、弹性不足问题提供了支持，因此在改革的漫长进程中屡见不鲜。

本书理论框架认为，当上级"发包"、下级"行政"的多层级行政发包体系运行出现张力，且下级部门缺乏其他灵活性来源时，这些部门就会通过发展社会组织来重塑灵活性与弹性空间。就此而言，行政部门"借道"社会不能简单地理解为一种"异化"现象，而是一种体制演化的策略选择。

进一步来看，社会组织被塑造为行政部门灵活性与弹性的来源取决于一些特殊的条件：首先，行政部门以购买服务等方式向社会组织转移资金和资源时约束较小。当前部门预算制的"低度透明"运作特征[3]决定了行政部门可以根据自己的治理目标和所处情境自由决定购买服务项目的设置及资金安排。其次，不存在一个充分竞争的公共服务外包市场，行政部门有很大的自由裁量权选择社会组织承接项目，可以便利地与社会组织间形成"特殊主义"的"借道"机制。最后，公共服务外包的质量监控总体是在体制内完成的。唯有如此，行政部门才能用自己的目标和偏好引导承接

---

① 王名：《中国社团改革：从政府选择到社会选择》，社会科学文献出版社，2001。
② 谢菊、马庆钰：《中国社会组织发展历程回顾》，《云南行政学院学报》2015 年第 1 期。
③ 陈潭、马箭：《从部门预算走向公共预算》，《人民论坛》2010 年第 14 期。

服务的社会组织。如果没有这些条件，基层政府就很难以发展社会组织之"名"行重塑灵活性和弹性之"实"。

此外，行政"借道"社会也产生一定的组织成本。这种"借道"机制建立在前者对后者实现直接控制的条件之上，通常高度依赖于领导岗位的交叉兼职机制。在当前宏观制度约束行政领导兼职社会组织负责人，[①] 且社会组织负责人身份意味着体制内晋升链条中断的背景下，行政部门寻找社会组织代理人的难度越来越大。此外，行政部门通过社会组织来实现自身治理目标，有时还意味着额外的协调和组织成本——面对同样的治理任务，行政部门可以很便利地借助政府之间的协作网络和自上而下的行政管道去应对，但以社会组织身份去做却需要大量额外的协调工作。这些额外成本的存在意味着行政部门会控制"借道"机制的边界和范围。

2. 公共服务的帮助之手

现有研究普遍强调社会组织对于公共服务的有效供给具有重要作用。与政府部门不同，社会组织在提供公共服务时更具创新性[②]、更适应多样化的社会需求，[③] 其非营利组织的身份特征又避免了"分配约束"，[④] 可以更好适应公众多层次需求。本书理论框架则进一步指明了行政系统优先考虑社会组织公共服务助手角色的条件，即公共服务被"层层"发包，且存在横向竞争的锦标赛机制或其他强激励机制。

一旦行政部门优先考虑社会组织的服务之手角色，就可能允许社会组织保持较高的独立性与自主性，[⑤] 同时减少行政干预的水平，并鼓励社会组织形成与公众需求快速对接的机制。这意味着，社会组织将在较高水平上嵌入基层治理体系，成为多元治理结构的重要构成部分。

---

① 国家一直对党政机关领导干部兼任社会组织负责人有严格的规定，尤其是近年来出台的一系列制度（如《中共中央办公厅、国务院办公厅关于党政机关领导干部不兼任社会团体领导职务的通知》《中共中央组织部关于规范退（离）休领导干部在社会团体兼职问题的通知》）进一步强化了这方面的约束。

② E. S. 萨瓦斯：《民营化与公私部门的伙伴关系》，周志忍等译，中国人民大学出版社，2002，第 86 页。

③ Estelle James, "The Nonprofit Sector in Comparative Perspective," in Walter W. Powell, eds., *The Nonprofit Sector: A Research Handbook*, New Haven: Yale University Press, 1987.

④ Henry B. Hansmann, "The Role of Nonprofit Enterprise," *The Yale Law Journal*, Vol. 89, No. 5 (1980), pp. 835 – 901.

⑤ 王诗宗、宋程成：《独立抑或自主：中国社会组织特征问题重思》，《中国社会科学》2013 年第 5 期。

此外，在行政"借道"社会的情境下，基层政府也会在一定程度上注重发挥社会组织的公共服务功能，但此时行政体系更多是从工具主义和技术的层次强调提升社会组织处理事务的能力，而对社会组织提升自主性与社会性缺乏热情。

3. 治理风险的不确定来源

在行政体系看来，社会组织还是治理转型中不确定风险的一种来源——这也是社会组织制度环境中始终存在强调引导和管控制度要素的重要缘由。但此前的研究对政府的这种风险认知一直"泛泛而言"，难以勾勒其演化机理。

在多层级行政发包理论视域下，不同层级政府对社会组织的风险认知是在反复权衡中建构起来的。理论演绎表明：在上下级行政发包体制出现张力，下级开始"借道"社会时，基层政府对社会组织的风险顾虑最低。因为此时基层政府已对社会组织实施了高水平的内部控制，以至将其视为"自己人"，也就不过多担心其引发治理风险。在公共服务任务"层层发包"但存在强激励机制时，基层政府对社会组织的风险顾虑也较低，因为强激励引发的竞争压力使其更倾向于将社会组织作为合作伙伴。但在"层层发包"公共服务任务，又不存在强激励的背景下，基层政府就会显著强化对社会组织的风险认知。此时，制度环境中的风险控制机制会得到不断强化。

以上分析表明，随着多层级行政发包体制的运作形态不断变化，行政部门对社会组织的角色认知亦会不断调整。这种角色优先排序的变化，会导致社会组织所处的制度环境出现微妙变化。这种理论视角将我们对当代中国国家与社会关系的理解从一种"静剖面"的白描逐步引入一种动态演化的复杂情境中去。

三 从"行政吸纳社会"到"行政借道社会"：一个微观案例

本文以 S 市 P 区 T 街道的治理转型历程为线索，呈现了城市基层政府对于激发社会活力的复杂态度。研究团队收集了 T 街道 1984～2016 年的系统档案资料，并在长达 4 年驻街调研过程中展开了系列深度访谈，由此形成了此项微观考察的基本框架。为进一步勾勒治理转型中的一些微妙机制，团队成员还持续 3 年观察了街道购买社会组织服务的全流程。这些资料从多个维度揭示了基层治理体系在"行政吸纳社会"与"行政借道社会"之间转变的复杂机理。

由于本书理论框架强调不同层级行政发包制的相互作用对于国家与社会关系演变具有重要意义，因此本章的案例观察并不限于单一治理层级的描述，而是将追溯"区—街"关系以及街道治理体系的共时性变化。其中："区—街"关系代表中国城市行政发包的主要层级，指的是区政府及其构成部门将治理任务部署至街道的过程；街道治理体系则是城市基层治理的最基本单元，涉及街道办事处将任务转至居委会、各类事业编制的"中心"①、辖区内"条"上职能部门以及社会组织的过程。

1. "层层发包"治理模式与"行政吸纳社会"（1984～2006 年）

S 市是中国改革前沿的特大型城市，20 世纪 80 年代以来即面临着基层治理的较大压力，20 世纪 90 年代初更是在城市经济转型、功能调整以及维护社会稳定等多重压力下努力探索重塑城市基层社会组织体系的改革路径。进入 21 世纪以来，S 市领导层一直试图以创新基层治理为改革线索，形成特大型城市社会治理的新路子，由此在"区—街"和街道治理体系层次推动了大量改革。T 街道 1984 年 4 月 1 日正式挂牌，地处 S 市经济发展的重要功能区，最初隶属于 N 区，后于 1993 年划入 P 区。可以说，P 区是 S 市乃至全国的改革试验区，而 T 街道则属于 P 区经济发展和社会治理创新的重点区域。立足于此地的深描折射了 S 市基层治理转型的宏观历史脉络。

在可追溯的档案资料中，S 市在"区—街"治理层次一直强化"发包"主导的治理模式。T 街道所属的 N 区早在 1988 年就明确提出"核定基数，收支包干，超收分成，超支自负，一定三年"的街道财政管理体制，②把经济发展任务全面"发包"给街道，并鼓励街道通过放手发展经济来提升自身财力，"自收自支"地应对辖区内的各项治理任务。据 T 街道档案资料记载，当时的超收分成返回经费主要用于三个方面：一是用于

---

①　如常见的"一门式政务服务中心""社区综合治理中心"等。

②　N 区颁布《关于改革街道财政管理体制的意见》，1988 年。

补贴按规定列支的街道行政经费、居委会经费超基数的支出；二是辖区内精神文明建设所必需的经费；三是应付各类不确定问题、提升街道治理灵活性的一些经费，如主任基金等。在这种"发包"特征明显的财政体制下，区政府仅用极少的投入就可以推动街道办事处有效运行。

1996 年以来，区对街的"发包"趋势变得更明显：从行政权配置上看，区政府把大量治理职能赋予街道办事处，同时给予后者较大的自由裁量权。P 区自 1996 年开始逐步将以下行政权力下放给街道办事处：（1）部分城区规划的参与权；（2）综合协调权；（3）属地管理权。其中后两项都属于蕴含较大自由裁量权的职能，这些行政权力被明确"发包"给街道办事处，意味着作为承包方的街道职能、权限得到较大扩充。

从激励模式来看，区政府赋予街道办事处及相应工作人员较大的税收返还奖励，这种强激励机制是"发包"制的又一特征。根据 P 区"十五"财政管理体制对街道经济工作的相关规定，区对街道招商引资的纳税资金实施分成制度，即街道招商引资额越高，相应的税收返还金额也越高。此外，区还明确规定对积极引进和推荐招商引资工作的有关人员实施一次性奖励。这一时期街道招商引资税收返还资金已成为社区建设中主要资金来源。可见，区通过"发包"机制，运用财政激励手段，使承包方的街道办事处自筹了大量经费以应对发包的治理任务。与行政配置和经济激励相匹配，区政府在内部控制维度上也很少插手街道的工作。可以说，在"区—街"层次，"发包"制成为主导的治理机制。

这一时期来自外界的压力尚不显著，多层级发包体系主要按照自身的演化规律发展。当"区—街"关系以"发包"为主要特征时，街道治理体系也向"发包"的方向同步演进。内中的变化主要在于街道治理体系"发包"的重心随着宏观制度的变化而有所调整：1984～1996 年，街道主要把治理任务发包给居委会，街道赋予居委会处理行政事务的大量自由裁量权并允许居委会自办各种盈利项目，以从中提取利润用于开展卫生整治、便民服务等。在内部控制维度，街道办事处对居委会的内部运作基本不做太多干预，街道主要对"发包"给居委会的主要事项进行结果导向的绩效考核。但这种过度倚重对居委会"发包"的治理模式很快就引发了负面后果，由于居委会把工作重心都放在发展经济等经营性事务上，弱化了公共服务与管理上的投入，引发了居民的不满。于是 S 市于 1996 年正式发文，将居委会的经济职能上收至街道办事处，强调居委会逐步回归群众自治组织的角色。此后，街道对居委会的全面"发包"情形有所弱化，作为替代，街道开始强化对其下属各类事业编制服务中心及"条"上派驻机构的任务导向"发包"。①

概括来看，1984～2006年，T街道治理体系处于一种"层层发包"的治理格局中，这时街道一方面需应对自上而下的各种层层加码的治理任务，另一方面又手握较大的自由裁量权，尤其是拥有"发包"治理机制下税收返还资金的灵活运用权，后者为街道应对来自上级的各种不确定任务提供了重要支持。街道掌握的资源及可调动的力量与上级布置的治理任务间大体处于一种相对匹配的状况。

在这种情形下，T街道大约从1993年开始面对发展社会组织这一新问题。那么，T街道当时如何看待社会组织呢？研究发现，由于这一时期街道内部的"发包"体系就足以应对绝大部分治理任务，因此街道最初总体上以一种"可有可无"的态度来看待社会组织，一位当年的街道领导回忆：

> 基层政府是务实的，在整个20世纪90年代，（公共）服务要求没有今天这么高，管理的精细化要求也不高，街道自己的力量就足够了。换句话说，大家对发展社会组织没有急迫感……所以我们当时的态度就是，如果有社会组织能参与社区建设更好，没有问题也不大……（访谈记录20170316）

街道保存的档案资料对于基层政府这种"可有可无"的态度提供了一个更具说服力的例子：研究人员翻阅了1993～2000年街道向上级政府和职能部门提交的所有汇报材料，虽然从其他记录中可以清晰地看到这一时期已有一些社会组织开展了具有较大社会影响力的服务活动，但街道却从

---

① 以T街道为例：1996年以后，街道开始重点建设一批具有独当一面能力的服务中心，即社区服务中心、社区事务受理中心、社区老年服务中心、社区文化教育中心等。街道每年把大量治理任务直接"发包"给各中心，并赋予后者实施治理的自由裁量权。而对"条"上派驻机构的"发包"则常常以街道额外给这些机构提供"津贴""活动经费""补贴"等非正式方式实现，通过这些额外的经费补助，街道可以"绕过"这些部门的上级，向其指派一定的工作，并要求后者实现一定绩效。

未把这些活动作为"亮点"向上级汇报，也未纳入年底的创新工作总结。从统计数据上看，2000年前，注册地在T街道的社会组织仅有5家，且这5家社会组织的上级主管单位都属于上级"条"上机构，作为属地政府的T街道并无"孵化"任何社会组织，这也表明早期T街道对发展社会组织基本没兴趣。

2000年后，情况有了一些变化。S市和P区政府都开始对基层政府的公共服务能力提出更高要求，将公共服务绩效作为考核指标鼓励基层政府间展开竞争，此外还把发展社会组织看作社区建设的重要评估指标。T街道逐步转变了最初对待社会组织"可有可无"的态度，转而强调社会组织是政府服务的"助手"。按照街道领导的说法，就是：

> 政府把主要工作做好，社会组织充当补充和助手……确保社会组织为我所用，切实做到有序发展……（访谈记录20160115）

这时，街道开始鼓励社会组织围绕上级强调的公共服务领域开展活动，并以"购买服务"的形式对社会组织实施扶持。资料显示，2001～2006年，T街道辖区内又出现了21家社会组织。这些社会组织在科普、养老服务、文化教育等领域先后承接了一批服务项目，并在街道治理体系中占据一定位置。

进一步来看，这一时期基层的国家与社会关系呈现以下特征。

首先，街道以项目为载体鼓励社会组织发展并实现对其的引导与"吸纳"。这一时期，T街道逐渐形成了通过控制项目发包领域来"吸纳"社会组织融入街道治理体系的经验，正如一位长期在T街道民政领域工作的领导所言：

> 街道怎么来管社会组织？怎么让它们与你（街道）同心同德？基层政府又没有太多的管理力量，民政科长期就两三个人，怎么管得过来？我们的体会是要用好"项目"这个载体，我们希望社会组织往哪些方面和我们保持一致，我们就多往这些领域发包一些项目。我们从2003～2004年就开始形成了这些经验，所以当时有句话叫"以项目管（社会）组织"……（访谈记录20161219）

项目化的引导机制保证了街道对辖区内社会组织的有效"吸纳"。同时也为社会组织发展政府预期的公共服务能力提供了重要的支持。

其次，上述"行政吸纳社会"的机制又是有边界的。表现为街道并不致力于越过组织边界对社会组织的内部运作进行干预和控制。其中的原因在于，"层层发包"的治理情境下，街道及其下属各科室手中都有足够的灵活性与弹性以发展自己可以直接控制的力量来应对各种治理难题，因此没有哪个部门有兴趣大费周章地控制社会组织内部运作。一个典型的例子，这一时期社会组织法人的"内部人化"水平最低，在全部 26 家社会组织中仅有 2 家社会组织中存在法人来自街道内部的现象。

再次，街道对社会组织的活动领域有严格的限定。主要鼓励社会组织在公共服务领域发挥作用，但不支持社会组织在维权、环保等领域开展活动。这一时期 T 街道辖区内所有社会组织主要都沿着政府公共服务职能及其延伸领域开展活动，基层社会组织发展格局呈现鲜明的"分类控制"特征。

最后，街道向社会组织投放资源的主要依据是公共服务能力，政社之间特殊主义关系纽带较弱。与公共服务能力这一标准相比，其他因素对于社会组织能否获得项目扶持的影响都不甚显著。如街道发包项目时并不过多考虑是否优先向自己为主管单位的社会组织倾斜，许多挂靠单位不是 T 街道的社会组织，在与挂靠在 T 街道的社会组织竞争时，都顺利胜过后者从街道拿到了服务项目。再比如，一些跨行政区域活动的社会组织都因其表现出的较高服务能力而从 T 街道获得了资助，这表明在这一时期"属地"这一具有特殊主义纽带意义的因素对街道的社会组织扶持制度影响较弱。

上述特征表明，在"层层发包"的治理情境下，街道围绕公共服务体系的完善，逐步建立以项目为切入点的"行政吸纳社会"治理机制以发展社会组织。这里的"吸纳"表现为基层政府试图通过控制资源供给实现对社会组织发展方向、运行领域的引导，最终使其与体制保持协同与一致。

2. 行政发包治理机制的张力凸显与"行政借道社会"（2007 年以来）

2007 年，P 区在市委、市政府的推动下开始了基层治理体制的深度改革。这项改革有双重含义：一是借此推动街道办事处将工作重心全面调整至公共服务、公共管理、公共安全领域；二是 P 区经济进入新发展阶段，客观上需要在更高层次统筹经济布局，因此上收街道招商引资权。这项改革对"区—街"以及街道治理体系的运行都产生了较大影响，在一定程度上改变了"层层发包"的传统运行模式。

先来看这一时期的"区—街"关系，总体可以概括为"发包"为主但蕴含一定"行政"要素的治理机制。一方面，区政府在推动各项治理任务时，总体上仍以"发包"方式部署至街道。突出表现为两点：一是在行政权的配置上，区政府把更多的治理任务以及相应的行政执行权与实际决策权下放给街道，上级部门在"管理重心下移""属地化管理"的治理转型背景下，不断把许多原先由上级"条"上部门承担的职能发包给街道办事处。P 区编制办公室 2012 年的一份调研报告中指出：

> 各部门向街镇下放大量的事务性工作，将责任明确分解在基层。有些下放经过了区委、区政府同意，如物业、市政、交通、水务等事权下放，有些则是有关工作部门根据行业管理要求下放，如食品卫生、河道养护、扬尘控制、动物防疫、集贸市场管理、保障房受理、职业病防治、环保初审、店招店牌初审等，均要求街镇完成，并纳入条线对街镇的考评内容。据统计，各部门对镇绩效考核指标达 79 项，对街道的考核指标达 70 项。（资料来源：P 区编办 2012 年内部调研课题稿）

二是在内部控制机制上，区政府及其职能部门在自上而下部署治理任务时只看最终成效，对处置过程和规则关注不多，表现出结果导向的控制理念。这一时期，上级部门开始设计出林林总总的考核与评估方法对"发包"至街道的治理任务进行结果考核，但考核体系鲜有涉及治理的具体流程与程序。这表现出鲜明的"发包"特征。

另一方面，这一时期"区—街"关系中又开始出现了一些强调监督与控制的"行政"要素。这主要与激励模式的转变有关：传统的建立在招商引资税收返还基础上的强激励制度随着街道经济职能的上收而消解，取而代之的是区政府对街道实施上级全额拨款的部门预算制。这意味着街道将不再掌握预算外资金，而所有预算内资金都在上级的控制与监督下。从这个维度来看，街道治理的灵活性与弹性空间得到了一定的抑制，体现了强调自上而下监管的"行政"特征。此外，受国家和 S 市宏观层面政策的影响，"区—街"行政发包制中还有其他一些具有"行政"意味的机制开始浮现。其中最显著的当属编制控制机制。

在前一阶段的治理实践中，基层政府普遍以招收编外雇佣人员的方式来扩充自身队伍，导致政府实际雇员规模快速膨胀。这引发了上级政府的顾虑，于是，从 2009 年开始，P 区开始核定街道的各类人员总额，尤其是对政府雇佣人员①总数进行严格核定。以 T 街道为例，其下属的各专业服务中心计划配置人员 119 人，但经编制控制后只能配置 107 人。这种编制控制机制使得街道办事处的灵活性和弹性进一步缩减。

上述改革同时发生，使"区—街"治理机制从典型的"发包"治理模式向"发包"主导但蕴含一定"行政"要素的治理模式转变。同时，这一时期传统的街道"发包"治理机制所依赖的条件不断弱化，逐步向"行政"主导的治理机制转型。

首先，街道对居委会的"发包"受到越来越大的约束。由于 S 市于1996 年上收了居委会的经济权，这意味着街道很难再通过经济承包来使居委会成为基层治理中弹性和灵活性的主要来源。此外，从 2007 年开始，S市多次发文要求强化居委会的自治组织属性，并先后于 2010 年、2012 年、2014 年三次由市有关部门推动发起了居委会"减负"活动，以制度化方式约束街道办事处任意向居委会部署任务。这些做法在一定程度上改变了街对居的任意"发包"格局。

其次，街道对下属事业机构的"发包"也变得越来越难。由于上级政府的编制控制，这一时期街道已不能像以往那样通过扩大编外人员数量来不断强化下属事业机构的"接包"能力。此外，大约从 2010 年开始，S 市从省市级层次出台了街道下属服务中心的运作规范。这些做法都使街道下属事业机构越来越回到一个依规运作的境况，传统的目标导向"发包"机制难以维系。

最后，街道对"条"上机构的"发包"基础不断弱化。街道有经济权时，会通过给"条"上机构提供补贴等非正式方法实施"发包"。但随着街道经济权的上收，所有开支都需向上级申请财力保障，而这种介于"灰

---

① 这里说的"政府雇佣人员"是指公务员和事业编制以外，街道以社工、社区工作人员、协管人员为名招收的承担公共服务与管理职能人员。

色"地带的"发包"所需资金不可能得到上级支持。此外，2007 年以后，许多"条"上机构进一步加大了对下级机构依法依规"有所为，有所不为"等行为规则的控制。这些都进一步弱化了街道"发包"的运作基础。

总体来看，由于上述外部影响，街道治理体系原有的"发包"运行机制不断被削弱。街道政府的运行方式在上级政府的推动下开始向依法依规的"行政"治理机制转变。但"区—街"层次仍以"发包"为主，这导致了上下级治理机制之间的衔接难题。于是，街道治理体系必须找到新方法以重塑弹性与灵活性空间。

正是在这种情境下，基层政府发展社会组织的态度有了微妙的转变。T 街道从 2011 年开始实施远超历史水平的公共服务外包活动。笔者根据 T 街道各部门的档案资料，大体推算出 2010 年以来街道购买社会组织服务的资金总量（见表 4 - 2）。

表 4 - 2　T 街道历年购买社会组织服务资金量

单位：万元

	2010 年	2011 年	2012 年	2013 年	2014 年	2015 年
街道购买社会组织服务资金	217	1200	2000	1300	1450	1517
年度支出预算总额	14362	15083	17681	16536	17339	16864

注：在当前的购买服务体制下，购买资金大多由科室从自身的部门预算中抽离。因此，在街道的总体开支记录中无法获得购买服务资金的总数，只能将每个部门的购买资金加总估算出总数。受档案资料记载详细程度所限，有些年份的资金总数可以较为精确地记录，有些年份则只能请当事部门根据回忆粗略估算。

表 4 - 2 中，T 街道自 2011 年以来在购买社会组织服务上的支出增幅远比年度预算增幅大得多。这表明街道表现出培育社会组织的很高热情。据统计，2007 年以前 T 街道辖区内共有 26 家以街道为业务主管单位的社会组织，其中 21 家的登记时间在 2001 ~ 2006 年。T 街道辖区内活动的社会组织总数自 2009 年以来一直保持着每年递增 25% ~ 30% 的速度，到 2015 年已有 112 家。街道在多个重要的发展规划中都明确提出，要快速发育社会组织，以承接政府转移的各项公共服务事项，实现高水平的政社合作。

那么，T 街道快速发展社会组织的原因是什么呢？是根据上级要求执行的结果吗？从时间上来看，国家宏观政策明确提出"激发社会组织活力"以及四类社会组织直接登记是在党的十八届三中全会（2013 年），民政部连续推出发展社会组织的系列文件是在 2014 年，S 市以市委名义下发文件鼓励社会组织快速发展是在 2014 年底，T 街道进入社会组织发展高峰期要比这些政策信号都早，这显然说明这一现象背后还有着其他的现实原因。此外，研究团队还对比观察了与 T 街道同处 P 区的 L 街道和 W 街道的情况，这两个街道随着经济权的上收和上级编制控制措施的实施，分别于 2009 年和 2010 年进入了社会组织的快速发展期，而同一时期我们在未上收经济权的 Z 区 LF 街道却并未观察到相近的态势。① 这些都表明 T 街道快速发展社会组织与其所处的改革情境有着直接关系。

田野观察发现，T 街道的做法实际上有更为隐蔽的逻辑在驱动，即通过发展社会组织来解决改革后的基层政府灵活性不足问题。街道书记在一次访谈中提道：

> 改革要学会借"势"，以前我们比较看重向"条"上部门借力，现在要学会向社会组织借力。发展更多社会组织来承担我们的工作，那么行政部门就不要老提编制不足这些问题……（访谈记录 20140711）

街道长期分管社会组织的主任更是进一步指出了发展社会组织对于街道行政体系的意义。

> 现在的改革有很多地方还存在脱节的地方。比如说，这几年在人、财等方面上级的控制越来越严，但很多时候它自己又管不住其他部门往下扔任务……相当一部分任务下来了，保障却不下来，都要街道干，我怎么干？现在各个科室也聪明了，它也不问你要编制，因为要了也批不下来。现在市里说发展社会组织，那它就建个社会组织来替它干活……有些科室在做预算的时候实际上就把这块考虑到了，它把一部分经费都打到社会组织那去了……这样子方便应对各种任务……（访谈记录 20150417）

---

① LF 街道在 S 市素有善于激发社会活力的声誉。即便如此，2009~2012 年 LF 街道社会组织的发展速度也逊于 T 街道，前者主要是在居民区层次上发展了大量群众团队，但并没有出现街道职能部门大规模培育外围社会组织的现象。

以 T 街道组织科孵化的社会组织 XFS 为例，该组织的负责人曾有过长期的体制内工作背景，组织成立以来主要承接的项目都由街道组织科委托，实际上承担的是组织科现有人力和资源难以应对的各类"溢出"事务，如社区党员教育、党建宣传以及各类党建社会动员任务。在成立的最初三年里，XFS 的最主要经费都来自组织科，其负责人也曾多次在访谈中抱怨过无法承接街道其他科室发布的项目，因为这些项目大多都给了这些科自己成立的社会组织。研究发现，XFS 承接项目时，主要以项目发包科室的治理目标为导向，即使是超出项目协议的内容也会主动承接。街道其他科室也孵化了类似于 XFS 的社会组织，这些社会组织的分布情况如表 4 - 3 所示。

表 4 - 3　各部门发展外围社会组织的情况

单位：家

	民政科	市政科	宣教科	团委	财务科	组织科	劳动科	卫生服务中心
下属社会组织数	5	3	3	2	2	1	1	1

注：2015 年后，T 街道职能部门根据市有关部门的要求进行了"大部制"整合。这里列出的是 2015 年前未整合的职能科室。这些职能科室发展外围社会组织 18 家，占 T 街道为上级主管单位的社会组织总数的 69.2%。

换言之，T 街道试图以购买社会组织服务的策略来应对行政发包体系内的繁杂发包任务。经验观察揭示了这种外包的深层特征。

首先，行政部门掌握着对承包方的很强的控制能力，二者事实上处于一种从属关系而非市场意义上的平等状态。这种控制关系往往通过人员控制而非契约来实现。笔者仔细研究了 T 街道下属 26 家社会组织的法人资料，发现其中有 16 家社会组织的法人明确有过体制内工作经验，占总数的 61.54%。这种人格化的控制机制可以确保多数社会组织围绕街道及其职能部门的需求开展工作。T 街道职能部门实际上常把这些社会组织看作"自己人"。

其次，购买服务的"契约"始终处于次要位置，具有弱约束性。与典型的市场外包不同，笔者在 T 街道观察到的服务外包是围绕行政部门的工作要求和应对各种不确定发包任务而产生的。因此，发包方和承包方实际上都清楚发包任务的边界是模糊的，承包方常会应发包方的要求增加或调整工作事项。

再次，由于这种外包具有服务于属地行政发包体系的作用，因此其中蕴含着特殊的信任机制和依赖关系，发包方偏好在属地内选择主要合作伙伴。据跟踪观察，T街道购买社会组织服务的项目绝大部分都在属地内社会组织中选择承包方，如2013年街道8个科室申报了31个项目外包给18个社会组织，其中16个社会组织是街道科室培育的。这就清晰地表明了这种服务外包中蕴含着"自己人"特殊主义选择机制。

最后，由于这种外包的核心目标是解决行政发包体制内的问题，因此承包方往往会被赋予一定的"准行政权威"，甚至获准使用行政部门的内部权力运行管道。笔者收集了T街道NC居委会自2013年以来的"台账"资料，发现"台账"准确地记录了"街—居"行政任务的流转轨迹。经详细比对，笔者发现2013年NC居委会记录的工作台账中，约有32.12%的工作任务实际上由各类"社会组织"所部署。社会组织与居委会本是平等关系，但前者能向后者发布工作任务就表明前者由于承包了体制内的各种任务因而具有一定的权威地位。

上述特征表明，T街道越来越倾向于把"购买"社会组织服务当作重塑自身灵活性与弹性的策略。在这种思路下，基层政府表现出很高的发展社会组织的积极性，这种做法也确实提升了基层政府的公共服务供给能力，但在社会组织总量快速增长的背后却隐蔽地出现了基层政府借社会组织之"道"以解决自身治理问题的新逻辑。这种行政"借道"社会的做法导致国家和社会的边界日趋模糊，以及行政力量对社会组织机制的深度渗透。

回顾T街道国家与社会关系的演变轨迹，我们可以清晰地发现其受到"区—街"与街道治理体系互动机制的影响。无论是"行政吸纳社会"还是"行政借道社会"，都不是某种社会理念或宏观政策的简单映射，而是反映了行政体系在治理转型中面对不同压力时所做出的策略性选择。

四　结语

本章的理论演绎表明：中国国家与社会关系存在不同表现形态，这种多样性与行政体系内部的改革进程有着密切关联。这启发我们超越视政府转型为研究背景的传统研究进路，通过深入剖析政府改革的内在难题及应对策略来理解国家与社会的互动机理。研究表明，行政部门会用灵活的"借道"机制来迂回解决体制内改革面临的挑战——这些策略实施的同时也会在一定程度上调整国家与社会的关系形态。这些发现充分说明在中国识别国家和社会的边界，必须深入研究两者关系的本质特征，[①] 而不能仅停留于资产所有权意义上的外部特征分析。

回溯中国改革开放的历史进程，行政部门以"借道"机制实施治理的现象不仅出现在本书观察到的社区公益社会组织领域，还在行业协会、商会发展过程中呈现。尽管"借道"的具体形式各有不同，但却有着共同的起因和运行机理，即由于行政体系内部不同层次改革步骤和方向不协同，下级部门面临灵活性和弹性不足的难题，因此会结合宏观改革的要求，在体制外培育一批形式上独立于政府的经济或社会组织，并通过间接、隐蔽的方式使这些组织承担一部分政府事务和公共职能，使其在实质意义上如同政府组织或行政末梢。这里行政"借道"的关键是政府借"他人之道"做"自己之事"，因此被"借道"的经济社会组织在法理意义上独立于政府（如独立的资产所有权），但在实质意义上又形同政府内部组织，这构成行政"借道"现象的两个核心特征。历史上乡镇企业也曾为乡镇政府提供公务分摊方面的灵活性，看似行政"借道"企业，但由于改革开放初期许多乡镇企业本身就为地方政府所占有，乡镇企业领导大多拥有行政级别，严格属于地方政府的组织边界之内，"借道"之说无从谈起，因此这类现象与我们所说的行政"借道"现象就有着本质区别了。

总体而言，本章提出的多层级行政发包理论为分析国家与社会关系提供了一种与既有理论不同的视域，值得进一步梳理。

第一，本章理论框架和"国家与社会"理论之间存在显著的差异。"国家与社会"理论常把各级政府整体化地看作"国家"，并设想"国家"具有清晰一致的发展和引导社会组织的战略思路，因此自上而下地设计了社会力量所处的制度环境。在此假设下，论者大多强调改革国家的宏观制

---

① 行政发包制理论强调国家和社会的边界不能简单地根据资产所有权识别，而是更强调晋升序列作为主要的判别标准。参见周黎安《行政发包的组织边界：兼论"官吏分途"与"层级分流"现象》，《社会》2016 年第 1 期。

度设计并引入更为积极的"国家—社会合作理念",① 从而整体性地推动社会组织制度环境优化。

多层级行政发包理论则认为国家和社会的边界实际上是政府内部运作逻辑与过程决定的,行政发包制内部多层级政府代理人之间的互动、冲突与调适决定了基层政府对社会组织的功能定位的认知。传统的"国家与社会"理论认为,国家理性地设计和选择政府与社会组织的关系与边界,这更体现了委托人的机制设计视角。而本章的理论更侧重于代理人的视角,强调多层级政府代理人之间的互动关系与内在张力如何"意外"地塑造了社会组织的功能与特征。

在改革思路上,多层级行政发包理论主张应基于行政发包制的运行现状重新考察社会组织的制度环境,而不认为单纯调整宏观制度安排就足以解决治理转型中社会力量不足的问题。本章的理论思路更强调通过合理的方式推动多层级治理转型的同步化和协调化进程,同时以制度化方式明晰行政权的配置边界,缩减行政发包中的自由裁量权空间,改革激励模式以鼓励基层政府探索以社会机制解决治理创新问题。

第二,本章理论与新公共管理运动中服务外包理论也存在显著差异。新公共管理理论主张用市场的机制推动政府改革,让私营部门与其他社会主体参与公共服务的供给,在公共部门与私人部门之间、社会机构之间引入竞争机制,从而提高服务供给的质量和效率。② 在这一理论看来,运用政府外包的方式来发展社会组织既可以提升服务的效率和质量,又可以降低公共服务的成本。因此,该理论假设了基层治理转型的改革方向是塑造透明、具有竞争性的公共服务外包市场。

多层级行政发包理论则提醒我们注意新公共管理理论在中国服务外包领域的适用范围。在笔者看来,一旦出现"行政借道社会"情形时,该理论假设的市场竞争逻辑即不适用。在这种境况下,政府购买服务核心目标并不在于控制成本及提高效率,这种购买服务体现了基层政府以"曲线"

---

① 梁昆、夏学銮:《中国民间组织的政治合法性问题:一个结构—制度分析》,《湖北社会科学》2009 年第 3 期;严振书:《现阶段中国社会组织发展面临的机遇、挑战及促进思路》,《北京社会科学》2010 年第 1 期。

② 世界银行:《政府向社会组织购买公共服务的国际经验》,http://documents.shihang.org/curated/zh/219751468023961919/Outsourcing-social-services-to-CSOs-lessons-from-abroad,最后访问日期:2020 年 12 月 14 日。

方式重塑自身的弹性和灵活性空间的努力。一个典型的例子是，许多研究都发现基层政府在购买服务时常排斥跨区域的承包方竞争，甚至为竞争者设置"隐性竞争壁垒"①——这类现象在新公共管理理论看来是不合理且需要改革的。但在本研究看来却是"行政借道社会"模式下基层政府的必然选择。基层政府之所以排斥跨区域的承包方竞争就在于其要通过"外包"来解决行政体系内部的张力，因此必须和承包方之间形成特殊主义的关系纽带，而跨属地边界的承包方与基层政府间形成此类纽带则更为困难。

在改革方向上，多层级行政发包制理论并不过于强调引入市场竞争机制来推动基层政府的公共服务外包改革。本章的理论倾向于改变购买服务的模式，强调基层政府购买服务必须以社会的实际需求而非行政部门诉求为依据，这就需要形成公共服务外包与基层民主、社区自治之间的良性对接。

立足于进一步推动社会组织健康有序发展的国家改革宏观战略目标，本章认为当前社会组织发展中的一些深层问题实际上与基层政府缺乏长期战略的技术主义发展思路有着密切关联。而这种情况的出现在较大程度上与基层政府所面对的治理条件、约束复杂多变有关——如果缺乏一种长期、稳定的保障机制，那么基层政府在这种多层级治理体系运行方式不断调整的影响下，就倾向于实施短期的制度措施，进而导致社会组织难以形成长期发展预期。针对这一深层问题，本章认为当前较为可行的改革思路包括两个方面：一是通过强化党建对基层治理体系的引领与统筹作用，推动基层政府形成治理创新的长期战略。由于党建组织网络是当前基层治理中跨政府部门、跨不同组织体系以及上下联动的重要整合力量，因此充分发挥党建引领作用有助于提升不同层级行政改革的协同度，也有助于帮助基层政府控制治理实践中的不确定性，进而形成长期的社会组织发展思路。二是通过法治手段，为政府与社会组织的良性互动提供重要保障，从而使基层政府在发展社会组织时面对一些刚性的、立足长远的制度约束，提升政府治理与社会自我调节的良性互动水平。

---

① 敬乂嘉：《社会服务中的公共非营利合作关系研究——一个基于地方改革实践的分析》，《公共行政评论》2011 年第 5 期；黄晓春：《当代中国社会组织的制度环境与发展》，《中国社会科学》2015 年第 9 期。

　　总体而言，本章的理论分析有助于研究者对当前中国国家与社会关系的多样性及其背后的决定因素形成总体研判。这将为新时期进一步推动政府治理与社会自我调节良性互动提供重要的理论和政策依据。与传统的概述性研究不同，笔者识别出社会组织领域政策执行中三种不同的制度环境，即强激励政策背景下"鼓励发展"、弱激励强风险背景下"风险控制"以及行政体系内部改革出现张力时的行政"借道"社会。这种理论视域为国家相关政策部门"精准发力"的政策优化提供了更具针对性的类型学框架，从而超越"一刀切"式的传统治理模式。此外，笔者也注意到，在治理转型的时代背景下，行政"借道"机制的微妙之处在于其具有双重功能：一方面能解决行政体制内面临的改革难题；另一方面又为新型组织的出现和发展提供了可能——因为一旦改革的不协调问题得以解决，行政体系就可能减少对这些"借道"组织的隐蔽控制，此时后者已经具备了一定规模，并有可能在新的起点上发展自主性，进而促成新的经济社会空间成长。就此而论，从长周期看，基层治理中的行政"借道"机制也是一种特定情境下的政府与社会组织的互动机制。

第五章　党建引领：社会组织制度环境的新特征

近年来，"党建引领"这一制度要素开始在中国社会治理的各领域发挥核心作用，如在基层治理的跨部门协同中，党建引领成为"条条"之间、"条块"之间跨越组织藩篱开展高效协同的重要制度依托；[①] 在基层社区居民自治领域，党建引领逐步成为有序推动社区公共性构建的重要保障；[②] 在社区服务与建设领域，党建引领成为基层治理体系治理能力提升的重要条件。[③] 这些改革创新探索一方面与党的十九大以来，党中央明确强调以提升基层党组织的组织力为重点，强化基层党组织领导基层治理的改革要求有关，另一方面也与党建治理机制蕴含的独特制度优势密切关联。

在当代中国治理转型的40年改革历程中，党建引领的制度优势是逐渐浮现的，其工作领域也经历了一个不断拓展的过程。以城市基层党建为例来看，改革初期，城市基层党建主要在体制内单位发挥作用，彼时街道党建的工作领域主要限定在"街—居"体制内，发挥作用的空间也比较有限；随着20世纪90年代末至21世纪初基层治理任务的急剧扩大，街道党建逐步向"社区党建"转变，这时基层治理部门开始发现党建网络的弹性、灵活性和延展性可以更有效地推动跨部门协同和跨领域联动，于是党建工作逐步成为基层治理领域整合多方力量的重要制度保障，"区域化党建""城市大党建"的工作理念也逐步形成；[④] 党的十八届三中全会以来，

---

① 李友梅：《当代中国社会治理转型的经验逻辑》，《中国社会科学》2018年第11期。
② 黄晓春：《党建引领基层自治共治：实践与理论思考》，《党政论坛》2017年第3期。
③ 曹海军：《党建引领下的社区治理和服务创新》，《政治学研究》2018年第1期。
④ 这些工作理念都强调通过党建工作推动跨领域的制度协同与力量互补。比如，上海市徐汇区从2007年开始就强调"单位党建、区域党建、行业党建"互联互补。

国家日益注重发展社会组织和激发社会活力，如何进一步发挥党建制度优势以便更好引领社会力量发展成为近年来基层改革创新的重要着力点，在这一阶段各地都探索了许多内涵丰富的党建引领社会组织发展治理模式。

考虑到历史的连续性和治理领域的整体性，本章将以一种系统制度研究的视角，聚焦党建引领在社会治理领域发挥的总体性制度效应，并基于此考察党建引领对于社会组织发展的重要影响——这区别于传统的局限于社会组织内部党建工作而展开的研究。① 基于这一研究设计，本章首先将讨论党建引领对社会治理领域的整体性意义，其次在此基础上研判党建引领对社会组织发展的重要影响机制，最后本章将结合国内前沿地区的改革探索简要讨论未来党建引领社会组织发展的制度创新思路。

一 党建引领与社会治理创新

在当代中国社会治理研究领域，党建引领及其运行机制也许是实践与研究积累反差最大的研究议题。一方面，在过去多年的治理实践中，党建机制在许多重要领域都发挥了战略性功能，但另一方面，学界迄今为止对党建引领的讨论更多停留在现象描绘与经验概述的阶段，对党建引领所依赖的组织机制及其条件、约束缺乏深度研讨。其后果是，研究者无法从总体上形成党建引领社会治理的分析框架，也就难以对未来改革方向做出总体性研判。这种研究现状客观上需要我们超越对党建引领的各种形式描绘，向机制分析的纵深层次探求内中机理。

此外，现有研究对"党建引领"这一术语的运用也是抽象而含混的。论者很少区分党建是在哪些维度以哪些方式发挥作用，往往是笼统地谈论党建引领的治理功能，因此很难在学术积累的层次推动概念化和解释机制的纵深化发展。如有些研究在分析党建引领时实际上强调的是其在治理网络上的强有力整合性；② 另一些研究更强调党建引领的价值倡导与协调功

---

① 在这些传统研究中，研究者把分析的视角更多聚焦于社会组织内部的党组织建设及其效果之上，相对忽略党建工作通过推动社区治理领域的总体性变化而施加于社会组织的影响。

② 李威利：《党建引领的城市社区治理体系：上海经验》，《重庆社会科学》2017 年第 10 期。

能；① 还有研究关注的是党建的基层公共文化建设功能。② 这些研究无疑都
发现了基层实践中党建的某些功能，但由于其缺乏对"党建引领"功能维
度的细致勾勒，导致不同研究之间难以形成有效率的学术对话。不仅如
此，多数研究并未在党建的组织工作特质与功能间建立起清晰的因果机
制，因此亦难形成党建引领社会治理的整体知识脉络。质言之，这也是该
研究领域多"洞见"而理论建构不足的重要缘由。

　　针对上述研究现状，本章试图以中观组织学研究视角对党建引领社会
治理创新的运行机制进行整体性讨论，从而构建党建在社会治理领域发挥
作用的基准理论框架，并在此基础上研判未来进一步推动党建引领社会组
织发展的相应改革思路。需要说明的是，党建工作是一个包含宽广内涵的
系统工作领域，③ 其在不同治理层级和不同治理领域有不同的工作重心，
本章的讨论主要限于基层社会治理领域。

　　学界普遍认为，当代中国基层社会治理模式转型是一个多线程的复杂
进程，涉及三条基本主线：第一条主线是本土情境下多元治理结构的发
展。这一改革主线强调治理转型的方向是改革传统的政府单边治理模式，
形成国家、社会与市场多主体之间的良性合作关系以及保障治理主体之间
的分工协同。④ 围绕这一改革主题，国家提出"党委领导、政府负责、民
主协商、社会协同、公众参与、法治保障、科技支撑的社会治理体系"
"激发社会组织活力"等宏观政策目标，并鼓励各级政府探索政社合作新
模式。第二条主线涉及政府职能转变的过程与机制。理论界普遍认为治理
转型也是政府角色与职能调整的过程。在操作层面，政府职能转变的改革
进程强调在不同层级政府、不同职能部门之间厘清职能边界，塑造高水平

---

① 叶敏：《新时代党建引领社会治理格局的实现路径》，《湖南师范大学社会科学学报》2018 年第
　 4 期。
② 唐亚林、刘伟：《党建引领：新时代基层公共文化建设的政治逻辑、实现机制与新型空
　 间》，《毛泽东邓小平理论研究》2018 年第 6 期。
③ 中共中央文献研究室、中共中央党校编《刘少奇论党的建设》，中央文献出版社，1991。
④ 肖文涛：《社会治理创新：面临挑战与政策选择》，《中国行政管理》2007 年第 10 期；张
　 康之：《合作治理是社会治理变革的归宿》，《社会科学研究》2012 年第 3 期；宋煜萍：
　 《公众参与社会治理：基础、障碍与对策》，《哲学研究》2014 年第 12 期；李培林：《社
　 会治理与社会体制改革》，《国家行政学院学报》2014 年第 4 期。

协同治理的整体治理网络。[①] 第三条主线主要围绕践行基层民主治理模式展开。由于这种治理方式更切合现代多元、分化社会发展形态的内在要求，[②] 国家日益强调在基层民主和协商民主领域探索新型运作机制、推动制度创新。

这三条主线相互交织于一体，构成了中国基层社会治理模式转型的总体历史图景。在一个渐进式改革的总体框架下，不同主线都会遇到一些深层次的改革难题，由于制度的相互嵌入性，这些难题还会相互交织、互为强化，这对于基层社区治理领域的改革无疑会提出更高挑战。相比于西方国家上百年的治理实践而言，我国仅用较短的时间就取得了上述领域的显著成就，[③] 这其中的深层机理恰恰蕴含于党建治理机制的时代探索之中。

（一）多元治理中的活力与秩序双重把关：党建引领的核心要义

抽象来看，基层社会治理体系就是塑造社会生活秩序系统的一套结构性制度安排。其中，来自政府和社会的力量构成了这套秩序体系维系的重要依托。这两种力量的权力来源各不相同，政府权力来自科层体系的强制权威，而社会权力则来自社会契约与协商认同过程。在治理实践中，政府与社会力量互为补充、相互协同，共同塑造了社会生活中的日常秩序。以当前基层治理中的社区发展目标（社会团结机制、多层次公共服务体系、社会组织体制和多元治理结构）为例，这些目标的实现无不需要政府力量与社会力量的合作治理。就此而言，当代中国基层治理现代化的历史进程首先要探索新型的政府与社会合作治理模式，在此基础上不断建构多主体参与的多元治理结构。

从宏观政策导向来看，国家也一直试图构建富有中国特色的多元社会治理体系。党的十九大报告在新的历史方位上提出"打造共建共治共享的社会治理格局"，并指出未来社会治理创新与改革的方向是"社会化、法治化、智能化、专业化"。上述梳理表明，国家日益把政府、社会多元参

① 胡佳：《迈向整体性治理：政府改革的整体性策略及在中国的适用性》，《南京社会科学》2010 年第 5 期。
② 姚远、任羽中：《"激活"与"吸纳"的互动——走向协商民主的中国社会治理模式》，《北京大学学报》（哲学社会科学版）2013 年第 2 期；赵秀玲：《"微自治"与中国基层民主治理》，《政治学研究》2014 年第 5 期。
③ 李友梅：《中国社会治理的新内涵与新作为》，《社会学研究》2017 年第 6 期。

与治理的社会治理格局提上议事日程。

然而，在治理实践层次，要推动多元参与尤其是实现政府治理与社会自我调节良性互动并非易事。立足于中观层次的分析，我们可以发现：政府行政治理所强调的纵向秩序整合机制与社会力量参与治理所借助的横向秩序协调机制各自暗含着一些相互矛盾的诉求，并在各自运作的领域中自发地排斥另一套机制的涉入。比如，纵向秩序整合机制本质上是建立在一元权力中心基础上的自上而下命令协调机制，它借助于等级化的科层管理架构和相对封闭的命令体系而运作，使社会生活按照某种预设的"秩序图景"而演化；而横向秩序协调机制则是产生于开放式社会的多中心之间。它的实现方式主要借助于跨利益群体、党派、阶层的平等协商，形成基于多方"同意"的秩序——可见这两者在基本组织方式上暗含着相互排斥的要素，因此任何一个社会试图将两者有机结合起来都会面临很大的挑战。[1]

从这个角度来看，"政府治理和社会自我调节、居民自治良性互动"的多元治理改革目标实际上就是要从深层次上推动政府行政治理与社会自我调节系统之间的相互衔接与融合。而要在素有"强政府"传统的当代中国实现这一目标，就需要形成一些强有力的保障措施以克制政府行政体系的扩张冲动，并为社会自我调节系统留下足够的制度空间。现实中，这些保障措施常常难以实现，因此政府治理与社会自我调节系统的相互衔接也就常会遇到深层次瓶颈，以至出现"行政吸纳社会"的现象，[2] 比如，我们常常会发现社区自治平台在行政干预下处于"空转"状态，许多横向协商机制也处于可有可无状态。

立足于当代中国渐进式改革的时代情境，我们可以从基层改革中看到上述政社合作难题的深层肇因。由于基层政府处于运动式治理和"层层加码"治理体系的末端，[3] 常面临着目标考核的艰巨压力，[4] 因此面对林林总

---

① 李友梅：《中国社会管理新格局下遭遇的问题：一种基于中观机制分析的视角》，《学术月刊》2012 年第 7 期。

② 康晓光、韩恒：《行政吸纳社会——当前中国大陆国家与社会关系再研究》，《中国社会科学》（英文版）2007 年第 2 期。

③ 荣敬本等：《从压力型体制向民主合作体制的转变：县乡两级政治体制改革》，中央编译出版社，1998。

④ 王汉生、王一鸽：《目标管理责任制：农村基层政权的实践逻辑》，《社会学研究》2009 年第 2 期。

总的治理目标时总倾向于用最直接、见效最快的行政治理手段，这样就导致社会机制和多元协商的空间缺乏有效的保障。在这种现实改革情境下，何种力量与机制可以为政社良性互动提供重要支持？何种制度网络可以为多元协作治理提供重要的保障？

以历史的视角来看，许多重要的城市党建治理机制最初就是沿着上述治理瓶颈逐步发展起来的。不同于行政系统具备明确的治理目标，党群部门的发展目标相对模糊，旨在逐步加强党对基层社会的价值引领和组织领导，对公共服务型社会组织的发展有着极为特殊的认知结构和影响机制。[①]基层党组织从巩固党的执政基础，强化党的群众工作的角度出发，常常愿意为自下而上的社会自我协调机制形成提供重要制度保障。

改革开放以来，随着社会结构深刻转型和单位党建逐渐式微，党建支持多元互动的制度化网络得到了快速发展。1996 年，上海首倡"社区党建"并迅速成为各地普遍采用的制度模式。2004 年上海试点"区域化大党建"并逐步扩展。同年，《中共中央办公厅转发〈中共中央组织部关于进一步加强和改进街道社区党的建设工作的意见〉的通知》（中办发〔2004〕25 号文）首次提出了区域化大党建的概念，要求各级党组织结合实际进行探索实践。党的十七届四中全会后，中组部对区域化党建的内涵进行了深化，明确提出区域化党建是"以街道党组织为核心、社区党组织为基础，驻区单位党组织和全体党员共同参与，优势互补、资源共享、共驻共建的党建工作新机制"。在此期间，各地掀起了从"社区党建"到"区域化大党建"的城市基层区域化党建浪潮，学界对区域化党建的研究也与日俱增，逐步认可区域化党建是对传统党建的突破和创新，具有地域性、网络性、开放性、整合性、多元性等特点。这种新型治理机制有助于从深层次上保障政府行政力量与社会力量之间的和谐互动，也为社会力量的生长提供了重要的制度化支持。

2017 年，全国城市基层党建工作经验交流座谈会在上海召开，会议强调"强化街道党组织统筹协调功能，推进街道社区党建、单位党建、行业党建互联互动，扩大商务楼宇、各类园区、商圈市场、互联网业等新兴领

---

① 黄晓春、嵇欣：《非协同治理与策略性应对——社会组织自主性研究的一个理论框架》，《社会学研究》2014 年第 6 期。

域党建覆盖，健全市、区、街道、社区党组织四级联动体系"，一套组织严密、架构清晰的政党组织网络日渐成型，党的组织网络成为基层治理领域联结体制内外和不同治理主体的新平台。党建引领政社合作正在逐步探索一套超越行政机制和社会机制的新型制度框架和更具弹性的整合机制。近年来，许多地区的改革实践进一步表明党建引领对于推进多元治理结构的有序运行具有极为重要的改革意义。可以说，以党建机制为保障和支撑体系，推动多元治理结构的有效发展已成为近年来各地基层治理创新的重要切入点。

（二）"整体治理结构"与跨体系协调：党建整合机制的制度性优势

20 世纪 70 年代以来，世界各国都注意到克服行政部门"碎片化"运行惯性，提升行政部门之间协同治理水平，以构建扁平化、无缝衔接"整体治理"模式对于提升治理效能具有至关重要的作用。[①] 我国政府也高度重视在基层社区治理中提升跨部门的整体治理能力，这就涉及如何有效构建跨行政体系的部门协同机制这一深层问题。前沿研究发现，这个问题的有效应对涉及国家治理中一个两难挑战：一方面，"条""块"关系并不像传统研究所定义的"专业管理"和"属地管理"那么简单，其客观上还承担着行政体系内分权与相互制衡的总体性治理目标，因此事实上必需保持一定张力；[②] 另一方面，在基层治理实践中，"条""块"之间又必须保持高度协同以更好提供公共产品和服务。面对这种深层次的两难挑战，传统的部门整合、制度整合方案由于无法兼顾上述两方面诉求，因此常难以为继。

具体来看，自改革以来，基层社会治理领域中的"条""块"关系几乎一直在调整中。[③] 其面临的核心难题可以概括为一种"两难困境"：一方

---

① 胡佳：《迈向整体性治理：政府改革的整体性策略及在中国的适用性》，《南京社会科学》2010 年第 5 期。

② 周黎安：《转型中的地方政府：官员激励与治理》，格致出版社、上海人民出版社，2008。

③ 以上海为例，有迹可循的"条""块"关系调整就有 5 次之多。几乎每次调整都强调向"块"上赋权，强调"条块结合，以块为主"，不断强化"块"对"条"的协调和整合。但每次改革后不久"条"上就开始收权，导致上一轮改革的成效在一定程度上弱化。如此周而复始，"条"与"块"之间的权力收放如同钟摆运转。

面，"条"上职能部门大多是专业治理部门，同时随着垂直化水平的不同与上级职能部门保持着水平不一的标准化衔接。在"条"内部，要实现专业化能力的有效发展，就必须实现一定水平的封闭。① 同时从"条"的科层化技术理性发展角度来看，也势必要求"条"内形成自上而下强有力的权威运行机制，这同时会强化"条"保持相对独立性的内在诉求。另一方面，"块"上政府要有效地对辖区实施综合管理，实现"守土有责"的"行政发包"的治理机制，② 就必然试图对辖区内的"条"上职能部门进行多方面的整合，使其在"块"统一领导下以较高水平开展协作治理。这种内在诉求必然要求"块"打破"条"的组织边界，实现有效的跨部门协同。这样一来，社会治理领域就同时存在着保持独立性的诉求和实现横向整合的诉求，这两种诉求各自都有着深远的体制内渊源，且难以达成恰当的均衡。

在 40 年的治理实践中，党建作为一种新型治理机制开始日益显现出跨体系协调的政治优势。无论是"条"上还是"块"上，政府机构都在同级党组织的领导下，因此，不同行政部门之间可以借助党建组织网络迅速建立起稳定的制度化合作框架，由此就可以在不打破"条"或"块"的既有组织边界以及现有规章条例的情况下，灵活地依托党建联建网络形成意见交流、资源共享、优势互补的协同治理新模式。这种治理机制一方面符合"条""块"间保持彼此独立性的宏观治理需求，另一方面又有助于在公共服务与管理中促成部门合作，因此深受基层治理部门的欢迎。

20 世纪 90 年代，北京、上海等特大城市就开始以社区党建为依托，探索以党建促进跨部门合作的治理经验。1996 年 4 月 20 日，中组部印发《关于加强街道党的建设工作的意见》，明确提出"街道党委要领导街道办事处和工会、共青团、妇联等群众组织，支持和保证行政组织、经济组织和群众自治组织依照法律和各自的章程充分行使职权，协调好各方面的关系"。在此之后，各地纷纷强化社区党建的组织网络建设，以街或镇党委为核心，以党建机制吸纳条线政府部门深度融入社会治理工作。党的十九大更是明确强调"要以提升组织力为重点，突出政治功能，把企业、农

---

① 这其中的道理，汤普森在《行动中的组织》中已有明确的阐述。详可参见詹姆斯·汤普森（James Thompson）《行动中的组织》，敬乂嘉译，上海人民出版社，2007。

② 周黎安：《行政发包制》，《社会》2014 年第 6 期。

村、机关、学校、科研院所、街道社区、社会组织等基层党组织建设成为宣传党的主张、贯彻党的决定、领导基层治理、团结动员群众、推动改革发展的坚强战斗堡垒"。这意味着,新时期基层党建治理网络在整合、协调"条""块"关系的基础上有了更大维度的拓展和深化,开始把更多治理主体吸纳于其中。

(三)公共性构建中的社会领域赋权机制:党建吸纳的深层机理

我国社区治理体系改革与创新的基本趋势是日益强调激发社会活力,动员社会组织、社会力量和公众参与到各类公共治理活动中去。从人类历史和社会治理模式演进的一般规律来看,激发社会活力首先要解决社会力量对公共问题的持续关注,继而形成长效、稳定的参与机制以及理性、负责的参与精神。在社会结构日趋分化、社会开放度与流动水平不断提升的当代中国,上述问题的有效解决不仅涉及技术层次的制度建设,从深层次上看还涉及公共性生产这一核心问题。

简单来说,公共性指涉的是人们从私人领域中走出来,就共同关注的问题开展讨论和行动,由此实现私人向公众的转化。① 公共性的生产是一个极为复杂的现代社会核心问题。其同时涉及公共领域的稳定营造、健全公民意识的培育、公平开放的社会参与程序以及理性与法治的公共参与精神等多个维度。就此而言,"公共性"生产并不等同于中国传统语境下"公"的重塑,而着重于参与机制和公众有序参与公共活动的过程。

从操作性角度来看,公共性生产的过程离不开两个相辅相成的历史进程。一是政府对社会领域的有序赋权。因为公共性的生长问题本质上是一种权力关系的改革,没有这种赋权即权力关系的调整,公共性的发育过程就充满不确定性。二是社会形成良性、有序的自我协调与自我组织能力。唯有如此,社会的主体性才能有序生发,个体超越自身狭隘利益关注公共生活才具有稳定的社会基础。

在当前社会治理领域,公共性得以有效建构的前述条件都面临着一些

---

① 李友梅、肖瑛、黄晓春:《当代中国社会建设的公共性困境及其超越》,《中国社会科学》2012 年第 4 期。

深层难题。一方面，在渐进式改革的背景下，向社会领域的赋权势在必行，但赋权后如何保证有序的治理参与又是新问题；另一方面，社会形成良性和有序的自我协调能力也是需要引导的，在一个日益开放、流动和观念多样化的时代，何种机制能有效保障这种社会自我协调能力的发展也是一个新问题。如果这些难题不能在清晰的制度化框架下有效应对，那么公共性的生成就将遇到深层瓶颈。

正是在这个意义上，以党建机制吸纳基层社区参与，在确保循序渐进社会赋权的前提下为社会自我协调能力的有序发展提供支持就成为转型期治理创新的重要内容。近年来，国内许多地区都纷纷探索党建引领基层自治共治的做法，这一治理机制恰恰探求了一种以政党嵌入式工作机制，促进活力与秩序良性相依的新格局。一方面，党建的多层次引领功能更注重"软"的价值引领、人才引领、专业引领和项目引领，从而实现了在活力迸发同时的嵌入式的柔性引领，有助于基层自治与共治的秩序得到有效维护；另一方面，更具开放性的党建工作网络、平台与机制又为自治与共治所依托的公共性形成提供了重要的赋权机制，因而有助于多元治理活力的不断激发。

概括来看，党建作为一种重要的社会治理机制，对于推动跨部门和跨领域的协同治理、引领多元治理结构规范运行乃至推动当代中国公共性的有序萌生都具有不可或缺的核心作用。四十年来，国内不同地区在推动社区治理模式创新的过程中不断围绕上述领域探索党建引领社会治理的新做法，这些经验对于新时期不断创新社会治理、加强基层建设具有重要意义，值得学术界进一步从中提炼出相应的制度模式和理论话语。

案例：上海市临汾路街道党建引领社区社会组织发展①

近年来，上海的城市基层治理架构发生了重要转变。一种更强调以民生为导向、向下负责的基层公共服务体系以及注重激发社会活力，强调多元共治的新型治理模式正逐步取代注重服务经济和行政推动的传统治理模式。此时，临汾路街道开始探索新体制格局下党建引领社区社会组织有序

---

① 黄晓春：《上海市静安区临汾路街道社会组织发展观察报告》，民政部政策研究中心 2018 年组织的全国观测点研究报告，2018。

参与基层自治共治的新做法。与传统工作格局相比，临汾路街道最近几年的改革更注重系统化、多层次的体制、机制建设，逐步形成了街镇、街区、居民区三个层次、一体化衔接的党建引领社区社会组织参与自治共治工作网络。

1. 在街道层次推动社会组织有效参与多元共治

调研发现，临汾路街道的区域化党建工作网络有效推动了社会组织积极围绕公共事务参与多元共治。临汾路街道围绕市委创新社会治理加强基层建设的战略思路，将中心工作转移至公共服务、公共管理与公共安全领域。而公共服务、公共管理事务的定义则取决于区域化党建引领下的社区公共议事机制，社会组织成为多元议事机制中的重要组织力量，开始在更为广泛和深入的维度参与社区公共议事活动。举例来说，以往的社区重大服务实事项目往往是体制内决策决定的，但近年来，临汾路街道辖区内活跃的社区社会组织都可以通过社区委员会机制自下而上表达意见，并成为影响公共决策的重要力量。

2. 在居民区层次推动社会组织融入居民区自治体系

近年来，临汾路街道在居民区层次形成党组织引领、支持和保障的社区社会组织发展体系，并通过社区社会组织形成了发现（挖掘）社区需求、吸纳公众参与、培育社区骨干、增进合区认同的基层自治新路径。尤其 2014 年中共上海市委推进社会治理深度创新以来，临汾路街道的许多居民区都开始进一步推动居民区党组织、居委会借力社会组织开展自治的新做法。

3. 在街区层次实现社会组织与居民需求之间的有效对接

目前，为更有效地开展公共服务，临汾路街道在街区（包含多个居民区）层次建立了"一站式、综合化"的社区服务中心，将各类科教文卫体、助老、公益、便民、群团类服务平台归集起来，以增进邻里和谐、倡导互帮互助、促进居民自治为目标。街道依托各类社区社会组织和群众团队，采用项目化方式，提供各类为民服务活动。以街区阵地，街道党组织整合社区单位资源，集聚社会组织，组建志愿者服务团队，引导居民自治活动，从而构建社区社会组织、社工、社区"三社联动"平台，进而提高社区共治与自治水平。此外，临汾路街道还在街区层次探索了群团组织资源集约使用的新机制，将街道的群团工作力量集中在街区使用，使党的群众工作通过共治共享方法在街区发挥更大效能，使群众自下而上的诉求能更敏捷地传递到街道共治体系。

4. 依托社会组织形成了党建引领自治共治的"嵌入式"新方法

在现代背景下，自治与共治都日益体现出专业化特征，因此不是单纯依赖积极性、参与热情和善意就能自然而然解决问题。诸如小区停车难、物业设施维修等问题都需要相当的专业知识才能有效解决。因此现代政党组织往往会通过扶持专业化支持机构的方式，在实施专业化支持的同时，实施"润物细无声"的有效引领。相比于传统的组织引领，这种方式更为有效，也更容易嵌入基层自治、共治的深层次运行机制中去。临汾路街道近年来在党建引领基层自治共治中探索了许多以培育专业化社会组织为切入点的引领机制。比如，通过党组织孵化的专业物业服务机构，从而实现了党组织对业委会的有效引导；通过组建"社区自治指导服务中心"，探索了以专业化力量引导社区自治的新方法；通过组建更具专业性的"社区党群工作事务所"，更好地实现了以专业方法提升社区共治效能的治理目标。从这个角度来看，临汾路街道近年来的探索与创新体现了以专业化思路推动党建引领基层自治共治的新思路。

总体来看，临汾路街道最近几年在发展社区社会组织的过程中更注重以党建引领的方式推动其有效参与社区治理。这些做法对于转型期社会组织的有序发展具有重要意义。

二 党建引领制度网络与社区社会组织发展

通过上述分析可以发现，党建引领治理创新的过程实际上也是构建基层治理系统制度网络的过程。从这一视角出发，我们讨论党建引领社会组织发展这一主题时就不会把视域仅局限于社区社会组织内部党建这一维度。来自实践的观察表明，基层党组织在引领社会组织发展时，实际上运用的是更为复合的机制与路径。

（一）以构建公共空间吸纳社区社会组织参与治理

社会组织的一个重要特征是大多紧密围绕居民日常生活领域运行，许多组织最初仅活跃于群众文体兴趣领域，较少涉及公共事务。同时，这类社会组织又具有较强的社会动员能力，若能有效将其引入公共治理领域则可快速提升基层治理的效能。近年来，各地在创新社会治理、提升基层治理能力时，都日益关注如何发挥好社会组织的治理功能。而党建引领下的公共空间构建则成为一种普遍的改革探索方向。实践中一些常见的工作机制包括如下几个。

一是围绕社区公共事务形成党建引领下的多元共治制度链条。许多地区都围绕构建社会治理共同体的战略思路，推动街镇政府强化公共职能。在此过程中，基层党建工作网络和相应制度平台充分发挥了吸纳社会多元力量共商公共事务，塑造公共空间的重要作用。如上海的多个区都探索在街道党工委的领导下，通过社区党员代表会议选举产生社区党委，通过社区代表会议选举产生社区委员会的工作机制。在此基础上，社区党委领导下的社区共治得以常态化运行，社区公共空间日渐成型。如静安区天目西路街道基本形成了"社区委员会提议—区域化党建联席会议商议—社区代表会议评议"的"三议"社区共治协商议事的工作链。通过这种制度链条，越来越多的社会力量包括社区社会组织都被吸纳到社区多元共治的公共空间之中，一些社区社会组织开始从"自娱自乐"的社群兴趣领域转向公共事务治理领域。如许多地区都通过吸纳"广场舞"群众团队，在社区治理中发挥了重要作用，一项由国家统计局中山调查队开展的社会调查表明，多数广场舞团队都在地方治理网络的吸纳下承担了一定的公共治理功能。①

二是通过组建社区基金（会）支持社区社会组织进入公共治理领域。近年来，一些治理转型前沿城市开始规模化的组建社区基金（会）。② 其中，新组建的社区基金（会）大多在基层党组织的引导下开展工作，如上海市2014年市委"一号文件"第七条明确提出"推进区域化党建，提高

---

① 王谦：《谁说大妈只跳广场舞？广场舞群体还积极参加社会治理》，南方网，http://kb. southcn. com/content/2017 - 06/13/content_172508372. htm。

② 我国最早的社区基金会发轫于深圳，系"桃源居公益事业发展基金会"。该基金会是由深圳航空城有限公司和深圳桃源居地产集团捐资一亿元人民币成立的非公募基金会。近年来，一些治理转型前沿的城市开始规模化的设立社区基金，如上海从2015年开始大力推动社区基金（会）建设，许多区都鼓励街镇依托党建引领共治的制度网络设立基金（会）以推动社会组织发展，截至2020年5月，全市已建成81家社区基金会。

社区共治水平"，在这条政策意见下文件又进一步指出"在街道、乡镇层面探索建立社区发展基金（会），有序拓展社会资源参与社区治理的渠道"。这表明，这些地区开始在党建网络的指引下依托基金会的形式吸纳社会资源推动社区治理，由此构建了以政府、市场、社会多方资源支持社会力量成长的新型社区社会组织发展模式。更重要的是，在这种新型发展模式下，一种社会力量相互支持的基层社会组织生态体系逐渐成形，基层党组织通过调节这一生态体系的发展进而推动社区社会组织发展正在成为当前乃至未来一个阶段基层党建创新的重要内容。

三是依托党建引领构建稳定的社区治理公共议题形成机制。现代社区的自治要有效运行，首先需要形成公众普遍关注的公共议题——而公共议题的形成又必须和公共资源、资金的配置以及公共服务优化等关键问题密切关联。以往的基层自治工作重心常放在自治制度建设上，但却很少在自治议题的稳定形成机制上深入探索。近年来，我国许多地区的基层街、镇普遍在居民区层次探索党组织引领下的自治金、党员服务群众经费优化使用新方法，并以此为着力点推动社区社会组织围绕公共问题形成自治参与积极性。

总体来看，基层党建通过推动社区公共空间性形成，可以为社区社会组织进入公共治理领域提供重要支持。这也是新时期党建引领机制创新的重要领域。

（二）以搭建多元治理网络支持社区社会组织成长

党组织可以依托跨组织、跨体系、跨领域的多层次组织网络为社区社会组织发展提供重要支持。区别于政府部门在资源、场地等维度提供的支持，党组织提供的网络支持为社区社会组织与外部组织环境之间建立起紧密合作提供了重要的保障。在这个意义上，基层党组织所提供的支持更多的是一种合法性和机会赋予维度的"软"支持。经验观察表明，这种支持对于转型期社区社会组织成长具有重要意义。

灵活的合法性赋予机制为社区社会组织成长提供机遇。合法性是社会组织发展的重要基石。这里笔者是在宽泛意义上使用"合法性"这一术语的，其不仅指涉社会组织在法律规范意义上的合法身份，也指涉在社会普遍共识与认知维度上的合法性。① 通常来说，中国社会组织主要从公共部门的扶持、赞助中获得合法性来源，一些深入的田野研究发现即使社会组织采用各种复杂组织战术可以部分地获得一些社会合法性，其也必须以得到公共部门背书来进一步强化公众的合法性认知。② 具备较强草根性特征的社会组织在寻获政府部门支持时常会因为自身运作领域与功能取向不清晰而遇到难题。因为政府部门通常都有严格定义和边界清晰的公共职能，其对于超出本部门职能或功能较为宽泛、抽象的社区社会组织常常难以提供实质性的支持。而基层党组织却可以本着"巩固党的群众工作基础""广泛联系基层群众"等包容性更强的组织宗旨为这些社区社会组织发展提供初始的支持。这也是经验观察中许多草根社会组织在发展初期主要从街/居党组织处获得支持的重要缘由。就此而言，灵活的合法性赋予机制成为基层党建支持社区社会组织发展的重要路径。

网络联结机制为社区社会组织快速发展提供机遇。社区社会组织要进一步发展就需要建立起更加多维的资源依赖结构并与外部环境建立起紧密的联结纽带。在当前创新社会治理的制度背景下，基层党组织通常在两个层次为社区社会组织发展提供机遇。第一，城市基层大党建或区域化党建的制度网络为社区社会组织在街、镇乃至更高层级的地方公共治理层级建立起与政府部门、驻区单位、企业之间的合作提供了可能。许多草根社区社会组织正是依托这一网络而实现了进一步专业化和规模化的发展。如有研究曾观察到一家环保领域的草根社会组织正是借助党建组织网络实现了关键性的组织发展目标。③ 第二，基层党组织为许多非本地化社区社会组织开展"落地"活动提供了重要支持。近年来，我国许多地区都出现了一些快速成长的社区社会组织，随着组织专业化能级的提升，这些社区社会

---

① 在这个意义上，笔者更多的是从组织研究新制度主义的视角来理解"合法性"概念。相应讨论可见周雪光《组织社会学十讲》，社会科学文献出版社，2003。

② 张紧跟等在关于广州业主委员会联合会的发展策略研究中发现，以各种方式获得房管、卫计等部门的支持成为业主联合会长期生存与发展的重要保障。详细讨论可参见张紧跟、庄文嘉《非正式政治：一个草根 NGO 的行动策略——以广州业主委员会联谊会筹备委员会为例》，《社会学研究》2008 年第 2 期。

③ 李朔严：《政党统合的力量：党、政治资本与草根 NGO 的发展——基于 Z 省 H 市的多案例比较研究》，《社会》2018 年第 1 期。

组织开始在更广泛的地域范围内承接各类社区治理项目。当这些组织面对陌生社区时，通常都会遇到如何有效嵌入当地社区治理网络的难题。此时，许多社区社会组织都会向基层党组织寻求帮助，通过后者更为快速地与本地居民、单位建立起合作纽带。如上海市浦东新区在全区范围内成立了社会组织联合会，该联合会在基层党建的制度框架下开展工作，并为各类社会组织开展社区服务提供"落地"支持。

政治吸纳机制为社区社会组织在更大舞台发挥作用提供支持。虽然目前国家在许多文件中都肯定了社会组织的重要价值，各职能部门对于社会组织作用的认识也越来越深刻，但总体来看，社会组织仍缺乏制度化的参政议政渠道。对于主要活跃于城乡基层社会的社区社会组织而言，其能获得的制度化参政议政渠道就更为有限了。在这种情况下，基层党组织的政治吸纳为社区社会组织的参政议政提供了重要机会。在各地的实践中，上级党组织通过对优秀社会组织党建工作领导人的政治吸纳并赋予其政治身份，较好地帮助了其在更高舞台上发挥作用。现阶段，这种政治吸纳主要表现为基层在选举人大代表、青联委员、政协委员、党代表等一些与体制紧密联系的职务时，将社区社会组织负责人列入推荐名单。通过这些渠道，社区社会组织得以在更大舞台上发挥重要治理功能。

质言之，党建组织网络不仅为社区社会组织进一步提升资源汲取能力提供了支持，而且还为社区社会组织在多元共治结构中争取制度性位置提供了基础性保障。就此而言，从党建视角来分析社区社会组织发展的机会结构显然是一种重要的研究视角。

（三）　以组织建设引导社区社会组织规范发展

20 世纪 90 年代以来，社会组织党建工作逐步起步。党的十四大以后，随着我国社会主义市场经济的快速发展，新经济组织、新社会组织迅速成长，中央日益重视在社会组织中开展党的组织建设。党的十四届四中全会与时俱进地分析了国内外形势和党建工作新环境，通过了《中共中央关于加强党的建设几个重大问题的决定》，该文件明确提出"各种新建立的经济组织和社会组织日益增多，需要从实际出发建立党的组织，开展党的活动"。2000 年，中组部印发了《关于加强社会团体党的建设工作的意见》，对社会组织党建工作提出了进一步的要求。2015 年，中央在《关于加强社会组织党的建设工作的意见（试行）》这一文件中将社会组织的党建作为一项重要工作在全国范围内推广。2016 年，中共中央办公厅、国务院办公厅发布的《关于改革社会组织管理制度促进社会组织健康有序发展的意见》明确指出："社会组织党组织要紧紧围绕党章赋予党的基层组织的基本任务开展工作，团结凝聚群众，保证社会组织正确政治方向；对社会组织重要事项决策、重要业务活动、大额经费开支、接收大额捐赠、开展涉外活动等提出意见，加强对社会组织分支机构党建工作的指导，对具备条件的分支机构，督促其及时建立党组织。"这表明，随着社会组织的迅猛发展，其内部党组织建设不仅发挥着政治把关、教育党员和开展党的工作等使命，还开始在引领发展和决策把关等维度发挥重要功能。

在地方治理实践层次，不同地区根据区域经济社会发展特质探索了大量行之有效的社会组织党建新方法。如上海市早在 2001 年就提出了对"两新"组织实现党组织全覆盖的工作目标，[①]为了实现这些目标，上海市创新党建工作形式，采用联合支部、临时支部等诸多形式推动社会组织党建。浙江、北京、江苏等省市也探索了诸多社会组织党建领域的制度创新，如北京市于 2018 年成立了社会组织党建服务中心，该中心承担了党建指导、活动支持、宣传展示、资源链接、信息传播等多重功能，可以为社会组织开展党建工作提供多方面的支持。近年来，一些地区还以派驻党建联络员等方式进一步提升社会组织党建的专业化水平。

由于社会组织规模较小，内部治理结构较为松散，党建工作对于提升内部治理的制度化和民主化都具有重要作用。2018 年民政部政研中心组织的全国调查数据显示，已经建立党组织的社区社会组织相对而言拥有更高民主决策和内部透明化水平。超过 92.2% 的建有党组织的社会组织会对重大决策进行民主讨论，而在没有建立党组织的社会组织中，经常性对重大决策进行民主讨论的比例则为 72.62%（见表 5 - 1）。不难看出社会组织党建对推进社区社会组织内部建设方面具有积极意义。

---

① 上海市于 2001 年提出了实现"两新"组织党建工作全覆盖的目标，参见洪梅芬《积极探索锐意创新 上海基层党建硕果累累》（2001 年 6 月 23 日），转引自新浪网，http://news.sina.com.cn/c/284454.html。

表5-1　是否建立党组织对社会组织民主讨论的影响

单位：家，%

是否建立党组织	大多经民主讨论		偶尔有讨论		负责人说了算		合计	
	数量	百分比	数量	百分比	数量	百分比	数量	百分比
已建立	414	92.2	18	4.01	17	3.79	449	100
未建立	1941	72.62	337	12.61	395	14.78	2673	100
合计	2355	75.43	355	11.37	412	13.2	3122	100

此外，2018 年调查数据还显示党建水平对于社区社会组织的透明化也具有重要意义。对社区社会组织建立党组织的情况与其财政公开的情况进行交互分析可以发现在已经建立党组织的社区社会组织中，有 69.59% 的比例会经常性地公开财务信息。而在没有建立党组织的社区社会组织当中，会向资方定期公开财务信息的仅占总体的 38.61%（见表5-2）。

表5-2　是否建立党组织对社会组织对外透明度的影响

单位：家，%

是否建立党组织	公开财务信息		不公开财务信息		合计	
	数量	百分比	数量	百分比	数量	百分比
已建立	309	69.59	135	30.41	444	100
未建立	1027	38.61	1633	61.39	2660	100
合计	1336	43.04	1768	56.96	3104	100

总体来看，调查数据表明绝大部分社区社会组织认为党建工作能够在引导组织正确发展、帮助获得政府信任、获得群众支持、融入基层治理体系、获取资源以及提升组织内部管理水平方面发挥重要作用（选择率均超过了 50%）。这些数据从一个侧面表明，社会组织党建工作有助于提升其内部治理机制和决策模式的制度化水平。由于党建工作在组织学习、党员教育和日常讨论方面都有较高要求，当这些工作嵌入社区社会组织的内部治理模式后，可以有效提升后者的稳定性和制度化水平。

建立在上述分析的基础上，我们可以发现，近年来，基层实践中出现的党建引领社区社会组织发展相应做法实际上比传统研究视野中的"社会组织党建"更复杂，不仅涵盖了社区社会组织的内部治理环节，还涉及外部吸纳、网络支持以及价值引导等多个维度。就此而言，党建引领社区社会组织发展的治理模式具有更强的系统性特征，其在一定程度上有助于在基层治理场域中化解社会组织制度环境中部门主义施策的"碎片化"和"权宜性"问题。[①] 虽然这种新型治理模式在实践中已显现效能，但其有效运行对现有基层治理制度网络有更高的要求，因此目前主要在一些治理转型前沿地区初现雏形，未来还有很大的探索创新空间。

三　党建引领下的国家与社会关系新特征

迄今为止，国内学术界仍较少聚焦党建引领制度背景下基层治理领域国家与社会关系的新特征。这种研究现状一方面和传统"国家与社会"理论范式忽略党政差别而泛化研判"国家"行为的研究进路有关；另一方面也归因于学术界对"党建引领"的路径、范畴与内涵缺乏系统讨论。通过前文的分析，我们可以发现随着党建引领制度要素在基层治理领域发挥越来越重要的作用，传统的国家与社会关系开始呈现一些新特征。

（一）组织边界日趋模糊

在传统研究视角下，国家与社会间存在着泾渭分明的组织边界，[②] 即使是在"行政吸纳社会"等理论中，行政部门虽会引导社会组织发展的方向与功能，但两者间仍存在着一定的边界与区隔。这种组织边界也是理论界关于"国家""社会"两分理论预设的重要现实依据。但在党建引领社区社会组织发展的过程中，国家与社会之间的组织边界日趋模糊，突出表现在两个方面。

第一，随着党建引领机制不断嵌入社会组织内部治理结构，国家与社会的互动逐步进入组织内部。在建有党组织的社区社会组织中，党组织活动的过程与社区社会组织的内部决策过程往往是重合的。经验观察中，许多社区社会组织往往将党组织活动与自身内部会议、组织培训和重大活动结合在一起，于是，带有政党动员和教育性质的体制内活动与社会性动员

---

① 黄晓春：《当代中国社会组织的制度环境与发展》，《中国社会科学》2015 年第 9 期。
② 肖瑛：《从"国家与社会"到"制度与生活"：中国社会变迁研究的视角转换》，《中国社会科学》2014 年第 9 期。

机制在社区社会组织内相互交织并融合于一体。如上海公益新天地园区联合党支部通过将党组织活动内化于社会组织能力建设过程中，有效提升了社会组织创始人、总干事、理事长等负责人的业务能力；上海市阳光善行公益事务中心党支部则将党建工作与社会组织等级评估考核、机构公益活动紧密结合起来，从而在开展党支部工作的同时促进机构的发展。在这些基层治理实践中，国家与社会之间清晰的组织边界逐步模糊，国家的动员和引导逐步进入社区社会组织内部。

第二，随着区域化党建（城市大党建）的深入推进，社区社会组织开始进入传统的体制内公共治理过程，并成为一些重要体制内议程的参与者。在传统研究看来，社会组织通常被看作购买服务的对象，其依据合同、契约承担相应公共服务项目——在此过程中，作为发包方的政府部门和作为承包方的社会组织间分工明确、边界清晰。但随着区域化党建的推进，尤其是党建引领自治、共治成为基层治理的重要制度安排，上述分工逐步变得有所模糊。比如，在一些转型前沿地区，购买服务的项目不再单纯由职能部门决定，而是需要经过党建引领自治共治的制度网络来定义，而一些重要的具有较强社会代表性的社区社会组织本身就是这一制度网络的重要参与者，此时这类社区社会组织已不单纯的是项目承包者，其已成为体制内决策的重要参与者。又比如，基层党组织在策划区域化党建活动时，为提升活动的有效性和专业性，常引入专业社区社会组织参与整个活动的设计与推进，这些社区社会组织实际上也紧密嵌入了体制内的治理过程之中。概言之，随着更具开放性的城市大党建工作不断深化，一些具有较大影响力的社区社会组织逐步在体制内治理体系中承担一定角色，国家与社会之间的清晰边界也不断因此削弱。

基层治理领域中国家与社会边界的模糊意味着当代中国基层治理正在形成一种新的合作治理形态。一方面，社区社会组织依托党建网络在许多开放性决策环节嵌入国家基层治理过程；另一方面，国家的意志与目标也借助于社会组织党建有效嵌入社区社会组织的运作之中。这种"双向嵌入"的结构使得国家与社会双方的权力都得到了提升，[1] 在一定意义上形

---

① 纪莺莺：《从"双向嵌入"到"双向赋权"：以 N 市社区社会组织为例——兼论当代中国国家与社会关系的重构》，《浙江学刊》2017 年第 1 期。

成了"双向赋能"。这也意味着国家与社会在基层治理领域正在形成日益紧密的合作模式。

（二）"双向赋能"的互动特征逐步显现

在传统的国家与社会理论看来，既定治理领域中的国家力量与社会力量之间存在着此消彼长的关系。因此为了保护社会的自主性，必须明确国家的边界并确定社会在独立的领域运行。① 但前文的分析表明，当前党建引领基层治理领域国家与社会关系出现了"双向赋能"的新特征，这也意味着二者的互动超越了此消彼长的早期理论想象。这种"双向赋能"表现为两个方面。

一方面，借助社会组织的力量，基层党政组织的治理能力得到了极大的提升。近年来的大量观察和研究已经阐明了社会组织对于基层政府能力提升的意义，本书在此不予赘述。在此主要聚焦社会组织发展对于基层党建的作用，笔者的观察和研究发现这些作用包括三个方面。首先，社会组织有助于提升基层党组织的社会动员能力。借力于社区中的各类群众团队和草根组织，基层党组织可以更好地开展政治宣传和教育，并吸纳更多社区积极分子参与到共建共治共享的基层治理活动之中。其次，社会组织能提升党组织的引领能力。在当前的治理实践中，基层党组织承担着引导物业公司、业委会等基层治理主体发展的重要使命。面对自主性和专业性都较强的这些治理主体，基层党组织如何与时俱进提升引领能力呢？——最近的许多田野观察表明，基层党组织通过孵化或培育专业化的支持性社区社会组织找到了应对问题的新路径。比如，上海市虹口区的基层党组织孵化了业委会专业支持性社会组织"新家园"，并通过后者以润物细无声的服务式引导方式推动业委会健康发展。这些实践显著提升了基层党组织以专业化方式引领治理的能力。最后，通过发展社会组织，基层党组织进一步织密了自身在基层社会的组织网络。由此可以更好地在诸如楼宇空间、流动空间等新型社会领域发挥作用。总体来看，近年来快速成长的社区社会组织已成为基层党建开展工作的重要着力点。

---

① 这一观点在"多元主义"理论中尤为鲜明。详可参见张静《法团主义》，中国社会科学出版社，1998，第 10~11 页。

另一方面，依托基层党组织的支持，社会组织得以不断提升各方面组织能力。在社会组织党建工作的推动下，一些社会组织开始改变早期内部治理结构和过程较为随意的现状，逐步建立起规范的内部治理结构。在基层党组织的网络支持下，许多社会组织寻获了更大的发展空间并开始建立更为多维的资源汲取路径，这些社区社会组织逐步开始在超越居住社区的范畴内发挥治理效能。此外，一些跨区域、跨属地活动的社区社会组织也在基层党组织的帮助下，更好地与当地社区形成了紧密对接，更好地嵌入当地基层治理网络之中。就此而言，基层党建的"赋能"作用对于化解当前社区社会组织发展中的一些瓶颈问题具有重要意义。

在"双向赋能"的基层党组织与社区社会组织互动过程中，国家与社会之间双向共赢的新模式渐显雏形，这也是当前基层治理体系的一种重要制度特征。

（三）多元互动生态环境初现雏形

随着区域化党建的不断发展，基层治理领域多元互动的组织网络日渐成型。随之，一个多要素参与的社区社会组织生态环境开始初步呈现。笔者在这里强调"生态环境"意在指出这种环境比早期社会组织发展中的国家与社会关系或政社关系更为复杂。其通常包含以下新维度。

社会组织之间的合作网络。在党建引领自治共治的过程中，基层党组织往往会推动社区基金（会）或一些枢纽型社会组织建设，并通过这些枢纽型组织来引导或支持其他社区社会组织的发展。这些枢纽型组织则以资金支持、场地支持及推动经验交流等方式推动不同类型社区社会组织之间形成横向合作与交流的组织网络。于是，一种社区社会组织之间互动合作的组织生态体系初步呈现。比如，北京市自 2010 年以来在区县建立了近 200 家枢纽型社会组织，这些枢纽型社会组织组建了党建工作委员会和社会组织联合党组织，联结了 24000 多家社区社会组织。每个枢纽型社会组织都在一定范围内联系了一批活跃的社区社会组织，并在党建工作网络的支持下推动这些组织相互合作与交流。这无形中构建了一种社区社会组织自我支持的组织生态环境。

社会组织与驻区单位之间的合作网络。在区域化党建网络支持下，社会组织的资源获取途径进一步拓宽，一些活跃的社会组织与辖区内的医院、学校、企业之间建立了合作网络。在这一网络中，社区社会组织发展获得了政府以外的资源渠道。举例来说，在上海市浦东新区陆家嘴街道，依托街道党组织搭建的"公益城"项目，众多驻区单位以各种方式认领公益项目，并支持承担项目的社区社会组织开展活动。就此而言，单纯用政社互动的视角来分析社区社会组织发展的情境，就显得有一定局限了。

当基层治理领域中上述新型合作网络出现后，一种比国家—社会互动更为多维的社区社会组织生态体系逐步显现。当然，在现阶段，这一生态体系主要还分布于一些治理转型前沿地区。随着这种新型组织生态体系的出现，社区社会组织内部开始出现分工、分化与合作的新态势。① 这时基层治理领域国家引导社区社会组织发展的模式也逐步从行政部门直接干预转向治理部门调节社会组织生态体系，就此而言，国家与社会互动形态发生了更复杂的转变。

四 当前党建引领制度体系面临的深层挑战

回顾我国当前以党建引领社会组织发展的治理模式，可以发现许多创新做法都是基层在遭遇困难和挑战时自下而上的探索与尝试，这些经验虽事后很快得到高层的支持并引发了相应制度设置，但总体上仍有局部创新的特征，缺乏和治理转型全局性制度安排的整体性深层勾连。此外，相比于其他领域的改革，党建治理机制的发展和创新成效很难在短时间内被清晰评估，因此该领域的实质性创新和"形式创新"常混杂在一起难以识别，这进一步导致该政策领域的激励不足等深层问题。具体来看，在党建引领社区社会组织发展的过程中，存在着以下深层挑战。

（一）缺乏系统的支持保障体系

目前来看，基层党建在引领基层治理体系发展、推动社会组织成长时仍面临着支持保障体系不足的发展难题，主要表现为两个方面。

一是现有基层党建体系缺乏总体性、深度嵌入社会治理关键领域的运

---

① 比如，经验观察中我们发现一些大型社区社会组织开始朝着"支持型组织"角色发展，而另一些组织则朝着某一专业化方向发展，不同组织之间开始出现协同合作。一些跨区域活动的专业社会组织也往往会找到当地社区社会组织合作，以提升居民效能。

行机制作为支撑，因此其发挥制度合力推动社会组织成长的制度稳定性不足。实践中，党建引领社会治理创新常会遇到"谈起来实，做起来虚"的困境，其中主要因素就是许多党建创新做法常在党建体系内自我循环，缺乏与基层公共物品配置、社区社会组织发展、自治共治体系建设等关键治理领域间的深度对接。如果这些问题不解决，党建引领社区社会组织发展就很难进一步发挥实效，并为后者的快速成长提供重要支持。

二是党建引领社会组织成长缺乏专业化党建公共服务平台的支持。在推进基层党建深入发展的新格局中，需要构建一个对社区社会组织、驻区单位全方位开放，以社会化方式整合资源的党建公共服务平台。此外，党建引领社区社会组织发展的过程中还需要基层党组织能有效驾驭多方力量，推动社区公共性有序发展的能力——这些都亟须专业服务组织的保障。但从实践情况来看，基层党建领域的这方面保障还很不足。即使在一些改革前沿地区，基层党组织专门设置了党群服务中心，但这些中心目前主要工作还停留在常规化党务领域，可以说党建引领机制的专业化发展面临不小挑战。

（二）党建引领多主体参与治理面临内生活力不足的难题

党建引领下的社会治理新格局首先是一个多主体共建共治共享的体制架构。但目前看来，无论是体制内单位对于基层党建的参与，还是社区社会组织对于社会领域党建的参与，都存在内生动力不足的难题。一方面，体制内单位参与基层社会治理缺乏精细化的资源整合和对接制度保障，因此对党建联建的收效认识不足。由于目前基层实践主要停留于要求党建共建单位开放资源，但对不同单位间按需精确共享资源缺乏支持手段，因此许多单位往往是被动式参与党建联建。另一方面，由于社会领域党建更注重行政手段，缺乏激发社会内生活力的新方法，因此也面临活力不足的难题。当前社会领域党建主要通过在各类社会组织中建立党的组织网络和工作载体开展工作。这一做法在初期对于引导社会力量有序发展具有重要意义。但从深层次看，这一做法并未形成党组织对社会领域的有效吸纳。从发达国家的普遍经验来看，政党组织对社会领域的有效引导主要建立在两个方面。一是塑造社会生活中吸引各类社会组织、社会团体的公共空间，进而通过在公共空间中把握议程设置、引导注意力分配等方法来引导社会组织发展。二是通过引导公共资金的投入方向，对各类服务型社会力量的发展方向进行有效引导。目前，基层党建在这些方面还需要展开进一步的探索。

（三）党建引领机制的有效运行缺乏相应观念、文化体系的支撑

任何一种制度的有效运行都需要建立在相应观念、文化和认知体系之上。[①] 改革开放前的街居管理体制之所以能顺利发挥作用，一个主要因素是其得到了"集体主义"价值观念体系的支持，因此即使在较低水平的制度整合下，社区生活体系也较容易达成秩序。党建引领社区社会组织发展也需要形成与之相应的文化、观念和符号价值体系。借此，"引领"机制才能以更低的制度成本得以践行，才能超越现实的党建组织网络在更多维的社会生活领域中发挥作用，党建引领的制度体系也更容易内化于群体和个体的行为准则中。但在当前价值观念日益多元、信息传播方式日趋复杂、社会结构不断分化的新情况下，要有效构建这种文化和观念体系正面临着前所未有的艰巨挑战。基层近年来的改革创新表明，新时代党建文化的有效构建既不能单纯局限于传统党建叙事体系内，也不能一味追逐流行文化，更不能立基于单方面的自上而下灌输，而是要构建一种基于公共性之上的新型价值认同体系。这种新型价值认同体系的确立不仅取决于各级党组织对公共议题的科学合理设置，还取决于对现有公共物品配置的基本模式、公共决策的机制等进行系统性优化，最终形成多方主体都普遍认同的社区治理基本价值。可以料想，未来这方面的改革和探索还将持续相当长一段时间。

---

① W. 理查德·斯科特（W. Richard Scott）：《制度与组织：思想观念与物质利益》，姚伟、王黎芳译，中国人民大学出版社，2010。

第六章 "策略性应对"：理解社会组织
自主性的新视角

当前中国社会组织发展的政策领域存在多种政策信号，从而导致不同政府部门多重治理逻辑并存的现象，继而引发社会组织采用各种组织策略来拓展自身资源并获得发展机遇。正是这种多层次互动结构催生了一个具有内在不稳定性的社会组织自主性生产空间。本章在已有研究基础上，勾勒了社会组织以"策略性应对"发展自身自主的复杂机制，以当前快速发展的公共服务型社会组织为例，展现出其在既有制度环境下策略性行动的复杂机制，以及由此可能产生的社会后果。并在此基础上，进一步讨论了这种自主性生产机制对中国社会组织发展可能产生的深远影响。

一 问题意识

近年来，中国社会组织的发展日益受到学界关注。纵观已有研究，虽然不同论者的视角不同，但都共享同一理论假设，即社会组织得以发挥上述功能的基本前提是其具有一定水平的自主性。正因如此，分析当代中国社会组织的自主性特征及其约束条件，对于理解中国社会组织发展中的许多独特现象、中国社会力量生长的轨迹都极具理论和现实意义。

然而，要从总体上回答上述问题着实不易，其中蕴含的复杂性可以从三个维度来解读。首先，我们需要注意到当代中国社会组织所处的宏观政策环境具有较高的含混性特征，多重政策信号并存。本书第三章对此已有讨论，在此不再详述。由于不同政策信号着力点各不相同，彼此间甚至暗含一定的张力，但却共存于社会组织发展的宏观政策框架内。这使各级政府部门在与社会组织打交道时面临一定的不确定性，也为社会组织形成长期发展预期带来一定的困难。在此情境下，研究者要理解社会组织发展自主性所面临的机遇与约束就极为困难，这也使相关领域中以政策一致性为前提开展的研究解释力大为削弱。

其次，这种政策环境引发了实践中政府部门普遍的"灵活治理"。宏观政策信号的模糊性导致不同政府部门在与各类社会组织打交道时缺乏系统的政策指引，它们会根据自身的治理逻辑工具性地处理与社会组织间的关系。这种"技术主义"的治理方式意味着社会组织在实践中所遇到的制度环境是高度复杂和非系统性的。人们要深刻理解社会组织自主性所受到的复杂影响就必须发展出更具穿透力的理论视角。

最后，上述制度环境又进一步诱发了社会组织采用各种组织策略来发展自主性。近年来的一些研究已经注意到社会组织的策略性行为,[1] 论者基于此发展出了"非正式政治"[2]"嵌入式行动主义"[3] 等注重行动策略的分析视角。但现有研究仍无法揭示社会组织行动策略的实质内涵，尤其是无法厘清不同策略的条件和约束。

正是在上述三个层次的互动结构中，当代中国社会组织形成了极为复杂的自主性特征。我们认为，以上梳理的启示主要有两点：第一，当前中国社会组织自主性的生产嵌入在一系列不同层次互动过程中，各种约束条件与策略行为相互交织、互为因果。研究者要理解这种自主性生产机制就需要超越"结构约束"或"策略行动"的单一视角，形成一种更具解释力的分析框架，较好地将来自制度环境的激励、约束以及社会组织的策略放在一个因果解释链条中予以分析。第二，制度环境塑造社会组织自主性的机制极为复杂。各种明文规定背后隐藏着具有不同治理逻辑的实践制度生产者，它们为社会组织提供了不尽相同的预期、约束与激励，导致后者为

---

① 王信贤：《争辩中的中国社会组织研究：国家—社会的视角》，台北：韦伯出版公司，2006；Lin Teh chang，"Environmental NGOs and the Anti – Dam Movements in China：A Social Movement with Chinese Characteristics，" *Issues & Studies*，Vol. 43，No. 4（2007），pp. 149 – 184；Anthony J. Spires，"Contingent Symbiosis and Civil Society in an Authoritarian State：Understanding the Survival of China's Grassroots NGOs，" *American Journal of Sociology*，Vol. 117，No. 1（2011），pp. 1 – 45.

② 张紧跟、庄文嘉：《非正式政治：一个草根 NGO 的行动策略——以广州业主委员会联谊会筹备委员会为例》，《社会学研究》2008 年第 2 期。

③ 皮特·何、瑞志·安德蒙：《嵌入式行动主义在中国》，李婵娟译，社会科学文献出版社，2012。

控制不确定性发展出种种组织战术。① 基于此，研究者欲理解当前中国社会组织的自主性生产机制，就必须理解政府部门的实际治理逻辑。

本文试图提出一个从总体上理解当代中国社会组织自主性生产机制的分析框架，并在两个方面有所突破：一方面，在中观层次进一步剖析"自主性"和"制度环境"这两个高度抽象的概念，使其具有实质性的分析效能。本文将揭示由中国政府体系不同构成部门"非协同"生产的制度环境具有的结构特征；同时，我们把自主性概念化为不同的维度，从而在更为具体的情况下讨论社会组织自主性的不同维度是如何受制度环境影响的。另一方面，展现出社会组织在既有制度环境制约下策略性行动的复杂机制，以及由此可能产生的社会后果。

本文以近年来快速发展的公共服务型社会组织为例来展开我们的分析。这并不意味着我们认为此类社会组织能直接代表中国社会组织的整体特征。事实上，当前中国的社会组织构成极为复杂，诸如行业协会、维权型团体、传统乡谊组织以及活跃在兴趣领域的公众结社组织都有各自特殊的行为逻辑，因而难以一概而论。我们选取公共服务型社会组织来展开讨论主要基于两点考虑：一是由于近年来各级政府都将此类社会组织作为扶持的重点，聚焦此类组织的分析可以折射出当前宏观政策背景下社会组织生长的结构性空间；二是这类组织频繁与各政府部门互动，因此，以其为切入点的分析可以更为清晰地凸显现有制度环境中蕴含的约束、激励机制以及社会组织策略行动的核心逻辑。就此而言，以公共服务型社会组织自主性生产机制为切入点，对我们理解当前中国社会组织的发展态势具有重要启发意义。

下文中，首先我们分析当前公共服务型社会组织所处制度环境的结构特征；其次，结合案例来呈现这些组织的策略性应对；最后，结合理论框架来讨论现有结构下中国社会组织自主性生产的深层特点。

二 非协同治理的制度环境：一个新理论视角

我们提出一个研究公共服务型社会组织实践制度环境的理论框架。分

---

① 詹姆斯·汤普森：《行动中的组织》，敬乂嘉译，上海人民出版社，2007。

析包括三个部分：首先，就"自主性"进行操作化定义；其次，聚焦制度环境中不同制度逻辑形成的机理；最后，引出进一步的讨论。

（一）分析概念的操作化

"自主性"（autonomy）在语义学上有三种含义：独立性（independence）、自我管理（self-government）和自我决定（self-determinate）。国内学者在讨论社会组织的自主性时往往有独特的问题意识，指的是政治社会学意义上相对于"强国家"的社会自主行动空间。但在研究中，论者对社会组织自主性的操作化分析则显得较为随意，往往是在案例分析后笼统地概括某个组织的自主性程度。由于每个经验案例都有各自的关注点，因此研究者对自主性的操作化定位也有所不同，比如，有研究将这种自主性视为社会组织有选择地确定服务项目的过程；[1] 也有研究将自主性呈现的过程看作社会组织自主决策和自主决定内部事务的过程；[2] 还有研究从社团领袖的产生、日常活动的独立性及财政独立等角度来理解自主性，[3] 由于既有研究对自主性的构成疏于定义，因此相关案例之间也很难进行横向比较。

一些研究注意到社会组织的自主性更像是一种多层次的结构。如怀特[4]指出，许多官方背景的社会组织通过牺牲结构自主性来获得实际自主性；张沁洁等[5]发现政府与行业协会的关系强度虽会影响后者的人事、财务等自主性，但却并不影响其活动自主性。这些研究启发我们注意社会组织自主性的不同层次，并关注制度环境与不同层次自主性之间的因果机制。

---

[1] 姚华：《NGO 与政府合作中的自主性何以可能？——以上海 YMCA 为个案》，《社会学研究》2013 年第 1 期。

[2] 范明林：《非政府组织与政府的互动关系——基于法团主义和市民社会视角的比较个案研究》，《社会学研究》2010 年第 3 期。

[3] 陈健民、邱海雄：《广州的民间社会组织：生存与依附》，载魏伯乐等《当代华人城市的民间组织：台北、香港、广州、厦门的比较分析》，香港中文大学亚太研究所，2002。

[4] Gordon White, "Prospects for Civil Society in China: A Case Study of Xiaoshan City", *The Australian Journal of Chinese Affairs*, No. 29 (1993), pp. 63 – 87.

[5] 张沁洁、王建平：《行业协会的组织自主性研究：以广东省级行业协会为例》，《社会》2010 年第 5 期。

本文认为，已有研究关于社会组织自主性的讨论实际上涉及两个不同层次。第一个层次是政治结构意义上的自主性问题，指涉的是一国的结构性制度安排所允许的社会组织自主性水平。第二个层次是行动策略与技术层次的自主性问题，涉及社会组织在日常运作中通过各种策略来创造的自主性。着眼于以上任一层次的分析难免都会陷入以偏概全的困境，因此，如何将两者有效结合起来展开分析就极为重要。在笔者看来，这两个层次的问题常常是相互交织并互相作用的：结构约束往往是社会组织策略行动的背景与动因；而策略行动又可能影响结构约束的实际演化。因此，可行的方案是找到这两个层次间的交汇与互动节点，并以此为观察的切入视角。这些节点构成了我们观察社会组织自主性的关键维度。

这些节点通常都处于控制体系的核心位置。本文梳理了当前涉及公共服务型社会组织的主要法规和政策文件，最终提出以下三个维度的自主性。每种维度的自主性形态背后都隐含着深远的社会与政治意义。

维度一：在多大程度上可以自主决定提供产品的范围（以下简称"活动领域"）？

改革以来，政府对提供不同社会产品的社会组织采取不同的控制手段，这种结构性安排影响了公共服务型社会组织在选择活动领域时的自主性生产。作为基层社会诉求的承载者，公共服务型社会组织又试图根据自己的意愿或所代表群体的预期来提供产品。就此而言，维度一呈现了制度约束下公共服务型社会组织自主性生产的重要脉络。我们认为，维度一所折射出的是公共服务型社会组织与社会的价值、需求之间的关联——这一维度上的自主性越强，这些组织基于社会诉求自主提供社会产品的能力就越强，因而具有较强的"社会本位"发展特征；反之，则表明这类组织更具政府需求导向的发展逻辑。

维度二：在多大程度上可以自主决定组织活动的地域范围（以下简称"活动地域"）？

以 1998 年的《社会团体登记管理条例》为标志，当代中国形成了具有较强国家法团主义特征的社团管理体系。[①] 在此体系中，国家对社会团

---

① 顾昕、王旭：《从国家主义到法团主义——中国市场转型过程中国家与专业团体关系的演变》，《社会学研究》2005 年第 2 期。

体行使控制权，而活动地域上的管理则是制度控制的重要内容。① 维度二的社会意义在于：第一，它决定了公共服务型社会组织的规模和社会动员能力。如果此类组织由于受到制度环境约束仅能在有限的地域范围内活动，那么其通常只能保持较小的社会影响力，无法跨区域与其他社会力量互动，以形成更大规模的社会动员。这种状况显然无法推动中国社会中横向联结机制的发展，而这种横向联结机制恰恰是中国社会有机团结的重要支持条件。② 第二，它决定了公共服务型社会组织在公共空间中的竞争水平。如果这些组织在维度二上的自主性水平越低，那么跨区域活动现象发生的概率就越小，组织间的竞争水平也就越低。

维度三：在多大程度上可以自主决定组织内部运作过程（以下简称"运作过程"）？

政府部门和党群组织都试图引导公共服务型社会组织发展，这种引导通常表现为对后者内部运作过程施加影响。因此维度三呈现了多重力量交织下公共服务型社会组织的内部治理结构和治理过程。如果这两者都容易受到外部干预，该维度的自主性水平就较低。维度三实际上揭示了这类社会组织保持其社会性目标、方法和运作过程一致性的能力，这种能力对于此类组织保持社会属性具有重要意义。

上述三个维度，不仅勾勒了公共服务型社会组织自主性的基本轮廓，而且还能折射出此类组织的深层组织属性。这些组织既可能在三个维度上都具有自主性，也可能仅在某个维度上具备自主性。借助上述视角，我们可以识别出更为复杂的公共服务型社会组织自主性结构，而不会用"强自主性"或"弱自主性"这样的概述来进行标签式解读。

（二）构建理论解释框架

尽管已有"制度主义"文献对制度的定义与作用机理存在许多分歧，但人们都同意制度有多种表现形式，其可以是规则、程序、指令，也可以

---

① 《社会团体登记管理条例》（以下简称《条例》）规定，正式登记的社会组织都需要由登记管理部门核定其章程，尤其是"宗旨、业务范围和活动地域"，并据此进行管理。根据这一条例，如果某个社会组织超出了其章程规定的活动地域，社团管理部门会对其进行必要的管理。此外，《条例》第十九条中明确规定"社会团体不得设立地域性的分支机构"。

② 高丙中：《社团合作与中国公民社会的有机团结》，《中国社会科学》2006 年第 3 期。

是风俗习惯, 还可以是"重复互动中的规律"。① 本文所指涉的制度环境, 不仅包括专门的法规和相应的文件, 而且还包括政府部门实际上采用的各种习惯性做法。当这些做法在一定范围内被公共服务型社会组织接受并"默会"时, 它们就成为后者制度环境中的重要构成, 指引这些组织采取相应的策略。由于在社会组织发展领域中, 许多正式制度模糊不清, 因此理解不同政府部门的实际偏好就具有重要意义。

当我们确定上述研究重心后, 首先遇到的难题在于: 如何选择进入分析框架的制度生产主体。中国的国家治理体系极为复杂, 随着近年来中央政府宏观制度导向趋向于鼓励发展社会组织, 这一复杂治理体系中的多数部门都可能与公共服务型社会组织打交道。因此采用列举的方法加以讨论既不可能也显得赘述。本文通过分类法, 将诸多政府部门类型化为治理逻辑相似的制度生产主体。根据我们的观察, 决定不同部门治理逻辑的两个核心变量是其对公共服务型社会组织的认知取向以及部门的组织监管能力。

认知取向。不同制度生产者对公共服务型社会组织的认知取向决定了它们会在何种意义上理解后者的功能, 并借此生产制度安排。当然, 这种认知并不是在一个真空的组织环境中演化出来的, 而是与不同政府部门的治理任务及其所处的科层环境密切相关, 例如, 作为专业治理部门的绿化市容环卫局往往把公共服务型社会组织定位为"服务外包承接者", 而党委组织部门则倾向于将其定位为"党的群众工作载体"。不同的认知取向导致不同政府部门在与这些组织打交道时从宏观政策中选择不同的信号作为治理的依据。

组织监管能力。不同类型政府部门的组织能力有显著差异, 比如, 党委组织部门并不具有很强的专业治理能力, 但却可以通过党员组织网络较为有效地动员基层社会; 而司法、交通、卫生等部门虽然具有较强的专业技术治理能力, 但其所能动用的组织网络则相对有限, 在缺乏基层政府配

---

① Kenneth A. Shepsle, "Institutional Equilibrium and Equilibrium Institutions", in Herbert F. Weisberg, eds., *Political Science: the Science of Politics*, New York: Algora Publishing, 1986; Elinor Ostrom, "An Agenda for the Study of Institutions," *Public Choice*, Vol. 48, No. 1 (1986), pp. 3 – 25; Douglass C. North, "The New Institutional Economic", *Journal of Institutional and Theoretical Economics*, Vol. 142, No. 1 (1986), pp. 230 – 237.

合时，前者甚至无法"落地"。这种组织能力上的差异最终会影响不同政府部门对公共服务型社会组织的监管能力。

根据以上维度，我们可以忽略不同部门间的差异，在地方行政治理的结构中识别出三类制度生产主体，即"条""块"和党群部门。

1. "条"的制度逻辑

所谓"条"，指的是从中央到地方各级政府中业务内容性质相同的职能部门，[①] 包括公安、劳动、绿化、民政等部门。[②] "条"上部门往往都有相对具体的业务领域，其强调的是标准化和技术化的行政职能履行。

在"条"的认知结构里，公共服务型社会组织主要被定义为服务承接者。随着中央政府对"简政放权"的强调，"条"往往认为公共服务型社会组织贴近社会需求且组织形式灵活，因此可以更好地协助政府提供公共服务。当"条"主要从公共服务角度而非政治的角度来考量此类社会组织时，它倾向于以较为宽松的态度来对待这些组织。除民政部门外，多数"条"都没有培育社会组织的职能。因此，在它们的认知结构中，只要社会组织的能力足够强，其主管单位、注册地等问题都不重要。

"条"主要通过"项目制"购买服务的方式与公共服务型社会组织合作。虽然"块"也向这些组织发包项目，但相比而言，前者在项目的技术指标体系设置、规范化评估等方面比后者更专业。"条"在发包项目时，普遍会引入招投标等竞争机制，这导致与"条"合作的社会组织要跨越一定的专业竞争"门槛"。另外，"条"的组织监管能力相对有限。一些"条"上机构在区以下甚至没有直属的下级机构。这决定了它们实际上很难对公共服务型社会组织承接服务的运作过程进行有效监管，因而普遍允许这些组织在服务时充分发挥自主性。

"条"在面对公共服务型社会组织时的制度逻辑如下。

（1）仅支持这类社会组织在有限领域活动。由于每个"条"都有相对清晰的业务领域，因此，"条"仅支持社会组织在与自身业务相关的领域

---

① 周振超：《当代中国政府"条块关系"研究》，天津人民出版社，2009。

② "条"又可分为垂直领导的"条"和非垂直领导的"条"，前者包括海关、国税等部门，后者则包括劳动、民政、绿化等部门，两者的差别在于人、财等决策权是否完全独立。当前与公共服务型社会组织接触较多的主要是与民生关联较多的后者，因此，本文所说的"条"上部门主要指后者。

开展活动。这意味着，与"条"关联的这些社会组织在自主设计活动领域方面具有较低自主性。以民政部门为例，其所推动的公益招标项目必须围绕安老、扶幼、济贫和助残领域，对于那些虽关乎民生但不在上述范畴内的项目，民政部门通常不予支持。

（2）对这些组织自主选择活动地域持宽容立场。"条"关注的是引入社会组织后的管理和服务效能，因此，它们在用自己的业务经费或合法性收入来支持社会组织活动时，通常并不关注这些社会组织是否跨注册区域活动。比如，上海市司法局早在 2007 年就开始资助注册于 XH 区的 H 组织在全市多个区开展活动；绿化与市容环卫局也长期资助注册于 CN 的 Y 机构在多个区县跨区开展"垃圾不落地"公益宣传活动。

（3）鼓励这些社会组织在运作过程中自主决策。由于组织动员能力有限，"条"实际上很难实时监督公共服务型社会组织。它们与社会组织就服务外包的内容、要求形成合约后，其工作重心就变为督促后者按合约提供产品，这意味着与其合作的公共服务型社会组织在运作过程中有较大的自主决策空间。

2. "块"的制度逻辑

所谓"块"，指的是由不同职能部门组合而成的各个层级的地方政府，通常包括省、市、县、乡（镇），城市的街道办事处作为区政府的派出机构通常也被视为城市基层管理的"块"上机构。

"块"对公共服务型社会组织的认知更为复杂。在其看来，发展社会组织不仅意味着公共服务模式创新，而且还是重要的工作绩效指标。在此背景下，不同"块"之间常围绕发展社会组织展开竞赛，由于这种竞赛背后隐含着排他性关系，[①] 因而"块"倾向于扶持辖区内"自己的"公共服务型社会组织。

在组织监管能力上，"块"的能力要强于大多数"条"。前者可以动用由居委会、社区积极分子等整合而成的组织网络。这意味着，如果需要，"块"可以动用这一组织网络来监督和引导公共服务型社会组织的运行。但"块"所整合的这张网络常忙于应付上级布置的工作，因此除非这些组织的发展出现了明显的问题，"块"通常不会频繁动用组织网络来引导这

---

① 周黎安：《中国地方官员的晋升锦标赛模式研究》，《经济研究》2007 年第 7 期。

些组织发展。

"块"在面对公共服务型社会组织时的制度逻辑如下。

（1）允许这些组织自主决定活动领域。在这方面，"块"给予公共服务型社会组织的自主空间比"条"更大。由于"块"需要对区域的整体经济社会发展负责，这意味着它们所提供的公共产品要更为宽泛。但是在社区自治水平整体有限的背景下，"块"自下而上发现、提取公众需求的能力也相对不足。因此它们大多鼓励辖区内社会组织基于实际需求而确立活动领域。

（2）倾向于控制这些组织的活动地域。这一制度逻辑主要依赖两种机制：一是区别性的公共资源供给机制，指的是"块"对辖区内、外的社会组织采用不同的公共资源供给标准，对于前者不仅提供更多的资源而且给予更多的发展机会；对于后者则相对冷淡。二是区别性的合法性支持机制，指的是"块"为辖区内、外的社会组织提供不同的合法性支持。当前，公众对许多公共服务型社会组织仍心有疑虑，此时，"块"是否为这些组织提供合法性证明就对其能否成功扎根社区具有重要意义。借助这些机制，"块"上政府能有效地控制相应公共服务型社会组织的活动范围。

（3）象征性地引导此类组织运作过程。"块"承担了管理社会组织并保证其有序发展的职能。但其要真正承担这些职能，就必须使自身组织网络有效渗透到公共服务型社会组织内部，从而对后者的决策及时加以干预——而这在现实中极难做到。多数"块"上政府会象征性地行使"引导"此类组织发展的职责，比如，街、镇政府会设立"民间组织管理服务中心"，以示"引导"功能之履行。但实际上此类"中心"大多仅行使社会组织登记、年检之类的简单职能。

3. 党群部门的制度逻辑

这一制度生产主体常被忽视。国内社会学研究在分析政府行为时并不区分党委和政府在组织行为上的区别。但加入这一维度后又容易引起争议，因为党群部门并不构成与"条""块"并置的序列。前者通常嵌入后者内，如"条"和"块"都在同级党委领导下开展工作，其构成也都包括组织、宣传、统战及工青妇等党群部门。本文认为，应将党群组织看作独立的制度生产主体，因为其对公共服务型社会组织的发展有极为特殊的认知结构和影响机制。

党群部门并没有明确的公共服务目标，更侧重通过组织建设逐步加强党对基层社会的价值引领与组织领导。① 这决定了在其认知结构中，社会组织实际上被视为开展党的群众工作的重要载体。换言之，党群部门更关注的是如何通过对公共服务型社会组织的引导来有效提升其影响社会的能力。

在组织监管能力方面，党群部门要显著强于前两个制度生产主体。组织部门、团委等都发展出了相互叠加的组织网络。这些网络可以嵌入社会组织内部。借此，党群部门具有较强的能力以影响这些组织的内部运行。

党群部门面对公共服务型社会组织的制度逻辑如下。

（1）对此类组织自主选择活动领域持宽松态度。由于党群部门通常以政治性或社会性目标为主，缺乏清晰定义的公共服务目标，因此，其大多允许与之关联的社会组织在不违法的前提下自主选择活动领域。在此方面，党群部门展现出比"条"和"块"更宽松的态度。

在活动地域的维度上，党群部门与其所嵌入的"条"或"块"具有相近的制度逻辑。比如，"块"上的党群部门基于属地管理原则通常不鼓励与它关联的社会组织跨区活动；而"条"上的党群部门则对其支持的社会组织是否跨地域活动多持无所谓态度。

（2）以引导这些组织内部运作过程为工作重心。党群部门倾向于对公共服务型社会组织的内部运作过程进行高水平控制。它们较为重视建设党的工作网络，以更好地对其发育进行"政治引领"。表 6-1 以上海某区社会组织党建网络为例，展现了党群部门的组织能力。

表 6-1　上海某区社会组织党建网络

单位：家，%

类型	党组织覆盖及工作覆盖情况						党员情况	
	党总支	党支部	联合党支部	临时党支部	党小组	政治指导员	党员数量	占从业人员的比例
社会团体	1	4	5	0	2	97	182	32.68
民办非企业	4	37	16	2	18	217	709	12.67

---

① 林尚立：《社区党建与群众工作：上海杨浦区殷行街道研究报告》，上海大学出版社，2000。

　　各级党组织通过社会组织党建，发展出较为系统的党建网络以覆盖各类社会组织。党群部门通过这一组织网络，以党内协商、派出政治指导员等形式对这些组织的日常运作进行引导。

　　综上所述，"条"、"块"和党群部门的治理目标和组织能力有显著的差异（见表6-2），因此，它们在面对公共服务型社会组织时展现出截然不同的制度逻辑（见表6-3）。

表6-2　"条""块"和党群部门的认知结构与组织能力对比

	"条"上部门	"块"上部门	党群部门
对社会组织的认知	公共服务供给者	公共服务供给者 治理竞赛中的重要政绩指标	公共服务供给者 群众工作重要载体
组织与监管能力	较弱	象征性监督与管理	具有较强的组织监管能力

表6-3　不同制度逻辑下公共服务型社会组织的自主性空间

自主性维度 政府部门	活动领域	活动地域	运作过程	制度后果
"条"上政府部门	低自主性	高自主性	高自主性	推动政府目标导向的社会组织发展
"块"上政府部门	中等自主性	低自主性	中等自主性	推动区域性社会组织发展
党群部门	高自主性	同所在"条"或"块"	低自主性	推动"符号生产"类社会组织发展

　　表6-3呈现了当前公共服务型社会组织所处制度环境中的不同制度逻辑。由于缺乏更为详尽资料的支持，表6-3中所列出的自主性空间水平（高、中、低）只是粗略和比较意义上的，本文的这些分析更多是为了凸显不同部门制度逻辑的差异。由是观之，每种制度逻辑都有不同的侧重点，但彼此间缺乏协调与对接，它们共同构成了一种"非协同治理"的制度环境。这里所说的"非协同治理"，区别的是长期以来研究者将各类党政部门视为一体，协同管理社会组织的研究预设。这一分析概念勾勒出多种逻辑相互交织影响公共服务型社会组织自主性生产的制度结构。由于这种结构内含较高的不稳定性，因此其可能引发公共服务型社会组织缺乏稳定制度预期的复杂行为逻辑。

上述制度逻辑可能塑造出三种不同的公共服务型社会组织自主性形态。（1）"条"的制度逻辑倾向于塑造这些组织基于政府目标的、"事本主义"特征的自主性形态。在此形态中，公共服务型社会组织缺乏选择活动领域的自主空间，但有追求经营效果的充分自主性。（2）"块"的多目标治理逻辑塑造了这些组织基于区域性需求的自主性形态。除非这些组织的跨区域活动能为地方政府带来显著的政绩效应，否则多数"块"倾向于鼓励这些组织扎根本地社区，并给予其在识别本地社会需求方面一定的自主性空间。（3）党群部门的独特偏好决定了其更倾向于塑造这些组织基于"主流符号"生产过程的自主性形态。以上制度环境塑造了当前公共服务型社会组织许多独特的发展特征，比如，专业服务能力提升，但公共性缺失；[1] 服务组织数量众多，但难以形成跨地区的合作网络等。

（三）进一步的讨论

"非协同治理"的制度生产情形在许多领域都存在。但现有文献对这一组织现象的内在机理及形成机制的分析仍显不足。我们认为，这一现象背后有复杂的组织学肇因，突出表现为治理体系中多重治理逻辑借助科层体制形成了日趋封闭的不同治理单元，这成为非协同治理现象的重要缘由。迈耶和罗恩在《制度化的组织：作为神话与仪式的正式结构》一文中曾设问：当制度环境是多元的，且现代组织的不同构成部分从制度环境中吸纳了不同的制度逻辑后，组织如何解决这种结构性矛盾？他们在考察了多种方案后，认为现代组织最有可能采取的是"脱耦"战略，即"组织回避整合过程，并使不同结构之间彼此脱耦"。[2] 现实中，中国政府的治理体系也体现了这种特征，遵循不同治理逻辑的专业管理部门借助不同的标准、信息渠道建设，形成了自上而下日趋封闭的治理单元。这种结构安排使许多"非协同治理"现象变得日趋常态化。

因此，如何理解具有一定普遍性的"非协同治理"现象，并观察这些制度逻辑相互交织时对治理对象所产生的复杂影响就极为重要。我们认

---

① 李友梅、肖瑛、黄晓春：《当代中国社会建设的公共性困境及其超越》，《中国社会科学》2012 年第 4 期。

② John W. Meyer and Brian Rowan, "Institutional Organizations: Formal Structure as Myth and Ceremony," *American Journal of Sociology*, Vol. 83, No. 2 (1977), pp. 340–363.

为，在诸如社会组织发展、基层民主等领域，许多深层次的问题都源于非协同治理的制度结构，亟须研究者深入分析。

我们在文中把制度生产者分为"条"、"块"和党群部门的分类法还是一种初步的探索。严格来说，这种分类法经不住最严密的追问。有时候"条"与"块"的界限并不特别清晰，尤其是在基层层面。未来更细致的研究还需要把行政层级纳入分析架构中去。

三　非协同治理下社会组织的行动策略

面对上述实践制度环境，公共服务型社会组织会采取哪些行动策略以增进其自主性？本文结合案例分析来呈现不同策略的条件与边界。

2012 年底，我们在上海进行一项调研时，意外地从多个区以及职能部门的访谈中发现了以 X 先生为核心的公益团队（以下简称"X 团队"）的发展线索。考虑到这些政府部门的属性、职能跨度较大，我们对 X 团队皆能与其良好合作感到有趣，因此试图理解其行为策略。从 2013 年开始，研究团队多次对 X 先生及其团队成员进行深入访谈，并收集了该组织发展中的许多一手资料。与此同时，我们根据整理的 X 团队大事记，访问了与其合作的各政府部门负责人，并调阅了 X 团队承担公益招标项目的相关存档资料。研究团队通过交叉对比分析资料的方法，逐步呈现 X 团队在制度环境的作用下发展自主性的机制。这些田野研究工作为本文"深描"X 团队的行动策略提供了重要支持。

（一）案例背景

近年来，上海各政府部门都显著加强了对公共服务型社会组织的扶持力度。比如，市民政局自 2009 年开展公益招投标以来，已累计购买 874 个公共服务项目，资助社会组织资金达 2.8 亿元；各区县和职能部门也通过设立专项资金来购买社会组织服务，其中多个区县每年在财政预算中列支的购买公共服务资金都超过亿元。上述背景意味着：从这一时期开始，公共服务型社会组织单纯依赖其上级主管单位的资源依赖格局开始发生转变——依托"项目化"购买服务机制而形成的新型多边依赖格局开始成型。

在此背景下，大量公共服务型社会组织如雨后春笋般涌现。其构成主要有两类：一类实际上是政府部门"孵化"的社会组织，具有很强的体制内特征。另一类公共服务型社会组织则具有初始的社会"原生"特征，通常都由体制外人士基于社会需求或某种价值而建立。但随着发展阶段的演变，这类组织对各类资源的需求度逐步提升。在来自市场和社会的资源总体有限的情境下，它们开始努力寻求政府部门的支持。X 团队就属于典型的第二类公共服务型社会组织。我们认为，以这类组织为切入点进行深入观察，更能体现出当前制度背景下社会力量成长所遇到的激励与约束。

X 团队在过去五年中经历了一个极为快速的转型与发展过程。X 先生在 2009 年就创立了"FY 高雅艺术推广社"（简称"FY 推广社"）。该组织具有典型的学生社团色彩，主要致力于通过推广高雅艺术来影响社会和公众。初期该组织结构较为松散，成员也主要以志愿者为主。在与其他公益组织联手举办了几次大型活动后，X 先生开始意识到，单纯依靠高雅艺术并不能实现其服务社会的目标，因此开始推动 FY 推广社向志愿者组织方向转变。2011 年开始，X 团队逐步向具有一定专业能力的公共服务型社会组织转变，并正式在民政部门登记注册。经过短短三年的发展，X 团队目前已经打造成了依托一家母机构和三家独立注册分支机构的复杂社会组织网络。该团队目前有核心骨干成员数十人，可动员规模较大的外围志愿者团队和专业服务力量，并形成了由项目总监、执行主任、项目专员等组成的专业化职业体系。其服务已覆盖上海中心城区 9 个区县。

回顾 X 团队的发展历程，我们可以从中发现许多组织策略。这些策略成功地帮助其从现有制度环境中获得资源与支持。在以下讨论中，为使相关线索更为清晰，我们将使用结构化叙事的方式来勾勒出诸多策略及其组织条件。

（二）初期的生存策略

对公共服务型社会组织而言，如何获得政府的支持是一个事关生存境况的基本问题。但多数体制外的此类组织要应对这个问题并非易事。因为政府机构一旦成为其支持者，就意味着它要为这些组织的行为承担一定的连带责任。许多政府机构都出于"多一事不如少一事"的心态不愿意轻易提供支持。在此大环境下，几乎所有的体制外公共服务型社会组织在发展初期都会围绕着如何获得政府部门支持而发展出各种生存策略。我们所观察的案例也清晰展现出这一行为逻辑。

X 先生于 2009 年底开始致力于组建以青年公益事业为目标的公共服务型社会组织。随着组织规模的扩大，X 团队开始谋求正式的社团登记注册。在此过程中，不同政府部门治理逻辑的差异性逐渐浮现出来。X 团队与政府部门多次接触后逐渐感受到以下几点：第一，由于团队初创期的活动领域显得相对随意且宽泛，因此他们所从事的公益事业难以被纳入任何一个政府"条"上部门的职能范围，这导致了在民生领域通常积极支持社会组织发展的民政、人保等部门都不太可能作为其上级主管单位；第二，由于X 团队的活动地域跨度较大，且在最初时并没有扎根于某个社区，因此"块"上的街、镇政府也不太可能承担上级主管单位的角色；第三，比较而言，与他们打过交道的团委系统最有可能为其注册提供支持，因为团的工作领域主要是引领青年人发展，在这一相对宽泛的目标下，它们乐于支持各类公共服务型社会组织举办活动。但 X 团队同时意识到，团系统也有自己的偏好——它们相对热衷支持那些形式新颖又有较大社会反响的活动。

基于上述认知，X 团队开始加大与各级团组织的联系，并致力于打造具有品牌效应的社会活动。在这一组织策略下，他们寻获了重要的发展契机。2010 年，在 X 团队与上海某高校合作举办的青年公益活动中，被邀请为活动嘉宾的 X 区团区委领导觉得 X 团队这种将社会公益组织与高校青年组织对接的活动很有意义，进而提议将这一活动在 X 区全面推广。以此为契机，2011 年，X 团队寻求到 X 区团区委作为其上级主管单位，正式注册了"上海市 X 区 F 青年公益事业发展中心"（以下简称"F 中心"）。至此，X 团队获得了体制内的合法性认定，并开始与团委的长期合作。谈到这种合作的特征，X 先生在访谈中说道：

> 团委系统对于我们的支持是很大的……我们的长期合作有偶然的地方，也有必然的地方。为什么各地都是团的系统比较容易吸纳我们这类创业社会组织呢？一方面，因为团的工作要载体啊！这个和其他的政府部门很不一样……所以它比较容易为我们这类社会组织提供注册登记的支持。另一方面，团的工作主要是引领青年人发展，在这个目标下，它容易接受你提出的各类公益活动……只要它觉得有社会影响，能吸引年轻人正面去发展就可以……所以我要做更多的公益项

目，就会长期建立与团委的合作，后来我在另外两个区注册的社会组织也是找团区委为上级主管单位。（访谈记录20130419）

作为党群部门，团区委的管理逻辑体现出前文所述的鲜明特征：第一，只要在合法的范围内，团委通常不干涉 X 团队选择活动领域。第二，团委特别偏好通过公共服务型社会组织的活动来扩大社会影响，它们往往会介入 X 团队的组织、策划与活动发起过程。在与当事团委相关负责人访谈中，后者也多次提道：

> 团委就是要通过这种沟通和介入来引导社会组织的运作，在扩大社会影响的同时不断提高青年人的公益参与意识。（访谈记录20130426）

作为这种诉求的策略性回应，X 团队会在举办各种青年活动时主动穿插团建的相应要素。

由于 X 团队注重在活动中与团委系统沟通，并总能以创新的形式帮助团委开展活动（X 先生称为"为政府定制解决方案"），因此与团委建立了稳固的长期合作。这为其持续获得体制内支持奠定了重要基础。

回顾 X 团队发展初期的策略，我们可以发现：这些策略都是围绕着 X 团队争取活动领域上的自主性而形成的。为此，其形成了与党群部门合作的互动格局。案例也表明，只有当公共服务型社会组织围绕某个政府机构的偏好采取针对性策略时，它们才能获得这些部门的支持；同时，一旦社会组织与这些部门间建立起依赖关系，其行为就会受到相应制度逻辑的约束。概言之，每种策略的效能都有既定的边界。

（三）进一步的发展策略

当公共服务型社会组织获得最初的生存支持后，它们开始谋求更多的资源和自主性。由于现阶段这些组织的资源主要来自政府，而每个政府部门在向社会组织投入资源的同时都会施加相应的约束。因此，理性的公共服务型社会组织会尝试同时发展与多个政府部门间的合作。此时，该组织与多个制度逻辑关联，并策略性地利用不同政府部门所提供的自主空间以拓展自主性。这不仅是发展的需要，也是这些组织在现有制度环境下建立长期自我保护机制的重要方法。近年来，许多公共服务型社会组织开始采取此类策略。我们在个案观察中清晰地识别出以下几种多边依赖策略。

1. "找项目"

所谓"找项目"，指的是公共服务型社会组织同时从多个政府部门承揽项目，并借此获得附着于项目上的资源以及自由活动空间。这一策略在一定程度上改变了过去十多年来社会组织通常只与单一政府部门关联的依赖格局。但这一策略的有效实施有赖于复杂的能力结构。

第一，这一策略实施的基本前提是公共服务型社会组织能较为准确地识别出不同政府部门发包项目的制度逻辑。F 中心于注册当年就从上海市民政局申请了两个公益项目——"X 区困难家庭子女综合扶助项目"和"X 区 L 街道独居老人关爱项目"。此后它成功地保持了与民政部门的长期合作，这都取决于 X 团队对作为"条"的民政部门偏好有较好的理解。访谈中，X 先生谈道：

> 要和民政部门合作，首先要知道它关注什么……事实上，作为业务部门，民政局和团委的态度很不一样：它更关注的是服务的实效和你的专业化水平，不像团委主要关注的是你的社会影响力有多大……此外，它更关注的是最后的项目评估，这和团委都有很大的差别，你要学会针对不同部门的关注来设计项目，这样获得项目的可能性就会大大增加……（访谈记录 20130419）

可见，实践中不同政府部门对公共服务型社会组织的预期与诉求有较大差异，因此这些组织要成功地"游走"于不同部门间，就必须清晰理解不同部门的偏好。由于这些知识在很大程度上都属于默会知识，只能在频繁的沟通以及非正式交流中获得，许多公共服务型社会组织都会尝试与政府部门的工作人员以及学界专家发展私人关系，或积极参加各类研讨会，以增进自身对所处制度环境的理解。

第二，成功找项目的公共服务型社会组织需要有策略地发展自身专业化能力。这里所说的"策略"具有微妙的内涵：一方面，这些组织必须具备一定的专业化能力——这是其成功竞标获得政府委托项目的基础；另一方面，随着这些组织在专业化上投入资源的递增，它们灵活切换活动领域，承接其他政府部门项目的能力反而会锐减，[①] 这意味着其在专业化上要保持好"度"。简言之，它们必须保持专业化能力的适度发展和较高的通用性。如 X 先生所言：

> 现阶段社会组织要发展，就需要更多的资源，需要获得更多政府部门的支持。这个时候，你需要使你的专业能力能应对各种需求，不能发展太狭隘的能力，最好发展广泛一点的能力……（访谈记录20130520）

我们在观察中发现，X 团队逐渐发展出新的组织策略寻找项目并拓展机遇：首先，他们开始在民生服务中有广泛需求的领域发展专业化的服务力量（如养老服务和为白领服务），由于这些领域涉及多个"条"的职能范围，因此在这些领域发展专业化力量可以避免完全被一个"条"上部门所左右。其次，他们并不致力于在更精细的层次发展这种专业服务能力，而是努力提高专业化服务能力的"通用性"。这样，他们就可以在相近的项目被提出时，通过灵活调整专业化力量的配置来承接这些项目，如用"独居老人关爱团队"来承接其他为老人服务的项目。最后，他们开始发展与其他社会组织间的合作，以确保落地项目得到更大支持。通过这些策略，X 团队逐渐在与各类政府部门打交道的过程中变得"游刃有余"。

2. 多行政区域注册战术

我们发现，从 2012 年下半年开始，X 团队开始了不寻常的组织发展策略。他们开始在上海其他区寻求注册，先后在 Y 区、C 区和 H 区注册了另外三家社会组织。自此，X 团队逐步建立起覆盖四个区的组织网络（见表6 - 4 所示）。

表 6 - 4　X 团队运营的组织网络

组织名称	注册区域	主管单位	业务领域
F 中心	X	团区委	青年公益人才与公益组织培养；青年志愿者招募与培训；青年公益项目与活动开展

---

① 这其中的道理与威廉姆森提出的"资产专用性"原理相通。

续表

组织名称	注册区域	主管单位	业务领域
Z中心	Y	团区委	青年志愿者招募与管理；青年志愿者团队与组织的培育与发展；社会公益项目与活动开展
N中心	C	团区委	志愿者招募与管理；志愿者团队与组织的培育与发展；社会公益项目与活动开展
P中心	H	区委宣传部	社会组织志愿团队的孵化与培训；志愿者招募、培训、管理与评定；公益项目设计、管理、实施与评估

从表6-4可以看出，在X团队所编织的组织网络中，至少有三家组织的业务领域高度接近：F中心、Z中心、N中心的组织目标都与志愿者团队的发展有关。那么，X团队为什么要在三个区设立组织目标相近的机构呢？

如果抛开当前公共服务型社会组织所处的制度环境，X团队的上述行为是难以理解的：因为每个独立注册的组织都需要应付年检和相应烦琐事务，而且还会产生相应的税费，组织间的合作成本也较高。更为理性的方法是依托一个总部，同时在三个区开展活动。但是如果把上文关于"块"的制度逻辑纳入分析，我们就会发现X团队的上述行为是高度理性的行动策略。

随着上海2009年开始在全市推动社会建设，各区县都纷纷出台社会组织扶持政策，比如，Y区在2010年出台了《关于进一步加强我区社会组织建设的实施意见》，对新办公共服务型社会组织提供降低注册资金、开辟绿色通道、发放开办补贴等一系列优惠。显然，上述政策都是诱人的。但要真正享受到上述政策，还有一个基本前提——在Y区注册。换言之，在当前的制度环境下，虽然不同"块"都有类似的社会组织扶植政策，但核心逻辑却是"自家孩子自家管"，所以为了进入不同的"家庭"，就必须成为这个"家庭"的"孩子"。X团队在多区分别注册显然是对这种制度环境的策略性回应。

此外，在执行2011年度的公益招投标项目过程中，X团队清晰地感受到街道和区的"块"上政府对辖区内外社会组织有截然不同的态度：对于前者，相关政府总显得较为善意；而对于后者，这些政府部门则显得相对冷淡。由此看来，在不同区登记注册不仅意味着能得到该区的优惠政策，而且也意味着可以依托该区申请更多的公益招投标项目。我们通过与有关部门的访谈发现，X 团队于 2012 年在 Y 区、C 区注册后，很快就拿到了落地于这两区的公益招标项目（见表 6 - 5）。

表 6 - 5　X 团队 2012 ~ 2013 年公益招投标项目一览

组织名称	注册区	获得公益招投标项目	落地区
N 中心	C	C 区外来女性关爱项目	C
Z 中心	Y	Y 区贫困青少年心理健康服务	Y
F 中心	X	X 区 C 街道、K 街道低保困难家庭培训助学	X

上述多区注册策略不仅帮助 X 团队获得了更多的项目和资源，而且也使其自主选择活动区域更具自主性。从深层次来看，这种"多区注册"战术实际上是公共服务型社会组织面对"块"的制度逻辑时产生的策略。

3. 发展复合型组织结构

"条"要求社会组织具有较强的专业化能力；"块"要求社会组织嵌入社区公共生活；党群部门要求社会组织具有较强的社会影响力。面对这种差异化的制度要求，成功建立多边依赖关系的公共服务型社会组织需要使自身组织结构映射前述要求。① 我们可以从一些高端服务型社会组织身上清晰地看到这种组织结构趋于复杂化的过程。

X 团队在进入发展高峰期后，也开始采用这一策略。X 团队于 2012 年注册了 P 中心。按照其发展战略，P 中心将成为支持型社会组织。自该中心成立以来，X 团队的内部治理结构开始朝着多层次、复合型组织架构的方向发展。具体表现为如下几个方面。（1）P 中心负责集中发展与多个政府机构之间的合作关系。就此而言，P 中心在 X 团队的组织网络中处于上层位置。（2）F 中心、Z 中心、N 中心依托所在区，形成了密切合作的横向组织网络。（3）X 团队针对具体的服务项目形成了专业化的项目团组，这些团组接受 P 中心、F 中心、Z 中心、N 中心的管理。这种治理结构也可以看作 X 团队为了更好地维护与多个党政部门多边依赖关系而形成的新型策略。借此，X 团队具备了更强的自主性和资源汲取能力。

成功建立并维持上述多边依赖结构对社会组织提出了极高的要求，这

---

① Jeffrey Pfeffer and Gerald Salancik, *The External Control of Organizations*: *A Resource Dependence Perspective*, New York: Harper & Row, 1978.

导致了此类组织的"金字塔"式生态结构。这可以解释为何近年来尽管中国政府不断加大对社会组织的扶持力度，但大型的公共服务型社会组织仍寥寥无几。

4. 提高跨界资源汲取能力

一些公共服务型社会组织会进一步拓展资源汲取渠道，尝试从企业、基金会和公众中获取资源，从而更好地发展自主性。由于许多企业宣称在环境保护、扶贫、健康宣传等领域负有"企业公民"责任，因此活跃于前述领域的公共服务型社会组织有可能采取这一策略。

以 X 团队为例，其在走向成熟期后，也开始努力从大企业中获取项目和资源。但同理，它会受到市场资源供给者的预期影响。正如 X 先生所言：

> 企业并不像专家们想象的那样无私，它们资助社会组织也有自己的预期，比如，扩大企业的社会影响力……就此而言，与它们打交道本质上和政府部门是一个道理……（访谈记录 20130429）

由于当前还缺乏对企业捐赠的预期及监督机制的研究，我们尚不能简单地说在此情况下公共服务型社会组织的约束最小，但可以肯定的是这种策略可以为这些组织在政府部门聚焦领域外发展自主性提供支持。

综上所述，面对多维的制度环境，成功发展的公共服务型社会组织会运用诸多组织策略来与多个政府部门构建多边依赖关系，进而最大化拓展自身自主空间。和以往重在描绘策略的研究不同，本文结合制度环境的分析，可以相对清晰地勾勒出不同策略与制度环境之间的因果机理。比如，多区域注册战术与"块"的制度逻辑高度相关。

（四）策略行动的社会意义

当我们讨论公共服务型社会组织的自主性生产机制时，仅仅勾勒策略行动的轮廓是不够的，还需要更为深入地讨论其社会意义。

当前这些组织的策略行动是在一个极为特殊的社会情境中展开的：一方面，公共服务型社会组织赖以生存的资源供给结构具有很强的单中心性——除政府外，来自市场与公众的资源相对有限。在此背景下，大多数公共服务型社会组织的策略行动主要围绕着如何从不同政府部门中获取资源而展开，因此这些策略的运用本质上都强化了这些组织与政府之间的联系。另一方面，政府部门供给公共服务型社会组织资源的过程，又具有体制内封闭决策的特征。这意味着各政府部门可以在缺乏公众参与的背景下，根据自身治理目标来发展社会组织。这种政府向公共服务型社会组织输入资源的模式与通常所讨论的"多元主义"或"法团主义"制度环境中的政府行为有着根本的差异。公共服务型社会组织由此而发展出的各种策略与当代中国社会的基层自治、公共治理乃至公共性生产之间也并没有建立起紧密的关联。

基于上述认识，我们需要更为理性、谨慎地评估上述策略行动的社会意义。一方面，我们不应低估这些策略在当前中国渐进式社会变革中的积极意义。正如近年来许多经验研究所发现的那样，公共服务型社会组织借助各种策略成功地在现有制度环境中寻求到自主性不断再生产的空间，①从而有效地推动了体制外力量的生长。另一方面，我们又要看到这种策略行动的时代局限性以及事本主义特征，因此不应过高估计其对中国社会力量生成与发展的作用。正是基于此，当论者在思考当代中国治理转型等重大问题时，不能简单地以上述策略行动为据，推论出当代中国社会发展的方向和态势。

四 结语

在我们看来，文中所应用的"非协同治理—策略性应对"分析框架同样也适用于分析其他类型社会组织的自主性生产机制。前提是我们需要进一步扩展分析的范畴，把这些社会组织活动场域中的其他制度生产主体（如市场部门、基金会）对社会组织的预期与约束条件考虑进来。借此思路，我们可以对当代中国各类社会组织的发展特征与行为逻辑进行更为精致地解读，而不是简单沿用从"国家与社会"理论中衍生出的种种宏大理论预设来推论社会组织的行为逻辑。遵循这一思路，研究者对当代中国社

---

① 姚华：《NGO与政府合作中的自主性何以可能？——以上海YMCA为个案》，《社会学研究》2013年第1期；皮特·何、瑞志·安德蒙：《嵌入式行动主义在中国》，李婵娟译，社会科学文献出版社，2012。

会组织发展面临的机遇和约束将有更深的体察。

结语部分将进一步讨论由"非协同治理"与"策略性应对"这对分析概念所建构的研究视角具有的解释效力，以及这种视角所揭示的当代中国社会组织总体自主性特征。

（一）理论框架的解释力度与局限

本文所发展出的"非协同治理—策略性应对"理论框架本质上继承了从"分类控制"到"利益契合"理论所蕴含的研究思路。这一思路有两个基本特征：一是把社会组织的发展置于当代中国国家治理转型的时代脉络中，进而把握制度生产者的治理逻辑对社会组织的影响；二是强调制度环境的多样化实践特征。我们进一步拓展了前述理论思路，将以往研究中视为整体的"国家"分解为具有不同治理逻辑的制度生产者，因此得以更为深入地剖析社会组织所处制度环境的实践特征。在此基础上，本文在一定程度上发展了分析社会组织策略行为的研究思路，更为清晰地展现了社会组织的策略与制度环境之间的因果机制。借助这一理论框架，我们可以更为深入地探讨当前公共服务型社会组织发展中的一些深层次问题，并得出一些理论启示。我们尝试将这些启示总结为以下命题。

命题1：与"块"密切合作的公共服务型社会组织容易出现高度嵌入地方行政网络的组织特征。

这一命题对于理解许多从"块"上获取资源的公共服务型社会组织发展特征具有重要的意义。由于"块"具有属地工作思维并身处排他性的横向治理竞赛中，因此其倾向于使公共服务型社会组织紧密嵌入自身的行政治理网络中，并保持一定的封闭性。

命题1.1：对"块"高度依赖的公共服务型社会组织跨区域活动面临一定挑战。

命题1.2：试图扩大自身活动地域的公共服务型社会组织会努力降低其对单一"块"的依赖。

命题2：与"条"紧密依赖的公共服务型社会组织更容易发展出较高的专业水平，但其紧密嵌入地方社会的可能性较小。

命题2展现出与"条"密切合作的公共服务型社会组织较为独特的行为逻辑。一方面，这些组织通常已经发展出一定的专业化能力，并在提供某类服务方面表现出较好的水平, 因此获得了相应"条"的支持。另一方面, 由于"条"的治理任务往往具有专项、技术化的特征, 承接这些任务的公共服务型社会组织大多仅注重在技术化和操作化的层面完成目标, 通常不会紧密地嵌入地方社会的公共空间之中。

命题3: 哪些活动领域"溢出"现有政府职能体系的公共服务型社会组织更倾向于从党群部门寻求支持。

命题3解释了为什么当前在维权、青年兴趣爱好等领域活动的公共服务型社会组织往往会寻求各级党委及其下属部门(组织部、宣传部等)的支持。作为对这种支持的积极回应, 此类组织在开展活动时, 会努力生产一些与党群部门价值观、宣传目标相匹配的制度化符号。

命题3.1: 对党群部门依赖度较大的公共服务型社会组织, 更倾向于开展有较大社会影响力的活动。

命题3.2: 这些组织的治理结构与党群部门的组织网络间会形成衔接的工作"结点"。

命题4: 中国不同区域的治理模式对公共服务型社会组织的发展特征会产生不同的影响。

近来的研究已注意到区域治理结构对社会组织发展具有显著效应。[①] 事实上, 在中国的不同地区存在不同的治理模式: 中西部地区存在显著的"条强块弱"现象; 东南沿海等经济发达地区大多"以块为主"; 上海、北京等城市注重以"区域化党建"来整合其他行政力量。在不同的治理模式中, "条"、"块"和党群部门之间的力量对比和公共部门整合模式不同, 公共服务型社会组织所处的实践制度环境也会有较大差异, 因此可能形成不同的发展特征。命题4的进一步发展仍有待于更多经验研究的支持。

本文所提出的分析框架也有许多局限。这种局限尤其表现为我们对"条""块"和党群部门治理逻辑的梳理仍较为简单和形式化。长期以来, 中国政府研究领域主要集中在纵向的"央地关系"以及地方政府横向竞争领域。迄今为止, 学界对作为地方治理主体的"条"、"块"和党群部门之间的关系及各自行为逻辑仍缺乏深刻的理解。在此背景下, 本文的许多提

---

① 管兵: 《城市政府结构与社会组织发育》, 《社会学研究》2013年第4期。

炼仍不够精确，还需要后续研究进一步深化。

（二）拓展的讨论：社会组织自主性生产的结构特征

公共服务型社会组织是当前中国社会组织的重要构成，其与政府部门互动生产自主性的机制能部分地折射出当前社会组织的某些总体性境遇。本文试图在结尾处进一步拓展我们的讨论。

本文认为，非协同治理的制度环境映射的是当前社会组织发展的宏观政策领域缺乏系统梳理和顶层设计的现状。在这种背景下，地方政府和各职能部门很少从总体上来考虑社会组织发展的长远思路，也很少将其与基层治理创新、社区自治等社会领域密切相关的议题联系起来进行整体制度设计。这种独特的制度环境导致了当前中国社会组织自主性生产中的一些深层特征。

第一，在非协同治理的制度生产框架下，社会力量作为制度生产的主体处于缺位状态，由此导致了社会组织自主性的生产与社会主体性发展相互脱节的现象。由于多年来我国社会力量参与民主管理和自治实践的尝试主要都局限在最基层的村、居层面，很少进入更高层次的公共资源配置领域，① 因此不同政府部门在运用公共资源发展或引导社会组织成长时，社会主体的偏好和意见很难显现出来。在此背景下，社会组织的自主性生产过程更多受到政府治理逻辑的影响，社会的诉求和价值难以得到较好呈现。

第二，这种制度环境强化了以项目为载体、"一事一议"的事本主义发展导向，导致社会组织的自主性生产长期停留于技术层面。科层体系中的不同部门在设计项目时大多以短期需求为导向，许多项目的可持续性有限。这种资源投入现状客观上诱导社会组织花费大量精力"找项目"和"找资源"，但却缺乏在更长远和实现社会价值的层次来探求自主性。

在上述制度环境的影响下，社会组织形成了相应的"策略性应对"。从形式上看，这些策略在许多情形下都可以帮助社会组织在获取资源的同时，提升自主性水平。但由于来自社会和市场的制度生产主体呈现出结构性缺位的状态，这种策略性应对的过程本质上是以灵活呼应政府部门偏好

---

① 李友梅：《深刻认识当前中国社会体制改革的战略意义》，《探索与争鸣》2013 年第 3 期。

为核心特征的。如果缺乏社会主体价值的指引，这些策略有可能强化工具主义的发展逻辑。

综上所述，"非协同治理—策略性应对"的双重机制塑造了一种极为独特的当代中国社会组织自主性生产机制。借助这种机制，大量社会组织在当前中国国家行政治理体系强大、社会主体性发育水平较低、公共性生产面临困境的时代背景下获得了发展空间与机遇。然而，这种发展空间具有很强的内生不稳定性，因此它可能引发的社会后果也是高度不确定的：既可能在催生社会组织快速发展的同时，逐步形成当代中国社会自我管理、自我协调的能力，最终塑造国家与社会良性相倚的格局；也可能导致行政体系对社会力量的重塑，使当代中国社会多元治理结构的建设遭遇重重挑战。就此而论，学界与公共政策部门在讨论中国社会组织发展的议题时，不能仅就事论事地把目光聚焦在诸如社会组织管理制度、公共财政支持机制等技术性问题上，还需要从深层次着眼，思考社会组织与公共性、社会多元诉求之间的契合纽带。如此，我们才可能立足长远，充分发挥社会组织在当代中国社会发展和治理转型中的正向作用。

第七章　迈向系统治理：政策选择与理论思考

本书与社会组织研究领域许多已有研究工作的重要区别在于，本书更侧重于对当前各类社会组织所处制度环境的实践特征进行中观层次的分析，尤其是着力洞察不同维度治理转型制度要素对社会组织发展产生的复杂影响。这种研究视角使我们得以在一个结构性的框架下更为清晰地观察不同维度制度要素"松散整合"时，制度体系对社会组织产生的现实激励与约束。这种分析框架可以帮助我们更为深入地理解当前社会组织发展中各种独特现象背后的制度性根源，而不会简单地停留在制度文本层次上的形式讨论中。由此，我们在讨论社会组织健康发展这一话题时，也更容易寻求有实质性意义的政策切入点。

基于本书前文的分析，笔者认为当前中国社会组织的发展正处于一个历史性的十字路口，之所以这么说，有两方面基本的考虑。一方面，当前中国社会组织正处于改革以来发展最快的历史时期，各级党政部门对于培育社会组织表现出越来越高的积极性，并开始投入越来越多的资金和资源以扶持和培育社会组织发展。笔者可以大胆地预测，照此趋势，用不了多久中国的社会组织在规模和数量上都将达到一个较高的水平。另一方面，如本书前文所述，透过社会组织规模上的快速扩张，我们可以发现其发展中仍存在一些深层次问题，这些问题背后都有深远的制度性原因，因此如果既有的社会组织制度环境仍保持现状而未得到根本上的优化，这些问题在未来几年将会变得越来越突出，其后果是中国国家治理体系的现代转型将会遇到深层次挑战。因此，当我们站在当代中国社会组织发展的历史性十字路口，理论界和公共政策部门有必要形成一种制度创新的系统思路，从根本上塑造一种有利于社会组织良性、健康、可持续发展的新型制度环境。本书将在下文的讨论中简要讨论制度创新的一些基本切入点。

一 设置清晰的改革路线图

前文的分析表明，当前多重治理转型的历史进程对社会组织产生了重要影响，但不同线程改革之间"松散整合"的特征导致社会组织制度环境中存在许多模糊甚至暗含张力的制度特征，由此导致了各级政府和职能部门在推动社会组织发展时采取了一些缺乏长远规划和系统整合的行为。因此，笔者认为，未来中国社会组织的快速、健康发展有一个基本的前提，这就是：国家能在宏观政策层面加快形成关于中国社会组织发展的战略设计和清晰的改革路线图，在中观维度则加强不同维度治理转型之间的协同性与系统匹配性。这一清晰的改革路线图对于社会组织的发展之所以具有重要的作用，原因就在于：其不仅可以促进各级政府在转变政府职能、推进治理转型时形成基于长远规划的社会组织扶持制度；而且可以促进政府与社会组织之间彼此形成长期、稳定的制度预期。只有在这种条件下，社会组织所蕴含的不同于公共部门的独特组织优势才能在治理转型的历史脉络中充分发挥作用。

本书的读者也许会对以上观点心存疑虑，尤其是对于熟知中国改革初期经济领域诸制度变迁轨迹的读者而言，这种疑虑尤盛。因为在诸如乡镇企业改革、国企转制、地方市场培育等领域，最初国家层面政策设置也存在一个较长的模糊期，但这并没有成为地方政府改革的阻力，相反这还为地方政府充分发挥治理灵活性、创新地方性制度安排提供了重要的制度空间。从这个角度来说，宏观政策的适度模糊性有时不但不是一种缺陷，反而有其特定意义。以这些领域的历史实践来对比，今天中国在宏观层次快速形成社会组织发展的路线图是否一定有其必要性？

本研究认为，改革初期以"放权让利"为特征的经济领域改革与本书所讨论的社会组织发展领域情况有根本的不同。一个最为本质性的差异在于地方政府和基层政府是否具有推动改革的强激励。历史地看，在改革初期的经济领域，地方政府和基层政府所面对的宏观制度环境与社会组织发展领域的情况相似（也许不确定性还要大），但地方政府在发展经济、兴办乡镇企业等问题上却有着较强的制度创新激励——这些激励既来自财政分权背景下的财政激励，也来自隐含于政治锦标赛之后的晋升博弈——基于这些系统设置的强激励，地方政府有较强的动机在宏观政策不清晰的背景下，以各种灵活策略来系统推动地方性制度创新，进而一方面为地区经济发展塑造较好的发展环境，另一方面也为日后宏观政策的明晰提供了实践模板。与此不同的是，在当前的社会组织发展领域，基层政府却尚不具备相似的强激励结构，这一方面与发展社会组织所带来的社会正效应（如解决就业、提高人们的社区认同感等）释放较为缓慢有关，另一方面也与当前的社会治理政绩考核体系设置有关。在此情境下，基层政府面对多重制度转型所带来的政策模糊性，就会缺乏制度创新的动力而更多地考虑如何预防不确定性等问题，也更容易采取短期技术主义的发展逻辑来对待社会组织发展议题。由此可见，在这种情况下，国家尽快设置社会组织发展的清晰路线图就显得极为重要了。

本书认为，在未来的社区社会组织发展制度设计中，宏观路线图必须有效解决以下几个基本问题。

（1）确定具有稳定共识基础的国家与社会关系形态。在现代社会，发育社会组织，实质上就是重新界定国家和社会的关系。传统的即自由主义的"国家与社会"理论把国家和社会直接对立起来，把政府职能的转变简单地理解为政府对社会不管不问，社会完全成为自我组织、自我管理、自我协调，同时还能对国家权力进行有效监督和制约的自足实体；面对中国的"强国家弱社会"现状，自由主义的"国家与社会"理论认为只要政府退出社会领域，即只要政府"小"了，"大"社会就会水到渠成，就会自然而然地成长起来。但现实的情形并非如此。波兰尼指出，当一种新的社会力量对另外一种社会生活方式进行殖民时，必然破坏后者的政治和社会生活方式，将之连根拔起，造成后者的"文化贬值"和不适应性。中华人民共和国成立以后，我国基层社会传统的自我组织、自我协调和自我管理的能力在全能主义国家制度下也发生了波兰尼所谓的被连根拔起的变化，式微是其不可规避的命运。在这个传统下，政府的突然变"小"并不必然意味着社会的自然而然地"长大"，相反恰恰可能出现社会失范甚至解体的情形，造成一盘散沙的后果。由此可见，"大社会"，从根本上看是一个"能力"概念，指的是一个社会的人们具有自立（经济独立）、自理（相互协调和帮助）和自治（自我管理和参与政治）的立体式的能力结构。从这个角度看，政府职能转变，一方面是指政府从对社会的大包大揽转变为通过制度和公共财政以及思想观念等措施培育公众的自我组织、自我协调、自我管理的能力，使公众从对国家的完全依赖中走出来，形成自主的公共参与能力。另一方面则要逐步放开政策，为社会成员对自身日常生活进行自我组织、自我管理和自我协调创造必要的空间，同时亦要加强制度完善，及时纠正社会发育过程中出现的偏差并控制不确定性风险。总的来说，在宏观政策层次塑造社会组织发展的路线图，首要的任务就是形成国家与社会良性相依（而非对抗）、共同发展（而非此强彼弱）的新型关系形态。

（2）尊重社会组织的主体地位。明确社会组织在国家治理体系中的主体地位，像对待市场主体一样对待社会组织（大多数政府部门都开始尊重市场主体的独立性，但在对待社会组织上却往往有"上""下"级的观念）。这样就可以在基层治理场域中进一步明确社会组织的治理主体地位。这需要在制度建设过程中，更尊重社会组织的自主性，尊重它们在不违背法律下的行为方式以及开展的各类活动。尊重社会组织的主体地位意味着，不仅要在宏观制度取向上鼓励其发育，而且还要在合法性赋予、登记备案等实际管理制度上采取新思路，使社会组织更好在治理场域中发挥社会协调作用。未来根据"尊重社会组织主体地位"的要求，可以重点考虑：畅通社会组织利益诉求渠道，明确社会组织的治理主体地位，扩大其民主参与权利，逐步在党代会、人代会中增加社会组织的代表比例；推动建立政社合作长效机制，在发挥社会组织主体作用的同时，可以探索按照"政事分离""管办分开"原则，进一步厘清政府、市场、社会的职能边界，加快政府职能转变，为社会组织的成长让渡空间。

（3）建构引导社会组织运作的规则体系。当前，我国对社会组织的管理同时存在着"制度过剩"和"制度匮乏"的现象。所谓"制度过剩"，指的是各级政府和业务部门制定了大量制度对社会组织的具体活动方式、活动领域等内容进行事无巨细的管理，这不仅增大了政府的管理成本，在一定程度上也不利于社会组织充分发挥活力，在社会协调中发挥作用、所谓"制度匮乏"，则指的是在引导社会组织充分发挥作用，规范组织运作的规则构造过程中，大量制度常常处于"缺位"状态，[1] 比如，迄今为止，

---

① 俞可平：《中国公民社会：概念、分类与制度环境》，《中国社会科学》2006 年第 1 期。

各级政府虽然长期用购买服务的方法引导社会组织发挥公共服务功能，但却没有在公共财政渗透机制等方面进行突破性的制度设计，社会组织与政府合作的过程充满人为的随机性安排，缺乏一系列稳定的规则作为保障。就此来看，积极鼓励社会组织在社会治理体系中发挥作用，就要改变制度设计的战略侧重点，更多在引领性规则的设计上下功夫，而不是在具体、琐碎的事务性问题上不断更新制度设计。国家可以鼓励各级政府部门通过法律、财税、社会监督等方式塑造社会组织良性参与治理的行为规则体系，并以此为切入点，引导社会组织稳健发展。

（4）为保障社会组织良性运作，形成相关法规体系。当前的社团管理条例和有关管理制度主要关注的是各类社团的登记、注册、年检等程序性、"门槛"性条件，较少涉及社会组织（尤其是未登记的社区社会组织）的日常运作和社会动员的过程。因此，社会组织的实际生存方式与政府的管理预设之间存在距离。当前需要从法治建设来考虑社会组织良性发展的制度环境，使其权利义务和活动规范、运行规则显性化和明晰化。国家可以建立诸如《社会组织法》等法律，对社会组织的内部组织结构、日常运作程序进行可视化规范，引导社会组织建立健全的内部治理结构。当前，我国试图把党组织建设到各类社会组织中，也就是说，在形式上把各类社会组织纳入党的组织网络。北京、上海等城市的基层党组织还探索了用党建引领机制来推动社会组织发育的经验。这些做法的目标主要是试图探索新时期国家更好引导社会组织发育的路径。然而，这些已有的经验虽然在形式上建立了国家引导社会组织运作的框架，但却一直没有找准国家引导社会组织运作的有效切入点。笔者认为，为了更好地规范社会组织运作，防止其走向社会关系协调的反面，国家必须建立健全相关法律制度，通过法律和制度规范社会组织的组织结构、资金来源、资金使用情况以及日常运作。比如，资金来源和使用的定期审计制度，组织领导的民主选举制度，重大事项的集体决策制度，等等。唯有通过这些法律和制度建设，才能彻底破除社会组织尤其是社区社会组织活动的不可视现象，才能为国家管理社会组织建立确定的切入点和立足点。总的来说，就是要建设适应协调社会组织间关系的规则体系，使社会组织的"合法性"基础从初始的"门槛性"条件（如资金、场地、人员、挂靠单位等）向行为的恰当性转移。不断提升社会组织的法人治理能力，以完善章程为核心，健全选举、议事、决策、财务、人事等内部制度和民主决策、民主监督机制。

（5）形成政府职能转移的纲领性指导制度。针对当前政府部门碎片化购买社会组织服务的现状，建议国家有关部门可以借鉴国际经验，从宏观统筹，系统梳理不同部门的职能架构，有计划、由浅入深地制定政府社会治理与服务职能转移长期规划。适时结合职能转移清单推出政府部门购买社会组织服务长期战略，尤其在以下几方面探索制度创新。一是不断优化政府购买社会组织服务相应制度设计，规范不同政府部门购买社会组织服务的流程、标准与审计制度。二是形成"一口"的政府购买社会组织服务信息发布平台，针对当前项目来源多头、不透明，政府部门与社会组织间信息不对称的现状，形成一口发布的信息平台，向社会组织公布。三是逐步探索形成市、区层面统一运作的购买社会组织服务招标与项目管理平台，不同层级的平台相互联网，共享信息，逐步形成一体化的政府扶持社会组织制度体系。四是围绕政府购买社会组织服务的项目定价、发包机制、评估机制等形成科学的制度安排。

（6）构建支持社会组织发展的公共财政扶持体系。一些研究表明，在市场经济发展的不同阶段，财政支出结构是不同的。在经济发展初期，政府的投资性支出占整个财政支出的比重较大；在经济发展中期，投资性支出在社会总投资及在财政总支出中的比重都呈下降趋势；在比较成熟的市场经济中，公共品方面的支出在财政总支出中的比重将大幅度上升，并将超过其他方面的支出。从国外发达国家的情况来看，进入比较成熟的市场经济发展阶段后，公共财政所发挥的功能还要更为丰富，它还是营造公共生活领域、引导各类民间组织按照国家意图活动的一种重要的工具。英、美等普遍都形成了通过合理安排公共财政，制定资助社团活动的相关条例来"软性"地对社会组织活动方向、活动领域进行引导。当前我国正在全面开展社会建设，唯 GDP 主义的发展思路正在逐步被淡化。与这种变化相应，各级政府的公共财政框架也要相应的调整，应从财政中划出一部分经费用于鼓励社会组织承担社会协调功能。这样就能保证更多的社会组织（尤其是社区社会组织）出于资源汲取的目标而投入到社会协调、公共管理等公益性领域中去。比较可行的制度措施是，以公共财政渗透机制为依托，资助各类社区社会组织进入政府服务的延伸领域，比如，鼓励社区社会组织承担未成年人保护措施的实施与监管、养老政策的落实、图书剧院网吧等文化场所的巡查、社会公德宣传、垃圾分类、社区环保、社区矫治、社会治安综合治理、纠纷调解等功能。在条件允许的情况下，甚至可以实行适度竞争机制，使各类社会组织能以更高的效率发挥自我服务、自我管理的功能。

二 形成党建引领下的高水平社会组织发展格局

当前，我国社区社会组织发展中仍存在一些深层次问题，如购买服务投入机制以行政业务部门为主导，社会组织发展倾向于体制内化，缺乏社会公共性；社会组织运作重形式创新，缺乏公众导向的社会评估机制；等等。未来可以依托党建引领自治共治的新做法，进一步形成系统创新的社会组织发展新格局，在深层次上探索政府治理和社会自我调节、居民自治良性互动的新模式。

（1）在全面提升社会组织党建覆盖率的同时，形成精准发力政策思维。比如，根据兴趣类社会组织规模小、组织化水平低、对接公共部门和资源能力弱的现状，强调党建的服务和支持功能，构建以党建网络为载体的社会组织公共服务与支持体系；根据专业服务类社会组织专业化水平较高，以承接政府公共服务项目为主的发展特征，强调党建在项目实施中的嵌入式引领功能，使党建网络在这些机构承接项目、项目落地、事后评估等环节都发挥重要作用；根据基金会汇聚社会资源、服务公益事业的特征，强调党建在透明化运作、接受社会监督方面的核心作用，最终形成分类指导、紧贴现实需求的社会组织党建新格局。

（2）以党建为依托推动社会组织融入基层治理体系。许多研究表明，基层党组织是社会组织服务落地、参与治理的重要依托，也是党建引领社会活力的重要制度载体。建议未来要以社区党建为依托，深度实施"三社联动"，在鼓励、支持社区社会组织融入基层社区治理体系的同时实施有效政治引导：一是街镇在构筑社区大党建格局时，应明确把社区社会组织吸纳进来，作为基层治理体系的重要构成；二是充分发挥社区党建联席会议等党建载体的桥梁作用，使社区社会组织、社区资源、公众需求实现有效对接，提升社区社会组织参与基层党建活动的积极性；三是依托社区党建组织网络，实现公众对社区社会组织的监督与评议。

（3）探索现代社会党建引领社会力量的新机制。在不断提升社会组织党建覆盖率的同时，有必要进一步探索现代社会政党引领社会力量的新型工作机制，以使党建政治引领功能在更高水平上发挥作用。发达国家的实践表明，政党通过专业机构在提供服务的同时实现"润物细无声"的潜移默化引领是一种重要的引领技术。在上海等城市的研究也发现，基层党组织通过孵化专业支持机构，由后者为社会组织提供服务的同时实施引导，其效能比单纯的"组织覆盖"更持久、更稳定。建议组织部门和民政部门共同推进一批可为社会组织专业化运行提供多层次支持的专业机构（如人力资源培训机构、财务托管机构、社区服务落地支持机构等），并将党建引领有效蕴含于专业服务之中，探索当代中国党建引领社会力量新模式。

（4）依托党建总体布局公共服务外包格局。超越部门碎片化购买社会组织服务的传统模式，通过社区自治、共治机制和党内的自下而上公共需求采集机制，系统提取社区需求。在此基础上，通过社区协商民主从总体上布局公共服务外包的总体框架，并通过引入较大范围的社会竞争机制来购买社会组织服务。

三　营造社会利益表达的多主体组织网络

现有制度环境相对来说更鼓励公益服务类社会组织的快速发展，但对其他类型社会组织的发展则没有提供相近的制度空间，因此当前中国社会组织的发展存在着结构不均衡的现象。这种现状不利于社会组织在国家治理体系现代化过程中充分发挥作用。

现实生活中，不同类型的社会组织在发挥内部协调功能的同时，也会代表其成员向外表达集体利益。当所有的组织都具有相近的表达自身利益的能力或机会时，一种以"规则公正"为内涵的社会利益协调的观念就有可能逐步显现。"规则公正"指的是，在获得发展空间和利益表达方面，不同社会群体、组织应享有相近的机会。规则公正的社会协调观也是现代多元、开放社会发展的核心理念。

从某种角度来看，在过去40多年间，我国社会利益协调的目标和价值取向经历了一个从"结果公正"向"规则公正"逐步转变的过程。在1949～1978年，国家及其各级代理人按照全新的价值逻辑来配置公共产品，调节社会成员的关系，最终使社会体制和社会协调机制与意识形态相符，这是一种结果公正。自改革以来，虽然单位制、人民公社制等制度安排逐步改变，社会的自主性不断萌生，各种社会组织逐步发育，但国家直接调节社会利益关系以促成结果公正的整体制度安排仍未得到根本性改变。随着我国社会结构的不断分化和利益结构的复杂化，单纯依赖国家的力量来调节社会关系促成公正的做法不仅成本巨大，而且还客观上造成许多社会矛盾被直接引到国家上。党的十九届四中全会指出，"完善党委领导、政府负责、民主协商、社会协同、公众参与、法治保障、科技支撑的社会治理体系，建设人人有责、人人尽责、人人享有的社会治理共同体"。这表明未来的社会建设和社会治理要充分调动社会的力量，也意味着社会利益的配置将更多依赖于一种多主体合作的规则框架。由此看来，国家正在逐步更新观念，在社会关系调节中形成以规则公正为核心的新立场。就此而言，有必要探索一些新的制度设计思路。

（1）在培育社会组织的制度设计上，使不同类型的合法组织都有相近的发展机会与空间。现有的制度安排对于服务型社会组织往往持更宽松的态度，但对各类维权类组织和利益表达型组织则持较为严格的态度。这导致不同类型社会组织的发育出现结构性不均衡，也导致各种社会矛盾向党和政府层面的集中，反而不利于社会关系的协调与社会协调机制的建设。鉴于此，笔者认为国家应在制度安排上按照公民的合法权利原则给予具有不同利益诉求的社会成员同等的组织化权利和机会。

（2）拓宽不同社会组织表达合法利益的渠道，建立保证不同社会组织同等地表达各自利益诉求的制度空间。建议探索建立确保不同类型社会组织具有同等的进入合法利益表达渠道权利的制度空间。从我国当前的情况来看，未来比较有可能的探索方向有三点：第一，完善、优化人大、政协的代表制度和工作制度，使更多的社会组织能通过这些法定渠道来表达利益和观点；使各类自发性的社会组织的代表能够成为人大代表、政协委员，并逐步、适当扩大其比例；在条件允许的情况下修订宪法，创新人大代表、政协委员的提名与生成机制，比如，在一些具有较大社会影响力的社会团体中，通过推荐、选举的方式产生人大代表、政协委员。第二，建立社会组织参与论证、决策和评估与社会成员利益密切相关的制度制定、工程建设的机制，并使之制度化、常规化，从而使社会的意见与国家的决策之间能建立起更为顺畅的沟通机制。第三，在村/居委会层面形成由众多社会组织参与的制度化公共治理平台，探索通过广泛讨论和民主协商来决定社区发展目标、解决社区纠纷的新方法与新路径。

（3）建立联系基层政府与社会组织的横向联席机构。社会组织充分发挥社会协调功能的重要前提是其与政府部门之间建立起密切互动的关系。因此下一步可以尝试在政府管理部门和社会组织之间设立多种横向联席机构，通过该机构服务和联系一个系统、一个领域的社会组织，行使一部分政府授权或委托的管理职能，并把社会组织的需求、意见和建议向政府管理部门反馈，使其成为加强党建工作的支撑、完善双重管理的依托、凝聚各类社会成员的载体和实现合作共治的平台。通过政府与一些具有资历的社会组织签订协议，通过伙伴方式来交办，建立新型社会管理模式。

四　形成多样的社会组织培育路径

在多重治理转型交互作用于社会组织发展的时代背景下，有关部门可以进一步探索多样化的社会组织培育路径。

（1）持续推动政社分离。公共部门应该弱化自身同从政府部门脱胎出来的、亦官亦民的社会组织的关联，保持政社分离。在我国，目前存在一大批具有"二政府"性质的社会组织，它们本来是从政府衍生出来的，挂靠特定的政府部门，从政府部门获取资源，听从政府的调遣。这种政社不分的独特体制不仅阻碍了其他社会成员自我组织、自我管理的能力和机会，限制了其他独立的社会组织的发育，更为严重的是，这些社会组织恰恰成为社会组织自身不可视和非规范运作的重要潜在来源。鉴于此，国家有必要杜绝"特权社会组织"的生产和再生产。唯其如此，只有脱离了政府部门的荫护，社会组织才可能走向可视化，才可能给不同社会组织一个平等公正的发展环境。

（2）实现"蕴管理于服务"的政策思路转换。事实上，单凭降低和放宽社会组织的进入门槛，建立严格的日常监管制度还很难规范各类社区社会组织的运行，使其自觉接受政府、舆论以及社会成员的监督。因此，有关部门需进一步探索"蕴管理于服务"的政策思路转换，通过多种更为灵活务实的柔性制度安排，把各种社会组织引导至结构和活动上可视化、在功能上发挥正向的社会协调作用的道路上来。这一政策思路的转变，需要各级政府和主管部门更为科学地设置管理杠杆和政策工具，在为社会组织提供服务的过程中更好地引导后者的健康发展，比如，建立社会组织资质与信用认证制度，由各级社会组织服务部门牵头，其他部门配合成立一个评估社会组织资质和日常信用的体系，各级政府根据评估结果更好地规划公共资源对社会组织的资助；优化政府购买服务的运作机制，在资质管理的基础上，鼓励社会组织以适度竞争的方式争取公共服务项目，鼓励社区群众、受助者加入对社会组织的监督与评估中去。

（3）建构社会公共事务的形成机制。社会公共事务是激发公众参与意识、培育"公平正义"社会价值、提升社会组织自我协调和管理能力的基础所在。没有社会公共事务，社会组织的建设就会面临"无源之水"的问题（如现实中，社会组织发育了不少，但"社会协同、公众参与"却难以落实）。在当前的背景下，我国探索社会公共事务的形成机制可以从两个方面着手：一是从政府改革和规范行政职能的角度，"释放"一部分政府承担的社会公共事务，使公众成为其决策、运作的参与者，不断推进社会力量投身于解决社会公共问题，逐步健全社会组织的自我管理、自我协调的能力；二是在法律的框架内，通过基层民主等方式，培育社会自下而上提出公共事务的能力和机制。基层政府可以通过居民代表大会、社区委员会、各类沟通协商会等渠道，鼓励公众通过积极讨论和协商，形成一系列与本区域、本领域的发展密切相关的社会公共事务，如社区绿化的布局、社区生活环境的保护等。

（4）创立社会组织人才的培训体系。保障社会组织从业人员的合法权益，不断为其提升专业化水平提供制度保障。适当提高政府购买社会组织服务价格构成中人力资源的比例，提升社会组织人力资源建设的长远制度预期。尤其是注重对社会组织中三个层次人员的系统保障与培训：一是对社会组织的管理层，要规范其领导产生机制和民主监督机制，实行秘书长聘任和培训上岗制度，增强其职业管理能力；二是对社会组织的工作层，要逐步建立职业规范，建立专职工作人员资格认证制度，提高工作人员在职和退休待遇，促进其往专业化、职业化、年轻化方向发展；三是对社会组织的成员层，要有意识地通过各种活动，逐步选拔、培养各类群众积极分子和群众骨干。

（5）完善社会化支持与监督体系。采取政府引导、群众组织参与、民间力量兴办、专业团队管理、政府公众监督、社会民众受益的模式。使政府和社会公众的力量都参与到对社会组织发展的支持和管理中来。重点是逐步建立起面向公众（尤其是捐款人、受益人等）的社会组织信息发布平台，同时将信息公开作为法定义务，与扶持政策挂钩，督促各类社会组织公开、透明地发布自身活动信息（如重大活动信息、资产财务信息、接受和使用捐赠信息、收费项目及标准等），接受社会监督。通过上述平台，国家可以逐步形成社会力量参与支持、监督社会组织发展的新型扶持模式。

（6）鼓励各类社会组织紧密扎根基层社区治理体系。这一举措有两方面的深刻内涵：一方面，基层社区是最贴近不同社会群体日常生活的范畴，也是各类社会矛盾频发的区位，因此鼓励社会组织紧密扎根基层社区可以更为快速地获取群众需求、反映群众意见，化解或缓解社会矛盾，真正使社会组织的社会活力和社会属性得到申发；另一方面，经过十多年的社区建设，全国各城市都形成了较为完善的基层治理网络，因此在社会组织紧密扎根基层社区的条件下，基层政府可以动用治理网络和居民区的自治网络更好地引导社会组织发展，因此有可能成为当前构建社会组织"过程管理"体系的重要突破口。在操作上，这就要求各街、镇在构筑社区共治和自治体系时，明确地把社会组织吸纳进来；充实现有的基层社会组织管理中心职能，使其成为引导社区社会组织进入社区治理体系的组织纽带。最终逐步形成"以社区为主"的社会组织活动监管体系。

（7）开发党的组织资源，探索嵌入式介入社会组织发展的新路径。新时期加强党对社会组织功能发挥的引导有两个层面：宏观层面与微观层面。在宏观层面，各级党委首先可以更好地把握社会组织运作特点，以法治的方式对其运作方式进行规范，当前，国内规范社会组织的一般性法律一直缺位，因此有必要在党的领导下加强对社会组织的立法工作。然后，各级党委可以通过创新组织覆盖和工作覆盖的方式，对各类社会组织的运作目标进行有效引导，这意味着党不能仅满足在各类社会组织中建立自己的基层组织，而且还要设计出一系列有效的工作机制来切实提高党的工作在社会组织中的影响力与渗透力。在微观层面，则有必要充分发挥基层党组织的作用，在新的发展阶段中党的基层组织要进一步探索有效引导社会组织健康运作的途径与方式，比如，基层党组织可以尝试社会化的运作方式，形成一些示范性经验，以扩大引领社会组织进步的作用效应；通过党员主动发起社团、依法介入社团活动，为党组织的工作嵌入各类社会组织提供重要基础；鼓励党员依托社会团体，广泛开展各种社会活动和社会工作，使其在融入、参与社会组织活动的过程中引导社会组织发展走向；不断摸索在基层党组织内建设各种活动型专委会，并加大其对社会组织活动的支持与影响。简言之，就是通过党的群众工作模式的创新，引导和激励社会组织积极参与到区域公共治理活动中。

五　形成自我支持的社会组织发展生态体系

未来中国的社会组织在发展中还会不断提出一些迫切的新需求，比如，如何提升自身人力资源水平，如何包装和策划有吸引力的公益项目等。围绕这些需求的满足，还可以形成一种服务社会组织的产业链。这里的发展空间很大，社会组织在其中也大有可为，甚至可以发展出一种将社会组织与经济组织联结起来的，具有桥梁功能的咨询、策划、评估的服务业。这种服务业可被理解为借助市场机制的支持性社会组织，可能会帮助其他社会组织更有效地找准社会需求，在一定条件下还可以为这些社会组织解决资源（财政、人力、信息等）供给问题提供新的路径。就此而言，我国未来可以探索通过孵化、培育一批支持性社会组织（如基金会、各类枢纽型组织等），形成社会组织发展链的"上游组织"，并使这些"上游组织"带动、引领"下游"中小社会组织的发展，最终形成具有自我支持功能的社会组织发展生态体系。以此为思考的切入点，我们在公共政策设计上还可以考虑以下问题。

（1）构建社会组织生态系统的孵化器。未来我国可以借鉴美国硅谷、上海张江等扶持创新企业发展的经验，为社区社会组织创业提供一个由各种社会资源聚合而成多层次互助、互利的组织环境，以形成有利于社区社会组织发展的新型孵化器。建议有关部门可以在总结国内一些典型公益孵化园经验的基础上，推动建立更大范围的社会创新孵化园，由企业提供厂房、政府出资租赁、社会组织免费使用并自主管理。孵化园通过申请、评估等一套严格的程序和专业评估筛选，着力挖掘一批有创新性、有发展潜力的社会组织。这些社会组织通过与孵化机构共同开展资金筹措、社会动员、项目创意策划等工作，提升自身运作和社会生存能力。进入孵化器的社会组织，可以享受政府提供的房租、运营补贴等优惠政策和能力建设培训、咨询、评估、资金中介、法律、财务服务等中介服务。这些孵化器的快速建设将有助于促进政府、企业和社会组织之间的跨界合作与交流，促进社会组织成长和公益创业发展。

（2）形成枢纽型社会组织服务管理的总体规划。建议根据我国经济社会发展趋势和社区社会组织的服务管理需要，拟定枢纽型社会组织发展的科学规划。可以通过改造架构、提升功能等形式，推动建立一批新的枢纽型社会组织，并通过这些新的枢纽型社会组织，将性质相同的、业务相近的社会组织联合起来，以便获得更及时和更适合的服务管理。为此，有关部门和基层政府要对枢纽型社会组织的服务管理形成总体规划，不断激活新、旧枢纽在社区社会组织服务与管理中的辐射效应，比如，探索工青妇、社联、科协等传统枢纽服务、联系社会组织的新方法；新建或改建若干联系社区社会组织的枢纽，并建设与之相应的新型工作机制；探索枢纽型社会组织服务其他社会组织的新方法和新机制。

（3）提升枢纽式社会组织的社会辐射能力。枢纽式管理的关键是要细化和落实枢纽社会组织的职能。未来可以明确由政府部门授权赋予枢纽式组织承担业务主管单位的职责并增强其社会活力。与此同时，要在枢纽式组织的章程中阐明组织的性质及相关内容。政府要加快政府职能转移的步伐，对于该放权的必须主动放权，不能再为枢纽式组织承接相关职能设置"关卡"。一方面，在政府职能转移上，探索职能转移的新途径，将社会组织业务主管单位的职能转移到枢纽式组织；另一方面，在政府职能的授权和委托上，加强沟通协调，将一些涉及社会性、公益性、服务性的社会职能逐步授权或委托给枢纽式组织。

六　推动公共性发展

本书的主体部分更侧重于从制度分析和制度建设的角度来理解当代中国社区社会组织健康发展所必需的条件。制度分析的好处是能较好地帮助研究者发现那些隐藏在事物背后的结构性问题，并由此寻获改良的切入点。然而单纯的制度分析并不足以帮助人们理解当前中国社会组织发展所面临的所有深层问题——这种视角忽略了那些看似非结构性，但却深刻影响着社会组织发展方向与质量的社会文化条件。笔者认为，在这些社会文化条件中，公共性建设的问题是首当其冲需要引起研究者高度重视的问题。

通常，当我们说社会组织的本质是"社会性"时，一个根本的问题是如何确保社会组织始终以社会的价值和诉求为发展的主轴。而公共性的建设与生产恰恰是使社会组织及其成员超越狭隘的个体主义（尤其是工具性的个体主义），投身公域，与国家良性互动并关注社会可持续发展的重要条件。从这个意义上来说，我们可以发现，现代国家公民有序结社的历史进程，实际上也是一个现代意义的公共性不断生产与发展的过程。如果我们忽略了公共性的问题，就很难从本原上回答一些对于社会组织而言极为根本的问题，比如，为什么在有些国家和地区，社会组织的发展增进了公共秩序的生产，但在其他地区则导致了社会失序？为什么有些地区的社会组织看起来更追求工具性价值而在其他地区社会组织则更具公共精神？……

然而，尽管我们知道公共性对于当前中国的社会组织发展具有格外重要的意义，但我们仍很难回答如何从根本上推动中国社会公共性生产的问题。由于公共性问题作为一种社会文化和政治文化紧密嵌入漫长的社会发展史和一个社会的行为逻辑演变脉络中，因此其发展和演化涉及一系列相互交织的要素。本书作者曾与几位学者合作，试图分析当代中国的公共性困境及其超越路径，[①] 在此研究工作中，虽然找到了一些与公共性生产有密切关联的要素，但仍无法清晰地分析这些要素与公共性生产之间的准确因果机制。在本章的结尾处，笔者试图根据对中国社区社会组织发展特征及其所处制度环境的理解，来简要地理出发展公共性以促进社区社会组织发展的三点基本思路。

首先，公共部门对社会组织的"赋权"（empower）是公共性生产的重要支持条件。因为公共性的生长问题本质上是一种权力关系的改革与重

---

① 李友梅、肖瑛、黄晓春：《当代中国社会建设的公共性困境及其超越》，《中国社会科学》2012 年第 4 期。

建，没有这种赋权即权力关系的调整，"总体性支配模式"的现状就不可能从根本上改变，公共性的发育过程就充满不确定性。而且，"赋权"也指向有助于公共性生产的公共政策之合理制定和实施。"赋权"的功能不仅在于拓展了公共性发育的空间，更为重要的是它明确了社区社会组织的活动边界，为公众对公共性诉求和建构的稳定预期创造制度性条件，体现公共权力部门对公共性的信任和支持。质言之，赋权与公共性活动的自我定位是对接的，有了这种明晰的区分和对接，公共权力部门同公民之间的互信与良性合作关系才可能充分建立起来。就如已有研究在讨论复杂社区的治理与公民社会的微观基础时所指出的，这种信任既有助于基层社区中"三驾马车"这一共治格局的形成，也有助于执政党对于这种共治格局的领导和协调。[①]

其次，必须以重塑社会共识作为公共性的前提。公共性的构建和培育不仅是显性和刚性的制度构建问题，还是一个社会的集体心理和情感塑造过程。因此，重塑社会共识对于公共性建设而言是至关重要的。作为一种认知和心理层面的结构性要素，社会共识不能完全独立地发挥稳定且持久的作用，因此需要社会的一些基础性结构作为支撑。在笔者看来，这主要涉及社会利益结构的合理配置、经济与社会增长模式的相互匹配以及对核心价值观的有效再生产等。

最后，公共性的形成有赖于一种多元主体集体学习的过程。从社会学新制度主义的视角看，公共性的生产不仅有赖于国家制度的确认，而且还需要在社会认知层面经历一种"制度化"的历程，即人们将"社会协同、公众参与"的行为和相关知识"视为当然而接受"的过程。只有建立在这种"制度化"的基础上，国家机构、各类社区社会组织和社会群体才会逐渐形成各自在社会建设中的角色预期，并在面对公共事务时形成相互共处的、可预期的"惯例"和"规则"，由此达成一种关于多元合作结构的事先协议，以节约交易成本、减少行动者的机会主义行为。

---

① 李友梅：《社区治理：公民社会的微观基础》，《社会》2007 年第 2 期。

主要参考文献

《关于坚决制止地方以政府购买服务名义违法违规融资的通知》（财预〔2017〕87 号）。

《以善治筑和谐：十六大以来社会管理创新述评》，《学会》2012 年第 10 期，转引自《光明日报》。

《中共中央关于全面深化改革若干重大问题的决定》，人民出版社，2013，第 5 页。

埃米尔·涂尔干：《社会分工论》，渠东译，生活·读书·新知三联书店，2000。

埃米尔·涂尔干：《职业伦理与公民道德》，渠东、付德根译，上海人民出版社，2006。

彼得·布劳、马歇尔·梅耶：《现代社会中的科层制》，马戎、时宪民、邱泽奇译，学林出版社，2001，第 28～30 页。

曹海军：《党建引领下的社区治理和服务创新》，《政治学研究》2018 年第 1 期。

曹正汉：《中国上下分治的治理体制及其稳定机制》，《社会学研究》2011 年第 1 期。

曹正汉、薛斌锋、周杰浙：《中国地方分权的政治约束——基于地铁项目审批制度的论证》，《社会学研究》2014 年第 3 期。

陈宝良：《中国的社与会》，中国人民大学出版社，2011，第 3～6 页。

陈健民、邱海雄：《广州的民间社会组织：生存与依附》，载魏伯乐等《当代华人城市的民间组织：台北、香港、广州、厦门的比较分析》，香港中文大学亚太研究所，2002。

陈潭、马箭：《从部门预算走向公共预算》，《人民论坛》2010 年第 14 期。

丁煌：《利益分析：研究政策执行问题的基本方法论原则》，《广东行政学院学报》2004 年第 3 期。

E. S. 萨瓦斯:《民营化与公私部门的伙伴关系》,中国人民大学出版社,2002,第 86 页。

范明林:《非政府组织与政府的互动关系——基于法团主义和市民社会视角的比较个案研究》,《社会学研究》2010 年第 3 期。

冯钢:《论社会组织的社会稳定功能——兼论"社会复合主体"》,《浙江社会科学》2012 年第 1 期。

冯兴元:《地方政府竞争》,译林出版社,2010。

弗兰克·道宾:《打造产业政策——铁路时代的美国、英国和法国》,张网成、张海东译,上海人民出版社,2008。

高丙中:《社团合作与中国公民社会的有机团结》,《中国社会科学》2006 年第 3 期。

高丙中:《中国的公民社会发展状态——基于"公民性"的评价》,《探索与争鸣》2008 年第 2 期。

葛道顺:《"自己人代理":国家与社会关系的一个解释——基于对中国红十字会系统的考察》,博士学位论文,上海大学,2013。

葛道顺:《中国社会组织发展:从社会主体到国家意识——公民社会组织发展及其对意识形态构建的影响》,《江苏社会科学》2011 年第 3 期。

顾昕、王旭:《从国家主义到法团主义——中国市场转型过程中国家与专业团体关系的演变》,《社会学研究》2005 年第 2 期。

关信平:《社会组织在社会管理中的建设路径》,《人民论坛》2011 年第 11 期。

管兵:《城市政府结构与社会组织发育》,《社会学研究》2013 年第 4 期。

管兵:《竞争性与反向嵌入性:政府购买服务与社会组织发展》,《公共管理学报》2015 年第 3 期。

哈贝马斯:《公共领域的结构转型》,曹卫东等译,学林出版社,1999。

韩博天(Sebastian Heilmann):《中国异乎常规的政策制定过程:不确定情况下反复试验》,《开放时代》2009 年第 7 期。

何增科:《中国公民社会制度环境要素分析》,载俞可平等著《中国公民社会的制度环境》,北京大学出版社,2006,第 124~125 页。

贺东航、孔繁斌:《公共政策执行的中国经验》,《中国社会科学》2011 年第 5 期。

洪梅芬：《积极探索锐意创新 上海基层党建硕果累累》，《解放日报》2001 年
6 月 23 日，转引自新浪网 http://news. sina. com. cn/c/284454. html。

胡佳：《迈向整体性治理：政府改革的整体性策略及在中国的适用性》，
《南京社会科学》2010 年第 5 期。

胡伟：《中国的民主政治发展应有顶层设计》，《探索与争鸣》2013 年第
2 期。

胡伟、杨安华：《西方国家公共服务转向的最新进展与趋势——基于美国
地方政府民营化发展的纵向考察》，《政治学研究》2009 年第 3 期。

黄晓春：《当代中国社会组织的制度环境与发展》，《中国社会科学》2015 年
第 9 期。

黄晓春：《党建引领基层自治共治：实践与理论思考》，《党政论坛》2017 年
第 3 期。

黄晓春：《中国社会组织成长条件的再思考：一个总体性理论视角》，《社
会学研究》2017 年第 1 期。

黄晓春、嵇欣：《非协同治理与策略性应对：社会组织自主性研究的一个
理论框架》，《社会学研究》2014 年第 6 期。

黄晓春、嵇欣：《技术治理的极限及其超越》，《社会科学》2016 年第
11 期。

黄晓春、张东苏：《十字路口的中国社会组织：政策选择与发展路径》，上
海人民出版社，2015。

黄晓星、杨杰：《社会服务组织的边界生产——基于 Z 市家庭综合服务中
心的研究》，《社会学研究》2015 年第 6 期。

纪莺莺：《从"双向嵌入"到"双向赋权"：以 N 市社区社会组织为例——兼
论当代中国国家与社会关系的重构》，《浙江学刊》2017 年第 1 期。

纪莺莺：《当代中国的社会组织：理论视角与经验研究》，《社会学研究》
2013 年第 5 期。

纪莺莺：《转型国家与行业协会多元关系研究——一种组织分析的视角》，
《社会学研究》2016 年第 2 期。

江华、张建民、周莹：《利益契合：转型期中国国家与社会关系的一个分析框
架——以行业组织政策参与为案例》，《社会学研究》2011 年第 3 期。

景天魁：《社会建设的科学构思和周密布局》，《江苏社会科学》2008 年第 1 期。

景天魁：《在社会服务体制、机制的改革与创新中发展非营利组织》，《教学与研究》2012 年第 8 期。

敬乂嘉：《社会服务中的公共非营利合作关系研究—— 一个基于地方改革实践的分析》，《公共行政评论》2011 年第 5 期。

康晓光、韩恒：《分类控制：当前中国大陆国家与社会关系研究》，《社会学研究》2005 年第 6 期。

康晓光、韩恒：《行政吸纳社会——当前中国大陆国家与社会关系再研究》，《中国社会科学》（英文版）2007 年第 2 期。

康晓光、卢宪英、韩恒：《改革时代的国家与社会关系——行政吸纳社会》，载王名主编《中国民间组织 30 年——走向公民社会（1978—2008）》，社会科学文献出版社，2008。

孔飞力：《中国现代国家的起源》，陈兼、陈之宏译，生活·读书·新知三联书店，2013。

冷明权、张智勇：《经济社团的理论与案例》，社会科学文献出版社，2004。

李汉林、渠敬东、夏传玲、陈华珊：《组织和制度变迁的社会过程—— 一种拟议的综合分析》，《中国社会科学》2005 年第 1 期。

李培林：《社会治理与社会体制改革》，《国家行政学院学报》2014 年第 4 期。

李培林：《我国社会组织体制的改革和未来》，《社会》2013 年第 3 期。

李强：《"丁字型"社会与"结构紧张"》，《社会学研究》2005 年第 2 期。

李强：《对"社会"及"社会建设"的思考》，《国家行政学院学报》2010 年第 1 期。

李爽、沈晓宇：《青年自组织备案制度初探》，《上海青年管理干部学院学报》2010 年第 1 期。

李朔严：《政党统合的力量：党、政治资本与草根 NGO 的发展——基于 Z 省 H 市的多案例比较研究》，《社会》2018 年第 1 期。

李威力：《党建引领的城市社区治理体系：上海经验》，《重庆社会科学》2017 年第 10 期。

李友梅：《从财富分配到风险分配：中国社会结构重组的一种新路径》，

《社会》2008 年第 6 期。

李友梅：《当代中国社会治理转型的经验逻辑》，《中国社会科学》2018 年
　　第 11 期。

李友梅：《关于社会体制基本问题的若干思考》，《探索与争鸣》2008 年第
　　8 期。

李友梅：《全球背景下的人类合作新机制的生成》，《社会理论》（第 1 辑），
　　苏国勋主编，社会科学文献出版社，2005。

李友梅：《社区治理：公民社会的微观基础》，《社会》2007 年第 2 期。

李友梅：《深刻认识当前中国社会体制改革的战略意义》，《探索与争鸣》
　　2013 年第 3 期。

李友梅：《中国社会管理新格局下遭遇的问题：一种基于中观机制分析的
　　视角》，《学术月刊》2012 年第 7 期。

李友梅：《中国社会治理的新内涵与新作为》，《社会学研究》2017 年第
　　6 期。

李友梅、肖瑛、黄晓春：《当代中国社会建设的公共性困境及其超越》，
　　《中国社会科学》2012 年第 4 期。

李友梅等：《中国社会生活的变迁》，中国大百科全书出版社，2008，第 3 ~
　　5 页。

理查德·斯科特：《制度与组织：思想观念与物质利益》，姚伟、王黎芳
　　译，中国人民大学出版社，2010。

梁昆、夏学銮：《中国民间组织的政治合法性问题：一个结构—制度分
　　析》，《湖北社会科学》2009 年第 3 期。

廖鸿、石国亮：《中国社会组织发展管理及改革展望》，《四川师范大学学
　　报》（社会科学版）2011 年第 5 期。

林尚立：《社区党建与群众工作：上海杨浦区殷行街道研究报告》，上海大
　　学出版社，2000。

刘国光：《改革的问题出在哪儿》，《中国改革》2006 年第 4 期。

刘培伟：《基于中央选择性控制的试验——中国改革"实践"机制的一种
　　解释》，《开放时代》2010 年第 4 期。

刘振国：《中国社会组织的治理创新——基于地方政府实践的分析》，《经
　　济社会体制比较》2010 年第 3 期。

陆学艺:《关于社会建设的理论和实践》,《国家行政学院学报》2008 年第 2 期。

罗伯特·B. 丹哈特、珍妮特·V. 丹哈特、刘俊生:《新公共服务:服务而非掌舵》,《中国行政管理》2002 年第 10 期。

罗伯特·D. 帕特南:《独自打保龄球:美国社区的衰落与复兴》,刘波、祝乃娟、张孜异、林挺进、郑寰译,北京大学出版社,2011。

罗伯特·D. 帕特南:《使民主运转起来》,王列、赖海榕译,江西人民出版社,2001。

罗伯特·N. 贝拉等:《心灵的习性:美国人生活中的个人主义和公共责任》,周穗明、翁寒松、翟宏彪译,中国社会科学出版社,2011。

马克斯·韦伯:《支配社会学》,康乐、简惠美译,广西师范大学出版社,2010,第 31 ~ 64 页。

宁靓:《英国地方政府公共服务外包发展的评析与启示》,《中国海洋大学学报》(社会科学版) 2012 年第 4 期。

皮特·何、瑞志·安德蒙:《嵌入式行动主义在中国》,李婵娟译,社会科学文献出版社,2012。

秦洪源、付建军:《法团主义视角下地方政府培育社会组织的逻辑、过程和影响——以成都市 W 街道社会组织培育实践为例》,《社会主义研究》2013 年第 6 期。

渠敬东:《项目制:一种新的国家治理体制》,《中国社会科学》2012 年第 5 期。

渠敬东:《职业伦理与公民道德——涂尔干对国家与社会之关系的新构建》,《社会学研究》2014 年第 4 期。

渠敬东、周飞舟、应星:《从总体支配到技术治理——基于中国 30 年改革经验的社会学分析》,《中国社会科学》2009 年第 6 期。

冉彪:《胡锦涛提出社会管理的三个"最大限度"深意何在?》,转引自《中国日报》,http://www. chinadaily. com. cn/dfpd/2011ldytb/2011 - 02/23/content_12064739. htm。

荣敬本等:《从压力型体制向民主合作制的转变:县乡两级政治体制改革》,中央编译出版社,1998。

汝信、陆学艺、李培林、陈光金、李炜、许欣欣主编《2007 年:中国社会形势分析与预测》，社会科学文献出版社，2007，第 23～24 页。

沈原、孙五三：《"制度的形同质异"与社会团体的发育——以中国青基会及其对外交往活动为例》，载沈原《市场、阶级与社会：转型社会学的关键议题》，社会科学文献出版社，2007，第 301～324 页。

世界银行：《政府向社会组织购买公共服务的国际经验》，2009，http://documents. shihang. org/curated/zh/219751468023961919/Outsourcing-so-cial-services-to-CSOs-lessons-from-abroad。

宋煜萍：《公众参与社会治理：基础、障碍与对策》，《哲学研究》2014 年第 12 期。

苏永通：《独家披露：漳州 PX 环评批复书》，《南方周末》，2009 年 2 月 22 日，http://www. infzm. com/contents/24173。

苏永通：《厦门 PX 后传"隐姓埋名"进漳州》，《南方周末》，2009 年 2 月 4 日，http://www. infzm. com/contents/23372。

孙立平：《断裂——20 世纪 90 年代以来的中国社会》，社会科学文献出版社，2003。

孙立平：《社会建设的目标是促进社会进步》，《北京工业大学学报》（社会科学版）2009 年第 2 期。

孙立平、晋军、何江穗：《以社会化的方式重组社会资源——对"希望工程"资源动员过程的研究》，《中国扶贫基金会专题资料汇编》2001 年 10 月。

孙立平、王汉生、王思斌、林彬、杨善华：《改革以来中国社会结构的变迁》，《中国社会科学》1994 年第 2 期。

唐文玉：《行政吸纳服务——中国大陆国家与社会关系的一种新诠释》，《公共管理学报》2010 年第 1 期。

唐亚林、刘伟：《党建引领：新时代基层公共文化建设的政治逻辑、实现机制与新型空间》，《毛泽东邓小平理论研究》2018 年第 6 期。

托克维尔：《论美国的民主》（上下卷），董果良译，商务印书馆，2013。

Tam Christensen & Per Lgreid：《后新公共管理改革——作为一种新趋势的整体政府》，张丽娜、袁何俊译，《中国行政管理》2006 年第 9 期。

王汉生、王一鸽：《目标管理责任制：农村基层政权的实践逻辑》，《社会学研究》2009 年第 2 期。

王名：《中国民间组织 30 年——走向公民社会》，社会科学文献出版社，2008。

王名：《中国社团改革：从政府选择到社会选择》，社会科学文献出版社，2001。

王名：《走向公民社会——我国社会组织发展的历史及趋势》，《吉林大学社会科学学报》2009 年第 3 期。

王名、贾西津：《中国 NGO 的发展分析》，《管理世界》2002 年第 8 期。

王名、刘国翰、何建宇：《中国社团改革：从政府选择到社会选择》，社会科学文献出版社，2001。

王名、孙伟林：《我国社会组织发展的趋势和特点》，《中国非营利评论》2010 年第 1 期。

王名、张严冰、马建银：《谈谈加快形成现代社会组织体制问题》，《社会》2013 年第 3 期。

王谦：《谁说大妈只跳广场舞？广场舞群体还积极参加社会治理》，南方网，2017 年 6 月 13 日，http://kb.southcn.com/content/2017-06/13/content_172508372.htm。

王诗宗、宋程成：《独立抑或自主：中国社会组织特征问题重思》，《中国社会科学》2013 年第 5 期。

王向民：《中国社会组织的项目制治理》，《经济社会体制比较》2014 年第 5 期。

王信贤：《争辩中的中国社会组织研究：国家—社会的视角》，韦伯出版公司，2006。

王逸帅：《合作治理：危机事件中政府与社会组织新型关系的构建——以汶川地震危机应对实践为例》，《湖北社会科学》2012 年第 12 期。

文军：《中国社会组织发展的角色困境及其出路》，《江苏行政学院学报》2012 年第 1 期。

吴敬琏：《反思过去 25 年的改革，明确 21 世纪前进的方向》，"中国经济50 人论坛 2006 年年会"上的发言，2006。

吴忠民：《论和谐社会建设的基本内容》，《中共中央党校学报》2007 年第 2 期。

肖文涛：《社会治理创新：面临挑战与政策选择》，《中国行政管理》2007 年第 10 期。

肖瑛：《从"国家与社会"到"制度与生活"：中国社会变迁研究的视角转换》，《中国社会科学》2014 年第 9 期。

谢菊、马庆钰：《中国社会组织发展历程回顾》，《云南行政学院学报》2015 年第 1 期。

严振书：《现阶段中国社会组织发展面临的机遇、挑战及促进思路》，《北京社会科学》2010 年第 1 期。

姚华：《NGO 与政府合作中的自主性何以可能？——以上海 YMCA 为个案》，《社会学研究》2013 年第 1 期。

姚远、任羽中：《"激活"与"吸纳"的互动——走向协商民主的中国社会治理模式》，《北京大学学报》（哲学社会科学版）2013 年第 2 期。

叶敏：《新时代党建引领社会治理格局的实现路径》，《湖南师范大学社会科学学报》2018 年第 4 期。

俞可平：《中国公民社会：概念、分类与制度环境》，《中国社会科学》2006 年第 1 期。

约翰·L. 坎贝尔、J. 罗杰斯·霍林斯沃思、科昂·N. 林德伯格编《美国经济治理》，董运生、王岩译，上海人民出版社，2009。

詹姆斯·汤普森：《行动中的组织》，敬乂嘉译，上海人民出版社，2007。

张紧跟：《从结构论争到行动分析：海外中国 NGO 研究评述》，《社会》2012 年第 3 期。

张紧跟：《治理社会还是社会治理？——珠江三角洲地方政府发展社会组织的内在逻辑》，《天津行政学院学报》2015 年第 2 期。

张紧跟、庄文嘉：《非正式政治：一个草根 NGO 的行动策略——以广州业主委员会联谊会筹备委员会为例》，《社会学研究》2008 年第 2 期。

张静：《法团主义》，中国社会科学出版社，1998。

张康之：《合作治理是社会治理变革的归宿》，《社会科学研究》2012 年第 3 期。

张沁洁、王建平：《行业协会的组织自主性研究：以广东省级行业协会为例》，《社会》2010 年第 5 期。

张绍华：《社会组织社会工作人才队伍建设研究》，《社团管理研究》2012 年第 7 期。

张旭昆、秦诗立：《商会的激励机制》，《浙江大学学报》（人文社会科学版）2003 年第 2 期。

赵超英：《村民自治演进的历史逻辑》，《学习时报》，2007 年 7 月 21 日，http://www.china.com.cn/xxsb/txt/2007 – 04/23/content_8158012.html。

赵灵敏：《盐田直选：让居委会归位》，《南风窗》2005 年第 17 期。

赵秀玲：《"微自治"与中国基层民主治理》，《政治学研究》2014 年第 5 期。

郑杭生：《社会建设和社会管理研究与中国社会学使命》，《社会学研究》2011 年第 4 期。

郑杭生：《社会学视野中的社会建设与社会管理》，《中国人民大学学报》2006 年第 2 期。

制度与结构变迁研究课题组：《作为制度运作和制度变迁方式的变通》，《中国社会科学季刊》（香港），1997 年冬季卷（总 21 期）。

中共中央办公厅 国务院办公厅印发《关于改革社会组织管理制度促进社会组织健康有序发展的意见》，中华人民共和国中央人民政府。

中共中央文献研究室、中共中央党校编《刘少奇论党的建设》，中央文献出版社，1991。

周飞舟：《财政资金的专项化及其问题——兼论"项目治国"》，《社会》2012 年第 1 期。

周俊：《政府与社会组织关系多元化的制度成因分析》，《政治学研究》2014 年第 5 期。

周黎安：《行政发包的组织边界：兼论"官吏分途"与"层级分流"现象》，《社会》2016 年第 1 期。

周黎安：《行政发包制》，《社会》2014 年第 6 期。

周黎安：《中国地方官员的晋升锦标赛模式研究》，《经济研究》2007 年第 7 期。

周黎安：《转型中的地方政府：官员激励与治理》，格致出版社，2008。

周黎安、王娟：《行政发包制与雇佣制：以清代海关治理为例》，载周雪光、刘世定、折晓叶主编《国家建设与政府行为》，中国社会科学出版社，2012，第 97～128 页。

周雪光：《权威体制与有效治理：当代中国国家治理的制度逻辑》，《开放时代》2011 年第 10 期。

周雪光:《组织社会学十讲》,社会科学文献出版社,2003。

周雪光、艾云:《多重逻辑下的制度变迁:一个分析框架》,《中国社会科学》2010 年第 4 期。

周雪光、练宏:《中国政府的治理模式:一个"控制权"理论》,《社会学研究》2012 年第 5 期。

周振超:《当代中国政府"条块关系"研究》,天津人民出版社,2009。

朱红军、苏永通:《厦门 PX 项目迁址在望? 民意与智慧改变厦门 趋于多赢》,南方周末网,2008 年 1 月 3 日,http://www. infzm. com/content/9650/。

竺乾威:《从新公共管理到整体性治理》,《中国行政管理》2008 年第 10 期。

综合:《搁浅 18 个月,厦门 PX 项目可望移址漳州》,南方周末网,2009 年 1 月 13 日,http://www. infzm. com/contents/22646。

左志坚:《上海进行建国后最大规模城市基层民主试验》,《21 世纪经济报道》,2006 年 7 月 25 日,转引自浙江都市网,http://news. zj. com/csj/shxw/2006 - 07 - 25/637123. html。

Anthony J. Spires, "Contingent Symbiosis and Civil Society in an Authoritarian State: Understanding the Survival of China's Grassroots NGOs," *American Journal of Sociology*, Vol. 117, No. 1 (2011), pp. 1 - 45.

Burton A. Weisbrod, "Toward a Theory of the Voluntary Non-profit Sector in a Three-sector Economy," in Phelps E. D., eds., *Altruism, Morality, and Economic Theory* (New York: Russell Sage Foundation, 1975).

Douglass C. North, "The New Institutional Economic," *Journal of Institutional and Theoretical Economics*, Vol. 142, No. 1 (1986), pp. 230 - 237.

Elinor Ostrom, "An Agenda for the Study of Institutions," *Public Choice*, Vol. 48, No. 1 (1986), pp. 3 - 25.

Estelle James, "The Nonprofit Sector in Comparative Perspective," in Walter W. Powell, eds., *The Nonprofit Sector: A Research Handbook* (New Haven: Yale University Press, 1987).

Evan Schofer and Marion Fourcade-Gourinchas, "The Structural Contexts of Civic Engagement: Voluntary Association Membership in Comparative Perspective,"

American Sociological Review, Vol. 66, No. 6 (2001), pp. 806 – 828.

Gordon White, "Prospects for Civil Society in China: A case Study of Xiaoshan City," *The Australian Journal of Chinese Affairs*, No. 29 (1993), pp. 63 – 87.

Henry B. Hansmann, "The Role of Nonprofit Enterprise," *The Yale Law Journal*, Vol. 89, No. 5 (1980), pp. 835 – 901.

Jean Tirole, "The Internal Organization of Government," *Oxford Economic Paper*, Vol. 46, No. 1 (1994), pp. 1 – 29.

Jeffrey Pfeffer & Gerald Salancik, *The External Control of Organizations: A Resource Dependence Perspective* (New York: Harper & Row, 1978).

John W. Meyer and Brian Rowan, "Institutional Organizations: Formal Structure as Myth and Ceremony," *American Journal of Sociology*, Vol. 83, No. 2 (1977), pp. 340 – 363.

Kenneth A. Shepsle, "Institutional Equilibrium and Equilibrium Institutions," in Herbert F. Weisberg, eds., *Political Science: the Science of Politics* (New York: Algora Publishing, 1986).

Kevin J. O'Brien and Lianjiang Li, "Selective Policy Implementation in Rural China," *Comparative Politics*, Vol. 31, No. 2 (1999), pp. 167 – 186.

Larry D. Terry, "Administrative Leadership, Neo-managerialism and the Public Management Movement," *Public Administration Review*, Vol. 58, No. 3 (1998), pp. 194 – 200.

Lester M. Salamon, "Partners in Public Service: The Scope and Theory of Government-nonprofit Relations," in Powell, W. W., eds., *The Nonprofit Sector: A Research Handbook* (New Haven: Yale University Press, 1987).

Lin Teh chang, "Environmental NGOs and the Anti-Dam Movements in China: A Social Movement with Chinese Characteristics," *Issues & Studies*, Vol. 43, No. 4 (2007), pp. 149 – 184.

Linda W. Chapin and Robert B. Denhardt, "Putting 'Citizens First!' in Orange County, Florida," *National Civic Review*, Vol. 84, No. 3 (1995), pp. 210 – 217.

Perri Diana Leat, Kimberly Seltzer and Gerry Stoker, *Towards Holistic Governance: The New Reform Agenda* (New York: Palgrave Macmillan, 2002).

Peter A. Hall, "Policy Paradigms, Social Learning, and the State: The Case of Economic Policymaking in Britain," *Comparative Politics*, Vol. 25, No. 3 (1993), pp. 275 – 296.

Qiusha MA, "The Governance of NGOs in the China since 1978: How Much Autonomy?" *Nonprofit and Voluntary Sector Quarterly*, Vol. 31, No. 3 (2002), pp. 305 – 328.

Yingyi Qian & Barry R. Weingast, "Federalism as a Commitment to Market Incentives," *Journal of Economic Perspectives*, Vol. 11, No. 4 (1997), pp. 83 – 92.

后 记

在当代中国治理转型的历史进程中，社会组织承担了越来越重要的使命与功能。其不仅是多层次公共服务体系的重要组成部分，也是共建共治共享社会治理制度的重要一环，还是社会自我协调机制的重要载体。总体来看，一方面，自党的十八届三中全会以来，社会组织开始处于治理转型多项改革的交汇点，并受到政府改革、服务创新、基层民主建设等多维制度变迁的影响。在此情境下，研究者再简单地沿用传统"国家与社会"分析框架将社会力量成长过程看作国家与社会此消彼长互动的结果显然变得不合时宜了。如何在一种更贴近中国治理转型实践的整体改革背景下讨论当前社会组织的深层特征及其面临的发展挑战就成为一项紧迫的学术研究任务。

另一方面，中国社会科学的实证研究近年来开始呈现注重机制分析的趋势。这是因为，在复杂且多面向的改革实践中，宏观层次的结构分析虽有助于论者厘清研究的核心议题及其线索，但若缺乏中观乃至微观机制分析的配合，就可能对改革的具体进程以及各种微妙过程缺乏更具洞见的理解与研判。在这一新趋势下，学者们开始聚焦制度环境影响社会组织发展的具体机制与过程，从而呈现当前社会组织发展中比"分类控制"和"宏观鼓励微观约束"更为复杂的制度效应。尤其是，在最近的研究进展中，社会组织研究开始与政府行为研究产生了密切互动的趋势——而机制分析则是联结这两个不同研究领域的重要纽带。

本书就是在这种改革新背景和研究视角转变的情境下写作而成的。笔者从 2012 年开始聚焦城市基层社会治理创新的过程与机制。最初的研究兴趣主要集中于基层政府行为领域，研究团队试图揭示创新社会治理背景下基层政府优化治理机制、创新组织设置的相应做法及内在机理。但随着田野研究的不断深入，我们注意到当前基层政府的许多创新做法实际上都会涉及政社互动的复杂过程。比如，当基层政府面对公共服务领域的激烈竞争时，前者常以培育专业社会组织的方式来应对挑战；当面对上级不断"收权"而导致的治理实践中灵活性不足难题时，基层政府经常通过购买社会组织服务的方式解决聘用编外人员的财力灵活性不足难题。这些经验观察促使我们注意到社会组织在当前基层治理情境中的复杂角色与功能，也启发我们进一步思考微观实践中的政社关系及其多样性根源。

受上述经验观察启发，本书尝试在一个多维治理转型的改革实践图景下勾勒社会组织发展面对的复杂激励与约束条件。与本领域多数研究或聚焦制度文本分析或聚焦社会组织行动策略研究的已有传统不同，本书强调把制度分析与策略分析相结合，更注重在具体而微的治理转型情境下讨论相应制度的实际执行逻辑以及引发的社会组织行为策略。这一视角展现了中国本土情境下社会组织成长的独特路径及其发展特征。

书中各章的写作并非一蹴而就，而是一个从不同角度出发理解社会组织发展问题的思考旅程。比如，第二章聚焦社会组织成长的中观制度条件。这一研究最早缘起于笔者对社会组织领域一些扶持型政策非预期后果的反思，相应成果以《中国社会组织成长条件的再思考——一个总体性理论视角》为题发表在《社会学研究》2017 年第 1 期。第三章重点考察多层级政策执行中社会组织面对的实践制度环境及其发展特征。该研究起步于笔者对社会组织领域弱激励、强风险政策执行机制的研判，相应发现最初以《当代中国社会组织的制度环境与发展》为题发表于《中国社会科学》2015 年第 9 期。第四章讨论了治理转型中社会组织制度环境多样性的组织学机理。这一研究与 2017 年以来笔者和北京大学周黎安教授共同开展的一项基层治理领域制度变迁研究密切相关。在这项研究中我们发现，伴随着基层治理场域上下级关系模式的调整，基层政府会以不同的态度对待社会组织。这项研究以《政府治理机制转型与社会组织发展》为题发表于《中国社会科学》2017 年第 11 期。第四章在此基础上有进一步的拓展与讨论。第六章详细讨论了社会组织拓展自主性的相应策略及其制度性根源。这项研究起源于笔者与上海社科院稽欣博士合作的一项基层政社合作研究。此研究发现，基层治理体系并非以一种整体性制度安排来发展社会组织，"条"、"块"和党群部门对待社会组织都有不同的制度逻辑。这一研究以《非协同治理与策略性应对——社会组织自主性研究的一个理论框架》为题发表于《社会学研究》2014 年第 6 期，本书在此基础上进一步补充了案例分析资料。

　　本书的写作得到了许多学者的帮助和支持。李友梅教授围绕当代中国治理转型的经验逻辑以及新时代社会组织建设组织了多次富有成效的高质量学术讨论，这些讨论对于本书进一步厘清社会组织发展的时代脉络贡献良多。周雪光教授自 2012 年暑期开始在上海大学搭建了"城市化背景下的社会建设"研究网络，组织来自北京大学、中国社会科学院、中山大学等高校和科研院所的青年学者每年定期"以文会友"，本书中不少章节的写作都得益于这些讨论。在肖瑛教授组织的"公共性"系列论坛上，本书的不少观点得到了深入的研讨。此外，本书的写作还得到了一些社会组织负责人和政府有关部门领导的帮助。如果没有他们在田野研究中所提供的资料，以及对笔者"想当然"的理论想象提出犀利批评，本书就无法在紧贴实践的基础上不断提升理论发现的质感。对于这些帮助，笔者在此一并致上诚挚的谢意。

　　在某种意义上，中国社会组织研究是治理转型研究的一个缩影。如何在多重治理转型的视野下更好地分析中国社会力量成长的复杂动力机制及其后果仍是一个需要不断深入拓展的重要研究课题。本书的讨论仅初步展现了这一课题的未来研究进路，进一步的发现也许还需要得到来自社会学、政治学、经济学等多学科分析工具与研究视角的支持。

作者谨识

2020 年 12 月 27 日

图书在版编目（CIP）数据

当代中国治理转型与社会组织发展／黄晓春著. --
北京：社会科学文献出版社，2020.12（2022.11 重印）
（特大城市社会治理研究／李友梅主编）
ISBN 978 - 7 - 5201 - 7060 - 4

Ⅰ.①当…　Ⅱ.①黄…　Ⅲ.①社会治理 - 研究 - 中国
Ⅳ.①D63

中国版本图书馆 CIP 数据核字（2020）第 263881 号

特大城市社会治理研究
当代中国治理转型与社会组织发展

著　　者／黄晓春

出 版 人／王利民
责任编辑／谢蕊芬
责任印制／王京美

出　　版／社会科学文献出版社·群学出版分社（010）59366453
　　　　　地址：北京市北三环中路甲 29 号院华龙大厦　邮编：100029
　　　　　网址：www. ssap. com. cn
发　　行／社会科学文献出版社（010）59367028
印　　装／天津千鹤文化传播有限公司

规　　格／开　本：787mm × 1092mm　1/16
　　　　　印　张：13.75　字　数：224 千字
版　　次／2020 年 12 月第 1 版　2022 年 11 月第 2 次印刷
书　　号／ISBN 978 - 7 - 5201 - 7060 - 4
定　　价／89.00 元

读者服务电话：4008918866